日蓮聖人教学の理念と実践

庵谷行亨 著

山喜房佛書林 刊

序

日蓮聖人は躍動の宗教者である。日蓮聖人は題目の広布にその生涯を捧げられた。日蓮聖人が題目となり、題目が日蓮聖人となって、立正安国の実現に向けて飛翔されたのである。

そのことは、釈尊の御意を受けとめ、法華経のいのちを生きることを意味していた。釈尊のご本懐の教えである法華経に身を浸し、法華経を背負い、法華経に立ち上がることが、日蓮聖人にとっての生きることの意味であった。

このような題目信仰のありかたを、日蓮聖人は『観心本尊抄』に「事行」と表現されている。「事行」とは実践・実現・具現を意味し、題目を人々に弘め社会に実現していくことである。すなわち日蓮聖人の宗教は題目の実現にあったのである。ここに日蓮聖人教学の神髄がある。

日蓮聖人の教学は、教相門・観心門・安心門に大別することができるであろう。教相門は教法論、観心門は修行論、安心門は成仏論を意味する。古来、仏教の基本とされてきた教・行・証がこれに当たる。仏の教えを明らかにし、その教えに従って修行し、仏の救いに預かるのである。

教相門は教法を問題にすることから主に教相論であるが、その範疇には本尊論・顕本論・仏身論・釈尊論などの仏陀論も含まれる。観心門は実践修行であることから、唱題などの題目受持が中心であるが、題目受持は法華菩薩道の実践でもあるので弘教論・下種論・立正安国の実現等をも含む。安心門は信行による救いであることから、即身成仏・霊山往詣などであるが、題目の救いは仏果(久遠釈尊の因果の功徳)の自然譲与であると同時に本時娑婆世界(本因・本果・本国土の三妙が具足した信仰世界)でもあるので、時間論・浄土論や大曼荼羅世界をも含む。

ただし、教相門・観心門・安心門を立てるのは、日蓮聖人の教学を理解するために、その体系を組織的に表示するにすぎない。三者は、教学そのものとしては別のものではない。教相と観心とは相即し、観心と安心とは相即する。教法としての題目五字は観心としての題目七字であり、観心としての題目七字は教法としての題目五字である。さらに観心としての題目七字は証果としての題目五字である。教は観であり観は教である。その観は自然に仏果(久遠釈尊の因果の功徳)を受得して証となる。

本書は、このような日蓮聖人の教学を「理念と実践」という視点で捉えることによって、日蓮聖人の宗教の本質に迫ることを目的とする。

理念は実践をうみ、実践の正義を保証する。実践は理念からうまれて、実践のなかに理念を実現する。理念は実践であり、実践は理念であるところに、相互の真実性がある。

主に、教相は理念に、観心は実践に該当する。教相は観心を前提とし、観心は教相に裏付けられる。

相互に資助しかつ相即して安心に至る。

本書では、日蓮聖人の立行の基点を、仏弟子の自覚、上行菩薩の自覚に見いだし、捨身の決意のもとに慈悲・代受苦の実践に邁進された本化菩薩の実像を明らかにしたい。そのことを通して日蓮聖人教学の妙旨に少しでも迫ることができればと念願する。

ささやかな試みが日蓮聖人教学の進展に些かでも寄与することができれば幸いである。

読者諸賢のご批判を乞い、さらなる精進に繋げたい。

平成三十年四月二十八日

庵谷行亨　謹識

目次

序

第一章　日蓮教学研究の課題……3

第二章　日蓮聖人における仏弟子の自覚……24
一　はじめに……24
二　仏法の弘通は仏弟子の使命であるとの自覚……25
三　法華経如来神力品別付属の主体的受容……28
四　法華経弘通の身に興起する値難こそ真の法華経の行者であるとの信解……40
五　知教者の使命……49
六　むすび……59

第三章　日蓮聖人における上行自覚の表明……65
一　はじめに……65

二　法華経所説の受持者……66
三　遺文の表記……68
四　上行自覚表明の推移……96
五　むすび……100

第四章　日蓮聖人における捨身の誓い……109
一　日蓮聖人の使命感……109
二　日蓮聖人の願い……111
三　知れる者の決断……112
四　仏陀の諫暁……116
五　値難の覚悟……117
六　日蓮聖人の誓願……122
七　立教開宗の決断と値難……123
八　法華経弘通と諫暁……128
九　慈悲の実践……129
一〇　値難と誓願満足……133

一一　むすび……134
第五章　日蓮聖人における慈悲の実践……139
一　はじめに……139
二　法華経における慈悲の用例……140
三　日蓮聖人遺文に見る仏の慈悲……143
四　日蓮聖人の忍難弘教と慈悲の実践……144
五　むすび……155
第六章　日蓮聖人の代受苦思想……160
一　はじめに……160
二　題目信仰……162
三　法華経の弘通……162
四　慈悲の実践……164
五　代受苦……166
六　免罪と滅罪……171

七　むすび……174

第七章　日蓮聖人における但行礼拝と生命の尊重……178
一　はじめに……178
二　法華経常不軽菩薩品所説の但行礼拝……180
三　天台大師と妙楽大師の解釈……181
四　日蓮聖人の紹継不軽跡……182
五　二十四字と五字……188
六　三世説法の儀式……191
七　常不軽菩薩と上行菩薩……192
八　法華経信仰と生命の尊厳……193
九　むすび……201

第八章　日蓮聖人の門弟教育……204
第一節　講会・談義を中心として……204
一　はじめに……204

二　先行研究の概要　209
三　講会・談義による門弟教育　211
四　むすび　228
第二節　読誦・書写等を中心として　236
一　はじめに　236
二　法華経読誦と門弟教育　237
三　写経と門弟教育　242
四　日蓮聖人の著書・手紙と門弟教育　244
五　日蓮聖人の図録・要文・写本と門弟教育　250
六　日蓮聖人の大曼荼羅図題と門弟教育　254
七　門弟による日蓮聖人の講談の筆録　256
八　門弟による日蓮聖人の文章の書写　257
九　法華堂と門弟教育　258
一〇　書籍の蒐集　261
一一　身延入山と門弟教育　270

一二　日蓮聖人の門弟……271
一三　むすび……282
第九章　直弟による日蓮聖人の尊称……292
一　はじめに……292
二　直弟による日蓮聖人の尊称……293
三　直弟の日蓮聖人に対する尊称の特色……330
四　むすび……337
あとがき
索引

凡例

一　日蓮聖人遺文は立正大学日蓮教学研究所編『昭和定本日蓮聖人遺文』（身延山久遠寺発行）による。

二　日蓮聖人遺文の真蹟・写本については次のとおり表記した。

真・Ａ　真蹟現存遺文

曾・Ｂ　真蹟曾存遺文

断・Ｃ　真蹟断片現存遺文

断簡・Ｄ　真蹟断簡現存遺文

○○写本　○○師の写本現存遺文

三　引用書名略称

『昭定』『昭和定本日蓮聖人遺文』

『開結』『真訓両読妙法蓮華経並開結』

『正蔵』『大正新脩大蔵経』

『仏全』『大日本仏教全書』

『天全』『天台大師全集』

『伝全』　『伝教大師全集』
『宗全』　『日蓮宗宗学全書』
『要集』　『富士宗学要集』

日蓮聖人教学の理念と実践

第一章　日蓮教学研究の課題

一　日蓮教学の概念

日蓮教学の概念は、視点によって相違があるが、おおよそ次のように考えることができよう。

（一）日蓮聖人の教学

日蓮聖人（一二二二〜一二八二）ご自身の思想信仰を体系化したもの。日蓮聖人の教えを聞信することによって受領する教学の体系。

（二）日蓮聖人とその門弟の教学

日蓮聖人のみならず、その門下の人々の思想信仰をも含めて体系化したもの。日蓮聖人以降、日蓮教学を研鑽してきた人師を網羅した教学史の体系。

（三）日蓮宗の教学

日蓮宗という教団の教学を体系化したもの。日蓮聖人系諸教団を代表する日蓮宗の歴史的展開をも踏まえた教学の体系。

（四）日蓮聖人系諸教団の教学

日蓮宗をはじめとする日蓮聖人系諸教団の教学を体系化したもの。日蓮聖人系諸教団は時代の推移と共に、教学上の解釈の相違により分派や統合を繰り返してきた。それら諸教団の教学の体系。

なお、教学とは「教義の体系化されたもの」、教義とは「伝統的に承認された教え」の意味である。以上のごとく、日蓮教学の概念は種々考えられるが、ここでは主に「日蓮聖人の教学」の意味で用いる。

二　日蓮教学の本質

日蓮教学の本質は、日蓮聖人の宗教世界に自身がいかなる位置付けを持ちうるかを、日蓮聖人の教えに問うことである。それは、日蓮聖人の教えを通して自身を覚知し自己を実現することであり、日蓮聖人の教えに自身を知り、日蓮聖人の教えに身を浸して生きることでもある。すなわち、日蓮聖人への自身の信仰告白であると言えよう。そのことは、日蓮聖人の教えに生きようとする者の信仰の論理化、日蓮聖人の教えについての信仰的内実の外的表明、内的信証の外的表明、日蓮聖人の教えに身を浸して生きようとする者の信仰的主体の客観化・普遍化を意味する。

三　日蓮教学の根幹

日蓮教学の根幹は、日蓮聖人の教えを通して頂受する法華経の信にある。それは、久遠釈尊が日蓮聖人に命じ賜うた信、日蓮聖人が久遠釈尊から賜わった信である。

信心の興起（発心）は感銘・共感・共鳴・同信・歓喜・法悦などによる。信心の涵養と深化は、信心に立脚した解・行、すなわち信解・信行である。信解が信行を促し、信行が信解を資ける。また、信行が信解を促し、信解が信行を資ける。

信心の本質は、法華経の虚空会における上行付属の信心である。これを本化の信と称する。

信心は相続されなければならない。不断の信心、不退の信心、水のような信心により、生々世々にわたって信心を相続することが大切である。

信心の相続は、日蓮聖人の誓願を継承することである。不退転の決意のもとに、一切衆生の成仏のために、不惜身命の生涯をおくられた日蓮聖人の御意を心として生きることである。

四　日蓮教学の宗旨

日蓮教学の宗旨は、次のことがらを基本とする。

（一）本化の信

本化の信は題目信心である。本化に付属された題目を至心に受持する信心である。その題目信心は、題目によってもたらされる信心である。

(二) 三大秘法の宗教

三大秘法の宗教は、本門本尊に帰依し、本門妙戒を持ち、本門題目を唱え、本化の信を成就することである。

(三) 立正安国の実現

立正安国の実現は、正法に立脚した社会を実現すること、題目信仰の社会を実現することである。

五　日蓮教学の論証

教学の正当性は教学の客観的論証によって裏付けられる。そのためには客観的真実の究明が必要である。それは、日蓮聖人の真実を、自身の信解において客観的に観ることである。

ただし、教学の正当性の論証は、単に、教学を客観的に論証するだけでは成立しない。教学の主体的受容がなければ、教学の本質を失うことになる。主体的信において、教えを受け止めることが必要である。それが、客観的真実の主体的受容である。それは、自身の信に日蓮聖人の真実を観ることである。

六　日蓮教学の普遍化

信仰の論理的表明は、内なるものの外的表明であり、個的信の歴史への普遍化である。普遍的真理の提示は、常に日蓮教学が問われ続ける課題である。時代を超えた普通的真理、民族を超えた普遍的真理をいかに提示できるかということである。

七　日蓮教学と安心立命

日蓮教学は救いの教えである。それは、いかに法華経の成仏を達成せしむるかということである。日蓮教学ではこれを、即身成仏・霊山往詣と称している。即身成仏は現在成仏であり、霊山往詣は未来成仏である。そして、現在成仏は未来成仏であり、未来成仏は現在成仏である。

三世にわたって安住する永遠の浄土のことを、日蓮聖人は「本時の娑婆世界」と称されている。「本時の娑婆世界」は信仰的感応に成就する不滅の浄土である。

立正安国は、日蓮聖人の生涯にわたる宗教的目標である。正法に立脚した安穏な国土の実現こそ、日蓮教学の究極の課題である。

八　関連する研究分野

諸分野の研究に立脚した日蓮教学研究の確立が必要である。関連する主な諸分野をあげると次のようになる。

（一）諸宗教

仏教

仏教学

思想　歴史　経典　文化　その他

諸宗派の教学（宗学）

思想　歴史　経典　文化　その他

キリスト教

イスラム教

ヒンズー教

その他

（二）諸思想

儒教

道教
その他
（三）諸科学
人文科学
哲学　倫理学　歴史学　文学　美術　民族学　その他
社会科学
社会学　経済学　政治学　法学　統計学　その他
自然科学
地理学　環境学　地学　生物学　物理学　化学　生命科学　その他
その他

各研究分野は多様化、細分化、専門化している。それらの研究成果に立脚した日蓮教学の研究が必要である。

九　世界における日蓮教学の位置付け

世界における日蓮教学の位置付けについて考えると、次のようなことがらがあげられよう。

（一）宗教思想上の位置付け

（二）仏教思想史上の位置付け
（三）法華仏教思想史上の位置付け
（四）世界思想史上の位置付け
（五）世界歴史上の位置付け
（六）日本歴史上の位置付け
（七）世界文化における位置付け
（八）日本文化における位置付け
（九）その他

これら個別の研究とこれらを総合した研究の両面から、トータルに日蓮教学を見据え、位置付けていくことが必要である。

十　研究の視点

研究には、個別的研究と総合的研究、主観的研究と客観的研究、あるいは比較研究などがある。今後はさらに新しい視点に立った研究が望まれる。諸分野の視点からの研究、諸分野との共同研究などである。また、新しい研究方法の提言や確立も必要であろう。ＩＴ（情報技術）の活用などはその一例と言えよう。

十一　日蓮聖人に立脚した日蓮教学

日蓮教学は、日蓮聖人に立脚したものでなければならないことは言うまでもない。すなわち、日蓮聖人における日蓮聖人教学、日蓮聖人を視点とした日蓮宗教学、日蓮聖人を視点とした日蓮聖人系諸教団の教学である。どのような研究領域から日蓮教学を論じても、必ず、日蓮聖人の教えに立脚することが大切である。

十二　時代と日蓮教学

教えは時代と共にある。時代に応え、時代を導き、時代を救うことに日蓮教学の使命がある。したがって、いつの時代の要請にも対応しうる日蓮教学、時代を超えて存続しうる日蓮教学、いつの時代をも救いうる日蓮教学の構築が必要である。

十三　現代社会と日蓮教学

現代社会は、資本主義社会、経済原理優先の社会、利益追求の社会であり、合理主義に立脚した価値観が充満し、物質的価値、貨幣価値に偏向している。現代社会の内実は、少子化、高齢化、人口減少、規模の縮小、統廃合、情報、スピード、競争、リストラなどの諸問題に満ちている。

そのような社会にあって、日蓮教学の果たすべき役割は何か。日蓮教学は、社会の人々に、充実感、達成感、自己実現、満足、生きがい、喜び、安らぎ、法悦を付与する。日蓮教学は救い、成仏を実現する。このように、日蓮教学は、時代に応え、時代を救う精神的価値を構築するものでなければならない。

そこで、現代社会の価値観と日蓮教学の価値観とをどのように位置付けるかが問題となる。

一般的には、相対、対峙、包括、開会、一体、和融、会通などの視点が考えられる。理念と現実を見ると次のように考えられる。

理念としては、俗諦開会（真俗不二）・世出不二（世法即仏法）などが考えられよう。俗諦開会（真俗不二）は真諦による俗諦の開会である。世出不二（世法即仏法）は仏法による世法の開会である。現実は、人々の認識、人々の価値観から考えると、経済原理優先の社会である。

それでは、現代社会においては、どのように日蓮教学を実践していけばよいのか。いくつかの課題をあげておきたい。

社会福祉　教育　更生保護　医療現場　ボランティア　ビハーラ活動　介護　看護　国際支援

地域支援　その他

これらは、身体的・精神的、あるいは経済的に困窮し苦悩する人々と共に歩む活動であり、実際に、宗門や各寺院において、伝統的に営まれていることも多い。

現代は、教団の危機・寺院の危機が叫ばれている。信仰意識の希薄化は精神性の軽視となって現れている。宗教教団の社会問題化、カルト教団に対する不安と恐れが、宗教全体に対する懐疑を生んでいる。核家族化、家族の崩壊、家の伝統の消滅は檀家意識の希薄化を助長している。急激な少子化・高齢化と人口の一局集中は、村落の崩壊、共同体社会の解体、地域における伝統の消滅を招き、寺院においては檀家の急激な減少となって現れている。伝統の形式化、儀礼の簡略化、儀礼における宗教性の軽視は、法要儀礼の軽視に繋がっている。自然葬、樹木葬などは、葬儀や遺骨に対する意識の変化を生み、葬儀における宗教意識の希薄化を招き、やがて葬儀無用論、墓地不要論に繋がっていく。

このような状況下にあって、必要なことは、社会と共に歩む姿勢を樹立することである。社会のニーズに対応し、人々の心に語りかけ、人々と共に歩む教団となることである。寺院を開放し、人々の心のより所、心のふるさととするなど、地域に根付いた活動を確立していかなければならない。教師は、地域の人々のよろずの相談を受け、苦悩に寄り添うことで、日蓮教学を体現していくのである。そのためにも、日蓮教学に立脚したカウンセリングの実践者の育成が緊急に望まれる。

十四　「日蓮聖人の真実」の究明

日蓮聖人を知るためには「日蓮聖人の真実」の究明が必要となる。日蓮聖人の実像を明らかにするためには、次のことがらが考えられる。

（一）日蓮聖人の生涯
伝承の検証　資料・史料の検証
（二）日蓮聖人の信仰
日蓮聖人の教えの信解　日蓮聖人の御意の信受
（三）日蓮聖人を知る基本資料・史料
日蓮聖人遺文
日蓮聖人のお言葉で日蓮聖人を知る　日蓮聖人の御意で日蓮聖人を知る
（四）日蓮聖人の環境
日蓮聖人をとりまく生活環境を明らかにする
（五）日蓮聖人の時代
日蓮聖人をめぐる歴史社会を明らかにする
（六）日蓮聖人の宗教の思想的背景
日蓮聖人をめぐる諸思想を明らかにする
（七）日蓮聖人の仏教受容
日蓮聖人の仏教研鑽とその受容を明らかにする
（八）日蓮聖人の法華経受容

日蓮聖人の法華仏教の系譜とその思想的特色を明らかにする
それには、内相承・外相承という問題がある。
本門法華仏教の内実を明らかにする
（九）日蓮聖人の天台教学受容
日蓮聖人の天台教学受容とその超克を明らかにする
それには、中国天台・日本天台の検討が必要となる。
（十）その他

十五　日蓮聖人遺文の検討

日蓮聖人遺文は日蓮聖人の真実を知るテキストである。日蓮聖人遺文については、次のような検討が必要である。
（一）真偽の検討
真蹟現存遺文の再検討
完存遺文　断簡現存遺文　断片現存遺文
真蹟曾存遺文の再検討
写本遺文の再検討

直弟写本　古写本　集成写本　個別写本

刊本遺文集の再検討

遺文集作成の意図・方針

遺文集の底本

遺文集成立の背景

(二) 系年の検討

(三) 対告者の検討

(四) 遺文解釈の検討

(五) 諸研究分野からの検討

(六) 日蓮聖人遺文の総合的研究

(七) その他

遺文の検討については、『昭和定本日蓮聖人遺文』に従来の研究成果の集約が見られるが、その後の研究において、さらに種々の意見が提示されている。

十六　日蓮聖人遺文集の公刊

日蓮聖人の真実を知るためには、より正確な日蓮聖人遺文集の公刊が求められる。

（一）真蹟遺文集の公刊
　写真製版　活字本　解説本
（二）写本遺文集の公刊
　写真製版　活字本　解説本
（三）日蓮聖人書写本の公刊
　写真製版　活字本　解説本
より正確な日蓮聖人遺文集の公刊によって、日蓮聖人の実像が明らかとなる。

十七　日蓮聖人をめぐる人々の究明

（一）弟子
（二）檀越
（三）敵対者
（四）その他日蓮聖人にかかわった人々
（五）その時代に生きた歴史上の人々

十八　日蓮教学の体系化

日蓮教学の体系化を試みた過去の主な業績として、一妙院日導の『祖書綱要』、田中智学の『本化妙宗式目』などがある。その後の研究成果に立脚した、現代における日蓮教学の体系化が必要である。

十九　日蓮教学研究の一層の充実

日蓮教学研究の一層の充実のためには、確実な資料・史料と正当な理解が必要である。そのためにはさらなる資料・史料の発掘と公開が望まれる。

（一）資料・史料調査
　宗宝調査　研究所調査　研究者調査
（二）資料・史料の整理
（三）資料・史料の公開
　資料・史料の写真製版　資料の活字化　資料の公刊　資料の展示
（四）資料・史料の検討
（五）資料・史料の修復・保存
（六）資料・史料についての正当な理解

資料・史料についての正当な理解は、客観的事実に基づいた信仰的領解、総合的会通が必要である。

日蓮聖人理解の基本的姿勢は、いかに日蓮聖人の真実に基づいて日蓮聖人に直参するかにある。

二十　日蓮教学の流布

布教は、信仰の感動・感銘・共感・歓喜・法悦の表明であり、釈尊の慈悲行の実践である。日蓮教学においては、法華菩薩行の実践である。日蓮教学は、人々と共に歩み、人々の心をとらえ、人々の救いを実現する教えである。

教えに感動し法悦する信仰者の出現は、信心の相続である。そこから教えが敷衍し、信仰が浸透していく。法門の提示は、その時代の人々に理解されるものでなければならない。日蓮教学の流布は、その時代に日蓮聖人を蘇らせることでもある。

二十一　日蓮教学と教師の育成

日蓮聖人の教えは、主に教師によって布教されることが多い。教師の資質は布教の成果を左右する。日蓮教学は教師育成の理念である。本化の教師は、本化の信心に生きる人、真の教えを弘める人、法華菩薩道の実践者、宗教的自覚者でなければならない。

日蓮教学は、教育組織、教育機関、教育方針、教育内容、教育カリキュラム、教育制度、教師育成のありかたなどを考える場合の基本理念となるものである。日蓮教学に通達した教師の輩出は、教団を活性化させ社会を導く力となる。

二十二　日蓮教学と法要儀礼

日蓮教学に立脚した法要儀礼が必要である。儀礼は教えの表明であり、布教の実践である。

二十三　日蓮教学研究の興隆

日蓮教学研究の興隆のためには、人材、組織、機関、学術発表、学会組織、研究誌、研究費などの充実が必要である。

二十四　日蓮教学研究者の育成

日蓮教学研究者育成のためには、研究生・研究員の拡充、宗費研究生・宗費研究員の拡充、研究専門職者の配置などが必要である。

二十五　日蓮教学研究組織の充実

日蓮教学研究組織の充実のためには、国際的研究組織の設置、国内の研究組織の充実が必要である。とくに国内の研究組織の充実のためには、地域における研究組織の設置が望まれる。

二十六　日蓮教学研究機関の充実

日蓮教学研究機関の充実のためには、宗門による研究所の設置、教区や管区における研究所の設置、寺院による研究所の設置、有志による研究所の設置などが考えられる。

二十七　日蓮教学研究と日蓮教学研究者育成における宗門と大学の役割

（一）宗門の役割

宗門の教育研究の目的

宗門の理念に基づいた教育研究

（二）大学の役割

大学の教育研究の目的

大学創立の理念に基づいた教育研究

両者が力を合わせて、より効果的な研究と研究者育成に努める必要がある。

二十八　日蓮教学研究成果の活用

研究誌を活用したり研修会を開催して、研究成果の理解と周知を徹底し、研究成果をタイムリーに布教現場で活用することが望ましい。研究成果が布教の現場で活用されてこそ、研究が生きたものとなる。研究と布教現場との相互交流が必要である。

二十九　日蓮教学と教団

日蓮教学は、教団の存立の基本理念である。教団は常に設立の理念である日蓮教学に照らし合わせて運営されるべきである。教団は、時代に対応した組織運営、未来を展望した組織運営を心がけるべきである。

三十　日蓮教学と諸宗教

日蓮教学における諸宗教の位置付けを明確にすることが必要である。それに立脚して、日蓮教学と諸宗教との関係を考えるべきであろう。諸宗教間においては、確固たる信仰の理念に基づかないかぎり、真の対話は成り立たないと思われる。

三十一　日蓮教学と世界平和

日蓮教学は、世界の平和、宇宙の平和を志向した教えである。世界平和の理念、世界平和のための行動は、日蓮教学においては立正安国の教えとして提示されている。

むすび

問題点が広範にわたっているため、重複している事項もある。各項目は順不同である。思いつくままに、問題点をあげたにすぎない。

日蓮教学の探求は、多くの先師によって営々となされてきた。それら諸先師の業績を一々に振り返り踏まえることは容易ではない。さらに、時代に対応した教学の提示とその実践は困難な道程である。しかしながら、時代は待つことはない。人々の声を聞き、人々の心に寄り添い、人々と共に歩む日蓮教学が必要とされているのである。

第二章　日蓮聖人における仏弟子の自覚

一　はじめに

日蓮聖人（一二二二〜一二八二）は法華経こそが釈尊の真実の教えであるとして、その生涯を法華経の受持弘通に捧げた。日蓮聖人が法華経に立ち上がった理由には、日蓮聖人の法華経受容とそこから喚起される日蓮聖人の仏教者としての強い自覚が考えられる。

日蓮聖人は、末法の世の人々の救済に深い慈悲の心を寄せられる釈尊の御意を、法華経の「流通分の心」（滅後末法の人々を救済せんとする釈尊の慈悲の御意）に感受（感応受得）し、釈尊の御意を実現すべく虚空会上において付属を受けた者としての自覚に立って法華経を弘通した。その仏事の履行が、日蓮聖人にとって真に仏弟子として生きることの意味でもあったのである。

このような、日蓮聖人における仏弟子の自覚について、日蓮聖人が受容した法華経の教えをとおして検討していきたい。

二　仏法の弘通は仏弟子の使命であるとの自覚

1　仏教者としての使命感

（1）大乗弘通の使命

日蓮聖人は『守護国家論』に次のように記している。

①近年より、予、「我《われ》身命を愛せず、ただ無上道を惜む」の文を瞻《み》るの間、雪山《せっせん》・常啼《じょうたい》の心を起し、命を大乗の流布に替え、強言を吐いて云く、……(1)

『守護国家論』は、日蓮聖人が正元元年（一二五九）に鎌倉において述作したもので、衆生の救いと国家の安泰を実現するためには法華正法に帰すべきであることを明かし、『選択集』について七門にわたって論難したものである。この中で日蓮聖人は、法華経の「我不愛身命但惜無上道」の文や求法のために身命を投げ出した雪山童子（『涅槃経』聖行品所説）・常啼菩薩（『小品般若経』常啼品所説）の心を起こし、「命を大乗の流布に替え」て「強言を吐いて」と述べている。「心を起こす」とは仏説帰入の信を発起することであり、「強言を吐く」とは不退転の弘法に生きることである。身命を賭して大乗の教えを流布せんとの日蓮聖人の強い決意と覚悟のほどがうかがわれる。このような仏教者としての使命感が日蓮聖人を立ち上がらせたのである。

（2）仏弟子としての悲嘆・哀惜

日蓮聖人は『立正安国論』に次のように記している。

②旅客来りて嘆いて曰く、近年より近日に至るまで、天変・地夭・飢饉・疫癘、遍く天下に満ち、広く地上に迸《はびこ》る。牛馬巷に斃《たお》れ、骸骨路に充てり。死を招くの輩すでに大半に超え、これを悲しまざるの族、あえて一人もなし。(2)

③主人曰く、独りこの事を愁《うれ》えて胸臆《くおく》に憤悱《ふんぴ》す。客来りて共に嘆く。しばしば談話を致さん。それ出家して道に入るは、法によつて仏を期《ご》するなり。しかるに今、神術も協《かな》わず、仏威も験《しるし》なし。具に当世の体《てい》を覿《み》るに、愚《おろか》にして後生の疑いを発《おこ》す。しかればすなわち、円覆《えんぷ》を仰いで恨みを呑み、方載《ほうさい》に俯して慮《おもんぱか》りを深くす。(3)

④客の曰く、天下の災、国中の難、余独り嘆くのみにあらず、衆皆悲しめり。(4)

⑤主人の曰く、予《よ》少量たりといえども、忝《かたじけな》くも大乗を学す。蒼蠅《そうよう》、驥尾《きび》に附して万里を渡り、碧《へき》羅《ら》、松頭《しょうとう》に懸《かか》りて千尋《せんじん》を延ぶ。弟子一仏の子と生まれ、諸経の王に事《つか》う。何ぞ仏法の衰微を見て、心情の哀惜を起さざらんや。(5)

『立正安国論』は、文応元年（一二六〇）七月一六日に日蓮聖人が前執権最明寺入道時頼に上進した私的勘文である。正嘉元年（一二五七）から文応元年にかけて大地震・暴風雨・洪水・飢饉・疫病などの災害が東国を襲った。この現実の中に身を浸して生きていた日蓮聖人は、苦難に喘ぐ民衆の惨状を憂い、悲嘆と憤りと無念さに心を痛めながら、日夜、仏弟子としての責務を深く自身に問い詰めていったのである。民衆の苦難が日蓮聖人に『立正安国論』を執筆せしめ、時の最高権力者に対する諫暁へと立ち上がらせたのである。

このような民衆の苦難の原因は「仏法の衰微」によるものであった。仏法の衰退は仏弟子の責任である。日蓮聖人は仏弟子であることの意味を自身に問いかけ、仏弟子の中でも「諸経の王に事」える者としての自負の中で、その責任の全うを自身に強く迫ったのである。その結果が国主を諫暁するという不惜身命の弘教であった。

2　捨身の願い

日蓮聖人は法華経弘通の思いを『金吾殿御返事』に次のように吐露している。

①人身すでにうけぬ。邪師又まぬがれぬ。法華経のゆへに流罪に及ぬ。今死罪に行れぬこそ本意ならず候へ。あわれさる事の出来し候へかしとこそはげみ候て、方々に強言をかきて挙をき候なり。すでに年五十に及ぬ。余命いくばくならず。いたづらに曠野にすてん身を、同は一乗法華のかたになげて、雪山童子・薬王菩薩の跡をおひ、仙豫・有得の名を後代に留て、法華涅槃経に説入られまいらせんと願ところ也。(6)

日蓮聖人は法華経に身命を捧げて生きていた。『涅槃経』所説の雪山童子・仙豫国王（聖行品）・有得国王（有徳国王）（金剛身品）、法華経所説の薬王菩薩（薬王菩薩本事品）などの、求法・護法のために身命を投げ出した先駆者の例をあげ、その経説に摂入されることを「願う」と述べている。法華経に釈尊の御本意を見るゆえに、法華経を弘通し、法華経の経文どおりに大難に値遇し、法華経に死すことは、日蓮聖人にとってまさしく本望を遂げることであったのである。

三　法華経如来神力品別付属の主体的受容

日蓮聖人における法華経受容の特色は、虚空会の説法に釈尊の真実を見たことである。なかでも、見宝塔品における滅後弘教の勅命である「三箇の勅宣」を受けて、如来神力品において「まさに広くこれを説くべし」と誓い別付属を蒙った本化地涌菩薩の自覚に立って、その責任を全うしようとした。その経説は次のとおりである。

1　法華経見宝塔品第十一

①大音声を以て普く四衆に告げたまはく、誰か能く此の娑婆国土に於て広く妙法華経を説かん。今正しく是れ時なり。如来久しからずして当に涅槃に入るべし。仏、此の妙法華経を以て付嘱して在ることあらしめんと欲す。(7)

②諸の大衆に告ぐ、我が滅度の後に、誰か能く斯の経を護持し読誦せん。今仏前に於て自ら誓言を説け。(8)

③諸の善男子、我が滅後に於て、誰か能く此の経を受持し読誦せん。今仏前に於て自ら誓言を説け。(9)
④六難九易(10)

滅後における法華経受持弘通の困難性を説いた経文。

見宝塔品は虚空会の始まりである。虚空の宝塔中に二仏並坐された釈尊は三度にわたって滅後の弘教を促された。それが前掲の①から③の文である。

天台大師（五三八～五九七）は『法華文句』において「付嘱有在」を近令有在・遠令有在と釈し、近令有在は旧住の菩薩、遠令有在は本弟子下方千界微塵（本化地涌菩薩）への付属であると釈している。(11)

日蓮聖人は『開目抄』に①の文を「第一の勅宣」②の文を「第二の鳳詔」③の文を「第三の諫勅」と述べ、(12)この大音声は釈尊による滅後弘教の絶対的な命令であると受け止めたのである。

見宝塔品の末には滅後の弘教が難事であることを指摘し忍難弘教の功徳が説き示されている。伝教大師（七六七～八二二）は『法華秀句』においてこれを六難九易と釈し、(13)日蓮聖人はこれを受けて『開目抄』に、自らの法華経弘通の決断を「宝塔品の六難九易これなり」(14)、「法華経の六難九易を辨れば」(15)等と述べている。日蓮聖人は滅後の法華経弘通は釈尊の絶対的な命に従うことであり、それは言語に絶する数々の大難を忍受することを意味していたのである。

2　法華経従地涌出品第十五

勧持品第十三における諸菩薩の忍難弘教の誓い（二十行の偈）を受けて、従地涌出品では、他方の国土から来集した諸菩薩が滅後弘教の意志を表明する。ところが釈尊はこれを止め、滅後の弘教を託すべき菩薩がいることを示された。

①爾の時に仏、諸の菩薩摩訶薩衆に告げたまはく、止みね善男子、汝等が此の経を護持せんことを須ひじ。所以は何ん、我が娑婆世界に自ら六万恒河沙等の菩薩摩訶薩有り。一一の菩薩に各六万恒河沙の眷属有り。是の諸人等、能く我が滅後において、護持し読誦し広く此の経を説かん。(16)

釈尊のこの言葉を受けて大地の下から涌出した「是諸人等」こそが、まさしく滅後弘教の本弟子である。

②仏是れを説きたまふ時、娑婆世界の三千大千の国土、地皆震裂して、其の中より無量千万億の菩薩摩訶薩有つて同時に涌出せり。是の諸の菩薩の身は皆金色にして、三十二相・無量の光明あり。先よりことごとく娑婆世界の下、此の界の虚空の中に在つて住せり。是の諸の菩薩、釈迦牟尼仏の所説の音声を聞いて下より発来せり。一一の菩薩、皆是れ大衆唱導の首なり。(17)

金色に輝き三十二相無量光明を具えた高貴な菩薩は釈尊の音声に応えて発来した「大衆唱導之首」である。

③是の菩薩衆の中に四導師有り。一を上行と名け、二を無辺行と名け、三を浄行と名け、四を安立

行と名く。是の四菩薩、其の衆中において最も為れ上首唱導の師なり[18]。その上首に四導師があり、滅後弘教の任を担う最上の唱導者である。中でも上行菩薩はその総責任者としての役割を持つ。日蓮聖人はこの上行菩薩としての自覚に立って仏弟子としての任を果たしていった。

④是の諸の大菩薩摩訶薩の無量無数阿僧祇にして地より涌出せる、汝等昔より未だ見ざる所の者は、我れ是の娑婆世界において阿耨多羅三藐三菩提を得已つて、是の諸の菩薩を教化示導し、其の心を調伏して、道の意を発さしめたり。此の諸の菩薩は皆是の娑婆世界の下、此の虚空の中に住せり。諸の経典において読誦し通利し、思惟分別し、正憶念せり。阿逸多、是の諸の善男子等は衆に在つて多く所説有ることを楽はず。常に静なる処を楽い、勤行精進して未だ曾て休息せず。亦人天に依止して住せず。常に深智を楽つて障碍有ることなし。亦常に諸仏の法を楽ひ、一心に精進して無上慧を求む[19]。

会座の大衆は、釈尊の言葉の意味が理解できず、「釈尊はいったいいつの間にこのような菩薩方を教化されたのか」と問いを繰り返す。会座の大衆が未見のこの菩薩は、釈尊が教化示導された「一心に精進して無上慧を求める」弟子である。

⑤是の諸の大菩薩は無数劫より来、仏の智慧を修習せり。悉く是れ我が所化として大道心を発さしめたり。此等は是れ我が子なり。是の世界に依止せり。常に頭陀の事を行じて静かなる処を志楽

し、大衆の憒閙《かいにょう》を捨てて所説多きことを楽はず。是の如き諸子等は我が道法を学習して昼夜に常に精進す。仏道を求むるをもつての故に娑婆世界の下方の空中に在つて住す。志念力堅固にして常に智慧を勤求し、種種の妙法を説いて其の心畏るる所なし。我れ伽耶城菩提樹下において坐して最正覚を成ずることを得て、無上の法輪を転じ、爾して乃ち之を教化して初めて道心を発さしむ。今皆不退に住せり。悉く当に成仏を得べし。我今実語を説く、汝等一心に信ぜよ。我れ久遠より来、是等の衆を教化せり(20)。

釈尊は大衆の疑念に答えて「従無数劫来」「従久遠来」教化してきた「我が所化」「我が子」であることを明かされる。

日蓮聖人はこの経説に立脚して、久遠教化の地涌菩薩こそが本仏釈尊の本弟子であると受け止め、その本弟子としての自覚に立ちその使命を全うすることこそが真の仏弟子であると考えたのである。

3　法華経如来神力品第二十一

①爾の時に千世界微塵等の菩薩摩訶薩、地より涌出せる者、皆仏前に於て一心に合掌して尊顔を瞻仰して、仏に白して言さく、世尊、我等、仏の滅後、世尊分身所在の国土・滅度の処において、当に広く此の経を説くべし。所以は何ん、我等も亦自ら是の真浄の大法を得て、受持・読誦し解説・書写して之を供養せんと欲す(21)。

見宝塔品の三箇の勅宣を受けて、地涌菩薩は三仏の面前で滅後の弘教を発誓する。「当広説此経」は忍難弘教に生きることの決意の表明である。本仏釈尊の御意に生きようとする本弟子の自覚と使命の表白である。

②爾の時に仏、上行等の菩薩大衆に告げたまはく、諸仏の神力は是の如く無量無辺不可思議なり。若し我れ是の神力を以て、無量無辺百千万億阿僧祇劫において、嘱累の為の故に此の経の功徳を説かんに、猶ほ尽くすこと能はじ。要を以て之を言はば、如来の一切の所有の法、如来の一切の自在の神力、如来の一切の秘要の蔵、如来の一切の甚深の事、皆此の経において宣示顕説す。是の故に汝等、如来の滅後において、当に一心に受持・読誦し解説・書写し、説の如く修行すべし。所在の国土に、若しは受持・読誦し、解説・書写し、説の如く修行し、若しは経巻所住の処あらん。若しは園中においても、若しは林中においても、若しは樹下においても、若しは僧坊においても、若しは白衣の舎にても、若しは殿堂に在っても、若しは山谷曠野にても、是の中に皆塔を起てて供養すべし。所以は何ん、当に知るべし、是の処は即ち是れ道場なり。諸仏此において阿耨多羅三藐三菩提を得、諸仏此において法輪を転じ、諸仏此において般涅槃したまふ。(22)

釈尊は法華経を要法に結んで上行等の菩薩に付属された。この付属に滅後の法華経が決せられたのである。付属は未来を約することである。如来滅後の未来における法華経は、本仏釈尊の御意を受けた本弟子上行等の菩薩が、法華経の要法を以て忍難の弘教を展開し、一切衆生の成仏を実現するのである。

③如来の滅後に於て、仏の所説の経の因縁及び次第を知つて、義に随つて実の如く説かん。日月の光明の能く諸の幽冥を除くが如く、斯の人世間に行じて能く衆生の闇を滅し、無量の菩薩をして畢竟して一乗に住せしめん。(23)

地涌菩薩は「日月の光明が能く諸の幽冥を除くが如く」光輝いて、「能く衆生の闇を滅す」のである。日蓮聖人はこの地涌菩薩の自覚に立って勇猛精進の日々を重ねていった。日蓮の名乗りはまさにこの「如日月光明」と従地涌出品の「不染世間法如蓮華在水」の経文による。日蓮聖人が地涌菩薩の使命を担うことの決意を表明したものにほかならない。

4　天台大師・妙楽大師・道暹の釈

地涌菩薩への付属について、天台大師・妙楽大師・道暹の三師は次のように釈している。

天台大師の釈

『法華文句』

①是れ我が弟子、まさに我が法を弘むべし。(24)

妙楽大師の釈

『法華文句記』

②子、父の法を弘む。世界の益有り。(25)

道暹の釈

『法華文句輔正記』

③付嘱とは此の経は唯下方涌出菩薩に付す。何が故に爾る。法、是れ久成の法なるに由るが故に久成の人に付す。(26)

天台大師は開近顕遠に立脚して久遠釈尊の弟子である地涌菩薩が久遠釈尊の大法を弘通するとし、妙楽大師は久遠の父子結縁に立脚して久遠の子である地涌菩薩が久遠の父である釈尊の大法を弘通するとして世界悉檀に配し、道暹は久遠の人法に約して久成の法であるゆえに久成の人である地涌菩薩に付属したと釈している。

人においては「久遠釈尊の弟子」「久遠の父の子」「久遠教化の人」と位置付けて、地涌菩薩への付属の必然性を示し、法においては「久遠釈尊の法」「久遠の父の法」「久成の法」と表現して付属された大法の本質を示している。人に約せば別付属、法に約せば結要付属である。

このような、見宝塔品の三箇の勅宣とそれを承けた如来神力品の結要の別付属に滅後の法華経が決定付けられたのである。教主は久遠釈尊、教法は結要の法、弘通の人は地涌菩薩である。

この経説を承けて、日蓮聖人は、滅後末法においては、久遠釈尊の御意を承けた本弟子（久成の子）地涌菩薩が要法（題目五字七字）を弘めて幼稚の衆生を救済すると考えたのである。釈尊の御意を帯して立ち上がるべき被付属の地涌菩薩の使命を自らに課した日蓮聖人は、本化地涌の最上首である上行菩薩の自覚に立って法華経を生きたのである。

5　日蓮聖人の信解――起顕竟の法門――

上述の主旨について、日蓮聖人は『観心本尊抄』に次のように述べている。

①本門を以てこれを論ずれば、一向に末法の初を以て正機となす。いわゆる、一往これを見る時は、久種を以て下種となし、大通・前四味・迹門を熟となし、本門に至つて等・妙に登らしむ。再往これを見れば、迹門には似ず。本門は序・正・流通ともに末法の始を以て詮となす。在世の本門と末法の初は、一同に純円なり。ただし彼は脱、これは種なり。彼は一品二半、これはただ題目の五字なり。問うて曰く、その証文如何。答えて云く、涌出品に云く「爾の時に他方の国土の諸の来れる菩薩摩訶薩の八恒河沙の数に過ぎたる、大衆の中において起立し合掌し礼を作して、仏に白して言さく、世尊、もし我等に、仏の滅後においてこの娑婆世界に在つて、勤加精進してこの経典を護持し、読誦し、書写し、供養せんことを聴《ゆる》したまわば、まさにこの土において広くこれを説きたてまつるべし。爾の時に仏、諸の菩薩摩訶薩衆に告げたまわく、止みね、善男子、汝等がこの経を護持せんことを須いじ」等云云。法師より已下の五品と経文前後水火なり。宝塔品の末に云く「大音声を以て普く四衆に告げたまわく、誰か能くこの娑婆国土において広く妙法華

経を説かんものなる」等云云。たとい教主一仏たりといえども、これを奨勧したまわば、薬王等の大菩薩、梵・帝・日・月・四天等はこれを重んずべきの処に、多宝仏・十方の諸仏、客仏となつてこれを諫暁したもう。諸の菩薩等は、この慇懃《おんごん》の付属を聞いて「我不愛身命」の誓言を立つ。これらは偏に仏意に叶わんがためなり。しかるに須臾の間に、仏語相違して、過八恒沙のこの土の弘経を制止したもう。進退惟《こ》れ谷《きわま》る。凡智に及ばず。天台智者大師は、前三後三の六釈を作ってこれを会したまえり。所詮は、迹化・他方の大菩薩等に、我が内証の寿量品を以て授与すべからず。末法の初は、謗法の国にして悪機なる故にこれを止め、地涌千界の大菩薩を召して、寿量品の肝心たる妙法蓮華経の五字を以て、閻浮の衆生に授与せしめたもうなり。また迹化の大衆は釈尊初発心の弟子等にあらざるが故なり。天台大師云く「これ我が弟子なり。我が法を弘むべし」と。妙楽云く「子、父の法を弘む、世界の益あり」と。輔正記に云く「法これ久成の法なるを以ての故に、久成の人に付す」等云云。(27)

法華経本門の教えは末法悪機の救済を正となし、その教法は題目五字であるとする。その証文として涌出品の本弟子地涌菩薩の招出、宝塔品の三箇の勅宣、勧持品の弘経の誓いをあげ、天台大師・妙楽大師・道暹の釈を出してその正当性と必然性とを明かしている。

②問うて曰く、この経文の「遺使還告」は如何。答えて曰く、四依なり。四依に四類あり。小乗の四依は、多分は正法の前の五百年に出現す。大乗の四依は、多分は正法の後の五百年に出現す。

三に迹門の四依は、多分は像法一千年、少分は末法の初なり。四に本門の四依は、地涌千界なり、末法の始に必ず出現すべし。今の「遣使還告」は地涌なり。「是好良薬」とは、寿量品の肝要たる名・体・宗・用・教の南無妙法蓮華経これなり。この良薬をば、仏なお迹化に授与したまわず。いかにいわんや他方をや。神力品に云く「爾の時に、千世界微塵等の菩薩摩訶薩の地より涌出せる者、皆仏前において、一心に合掌して尊顔を瞻仰して仏に白して言さく。世尊、我等、仏の滅後に、世尊分身所在の国土、滅度の処において、まさに広くこれを説くべし」等云云。天台云く「ただ下方の発誓のみを見たり」等云云。道暹云く「付属とは、この経をばただ下方の涌出の菩薩にのみ付す。何が故にしかる。法これ久成の法に由るが故に久成の人に付す」等云云。(略)かくのごとく十神力を現じて、地涌の菩薩に妙法の五字を属累して云く、経に云く「爾の時に仏、上行等の菩薩大衆に告げたまわく、諸仏の神力は、かくのごとく、無量無辺不可思議なり。もし我れこの神力を以て、無量無辺百千万億阿僧祇劫において、属累のための故に、この経の功徳を説くともなお尽すこと能《あた》わじ。要を以てこれを言わば、如来の一切所有の法、如来の一切自在の神力、如来の一切秘要の蔵、如来の一切甚深の事、皆この経において宣示顕説す」等云云。天台云く「爾の時に仏、上行に告ぐというより下《しも》は、第三に結要付属なり」云云。伝教云く「また神力品に云く、要を以てこれを言はば、如来の一切所有の法、乃至、宣示し顕説す〈已上経文〉。明に知んぬ、果分の一切所有の法、果分の一切自在の神力、果分の一切秘要の蔵、果分の一切甚深の事、皆法華において宣示し顕説するなり」等云云。この十神力は、妙法蓮華経の五字を以て、上行・安立行・浄行・無辺行等の四大菩薩に授与したもう。前《さき》の五神力は在世のため、後の五神力は滅後のためなり。しかりといえども、再往これを論ずれば、一向に滅後のためなり。故に次《つぎ》下《しも》の文に云く「仏滅度の後に、能くこの経を持たんを以ての故に、諸仏皆歓喜して、無量の神力を現じたもう」等云云(28)。

良医の死を告げる「遣使還告」を末法の法門に約して地涌菩薩、飲毒の病子を治癒する良薬を「寿量品肝要名体宗用教」の題目であるとする。その題目とは上行等の地涌菩薩に付属された四句要法であるとして、伝教大師の『法華秀句』をあげてその証としている。

すなわち、日蓮聖人は法華経虚空会に説かれる見宝塔品の三箇の勅宣、従地涌出品の久遠教化の本弟子の招出、如来寿量品の釈尊の久遠開顕と病子治癒の良薬、如来神力品の結要の別付属に滅後末法を救済する法門を見たのである。そのことを覚知した者は釈尊の御意を知れる者であり釈尊の命を蒙る者である。それは仏弟子として真に生きることを意味する。日蓮聖人は「法華経に説かれた者」として、本化地涌菩薩＝上行菩薩の自覚に立って法華経の弘通に生きたのである。

『新尼御前御返事』には「法華経の中にも迹門はせすぎて、宝塔品より事をこりて寿量品に説き顕し、神力品属累に事極て候しが、（略）末代の大難忍びがたかるべし。我五百塵点劫より大地の底にかくしをきたる真の弟子あり。此にゆづるべしとて、上行菩薩等を涌出品に召出させ給て、法華経の本門の肝心たる妙法蓮華経の五字をゆづらせ給て(29)」と述べられている。このような叙述から、前述のような日蓮聖人の独自な法華経受容を起顕竟の法門と称している。

四　法華経弘通の身に興起する値難こそ真の法華経の行者の証であるとの信解

日蓮聖人は法華経弘通の生涯において数々の法難に値遇した。法華経には「滅後の弘教者は不惜身命の覚悟が必要であり、如来が在世に遭遇した以上の数々の大難に値う」と繰り返し説かれている。日蓮聖人は難に値うことによって、法華経の経説のとおりの行者であることの証明を得たと受け止めた。日蓮聖人にとって法難は法華経の色読であり、真の仏弟子であることの証明でもあったのである。

1　法華経受持弘通と法難興起の必然性

(1)　法華経の文

法華経には次のように説かれている。

①法師品第十

如来の現在にすら猶怨嫉多し、況んや滅度の後においてをや(30)。

法華経を弘通する者は如来が在世に被られた以上の大難に遭遇するとの経文である。日蓮聖人はこの経文をしばしば引用し自身の値難の必然性を説いている。

②見宝塔品第十一

六難九易

諸余の経典数恒沙《かずごうじゃ》の如し。此等を説くと雖も未だ難しと為すに足らず。若し須弥を接《と》つて他方の無数《むしゅ》の仏土に擲《な》げ置かんも亦未だ難しと為《せ》ず。若し足の指を以て大千界を動かし遠く他国に擲《な》げんも亦未だ難しと為《せ》ず。若し有頂に立つて衆の為に無量の余経を演説せんも亦未だ難しと為《せ》ず。若し仏の滅度に悪世の中に於て能く此の経を説かん。是れ則ち難しとす。仮使《たとい》人有つて手に虚空を把《と》つて以て遊行すとも亦未だ難しと為《せ》ず。我が滅後に於て若しは自らも書《か》き持《たも》ち、若しは人をしても書かしめん。是れ則ち難しとす。若し大地を以て足の甲《つめ》の上に置いて梵天に昇らんも亦未だ難しと為《せ》ず。仏の滅度の後に悪世の中に於て暫くも此の経を読まん。是れ則ち難しとす。仮使《たとい》劫焼に乾《かわ》ける草を擔《にな》ひ負《お》うて中に入つて焼けざらんも亦未だ難しと為《せ》ず。我が滅度の後に若し此の経を持《たも》つて一人の為にも説かん。是れ則ち難しとす。若し八万四千の法蔵十二部経を持《たも》つて人の為に演説して諸の聴かん者をして六神通を得せしめん。能く是《かく》の如くすと雖も亦未だ難しと為《せ》ず。我が滅後に於て此の経を聴受して其の義趣を問はん。是れ則ち難しとす。若し人法を説いて千万億無量無数恒沙《むしゅごうじゃ》の衆生をして阿羅漢を得、六神通を具《ぐ》せしめん。是の益有りと雖も亦未だ難しと為《せ》ず。我が滅後に於て若し能く斯《かく》の如き経典を奉持せん。是れ則ち難しとす。我れ仏道を為《え》て無量の土に於て始め従り今に至るまで広く諸経を説く。而も其の中に於て此の経第一なり。若

し能く持つこと有るは則ち仏身を持つなり。(31)

六難九易は法華経の受持弘通がいかに困難であるかを説いたものである。九易は不可能な行為をあげることによって滅後の法華経受持弘通が至難であることを明かしている。

③勧持品第十三

二十行の偈

唯願はくは慮《うらおも》ひしたまふべからず。仏の滅度の後恐怖悪世の中に於て我等当に広く説くべし。諸の無智の人悪口罵詈等し及び刀杖を加ふる者有らん。我等皆当に忍ぶべし。悪世の中の比丘は邪智にして心諂曲に未だ得ざるを為《こ》れ得たりと謂《おも》ひ我慢の心充満せん。或は阿練若に納衣にして空閑に在つて自ら真の道を行ずと謂《おも》うて人間を軽賤する者有らん。利養に貪著するが故に白衣の与《ため》に法を説いて世に恭敬《くぎょう》せらるること六通の羅漢の如くならん。是の人悪心を懐き常に世俗の事《じ》を念ひ名を阿練若に仮《か》つて好んで我等が過《とが》を出さん。而も是《かく》の如き言《ことば》を作《な》さん。此の諸の比丘等は利養を貪るを為《もつ》ての故に外道の論議を説く、自ら此の経典を作つて世間の人を誑惑す、名聞を求むるを為《もつ》ての故に分別して是の経を説くと。常に大衆の中に在つて我等を毀らんと欲するが故に国王大臣婆羅門居士及び余の比丘衆に向つて誹謗して我が悪を説て是れ邪見の人、外道の論議を説くと謂《い》はん。我等仏を敬ふが故に悉く是の諸悪を忍ばん。斯《こ》れに軽《かろ》しめて汝等は皆是れ仏なりと言はれん。此《かく》の如き軽慢の言《ことば》を皆当に忍んで之を受くべし。濁劫悪世の中には多く諸の恐怖《くふ》有らん。悪鬼其の身に入つて我を罵詈毀辱《めりきにく》せん。我等仏を敬信《きょうしん》して当に忍辱の鎧を著《き》るべし。是の経を説かんが為の故に此の諸の難事を忍ばん。我れ身命を愛せず但無上道を惜む。我等来世に於て仏の所嘱を護持せん。世尊自ら知《しろ》しめすべし。濁世の悪比丘は仏の方便随宜所説の法を知らず。悪口して顰蹙《びんじゅく》し数数《しばしば》擯出せられ塔寺を遠離せん。是《かく》の如き等の衆悪《しゅあく》をも仏の告敕《ごうちょく》を念うが故に皆当に是の事《じ》を忍ぶべし。諸の聚落《じゅらく》 城邑《じょうおう》に其《そ》れ法を求むる者有らば我皆其の所に到つて仏の所嘱の法を説かん。我は是れ世尊の使《つかい》なり。衆に処するに畏るる所無し。我当に善《よ》く法を説くべし。願はくは仏安穏に住したまへ。我れ世尊の前《みまえ》、諸の来りたまへる十方の仏に於て是《かく》の如き誓言を発《おこ》す。仏自ら我が心を知《しろ》しめせ。(32)

勧持品の偈文は二十行にわたって滅後の弘経には困難が伴うことを説く。妙楽大師は弘教を妨げる三種の人を三類の強敵と釈した。(33)日蓮聖人はこれを承けて、在世における釈尊の九横の大難、像法における天台大師の南三北七、伝教大師の南都六宗に対比し、末法における自身の値難を三類の強敵と受け止めたのである。

④安楽行品第十四

一切世間怨《あだ》多くして信じ難し。(34)

法華経は経文に説示されている通り難信である。難信であるゆえに多くの怨嫉を被ることは必然である。

⑤常不軽菩薩品第二十

衆人或は杖木瓦石を以て之を打擲《ちょうちゃく》す。(35)

常不軽菩薩品は釈尊の過去世の修行を説き示したものである。常不軽菩薩の値難は、法華経受持弘通者の先例であり、その忍難の行軌は後に続く者の模範である。日蓮聖人は『顕仏未来記』に「例せば威音王仏の像法の時、不軽菩薩、我深敬等の二十四字を以つてかの土に広宣流布し、一国の杖木等の大難を招きしがごとし。かの二十四字とこの五字と、その語ことなりといえども、その意これ同じ。かの像法の末とこの末法の初と全く同じ。かの不軽菩薩は初随喜の人、日蓮は名字の凡夫なり(36)」と述べ、不軽菩薩の「但行礼拝の二十四字」と自身の「題目の五字」との共通性を表明している。『寺泊御書』には「法華経は三世説法の儀式なり。過去の不軽品は今の勧持品。今の勧持品は過去の不軽品なり。今の勧持品は未来、不軽品たるべし。その時は日蓮はすなわち不軽菩薩たるべし(37)」として、釈尊の因行を説く不軽品と自身が色読している勧持品との同時性を説いている。『聖人知三世事』には「日蓮はこれ法華経の行者なり。不軽の跡を紹継するの故に(38)」と述べているように、日蓮聖人は不軽菩薩の跡を承継する者としての自覚に立って忍難弘教の道を歩んだのである。

（2）涅槃経と涅槃経疏の文

⑥涅槃経如来性品

寧ろ身命を喪うとも教えを匿《かく》さざれ。(39)

⑦涅槃経疏

身は軽く法は重し。身を死して法を弘めよ。[40]

日蓮聖人は法華経と共に『涅槃経』の要文を引用して滅後弘教と値難の関係性を繰り返し叙述している。⑥はその一例であり⑦は当該の経文についての章安大師の釈文である。

2 値難色読と法華経の行者

(1) 値難と法華経の色読

日蓮聖人は『南条兵衛七郎殿御書』に次のように述べている。

①いよいよ法華経こそ信心まさり候へ。第四巻云而此経者如来現在猶多怨嫉況滅度後。第五巻云一切世間多怨難信等云云。日本国に法華経よみ学する人これ多。人のめ（妻）をねらひ、ぬすみ等にて打はらるゝ人は多けれども、法華経の故にあやまたるゝ人は一人もなし。されば日本国の持経者はいまだ此経文にはあわせ給はず。唯日蓮一人こそよみはべれ。我不愛身命但惜無上道是也。されば日蓮は日本第一の法華経の行者也。[41]

日蓮聖人は、文永元（一二六四）年一一月一一日に東条郷松原で東条景信とその一党から被った法難（小松原法難または東条法難ともいう）について、約一か月後の一二月一三日に檀越南条兵衛七郎に送った書面にその折の有様を詳述し、法華経の「我不愛身命但惜無上道」の文を読んだことの感動と喜悦を表明している。日蓮聖人にとって、値難は法華経の色読であり、法華経の色読は真の法華経の行者であることを証明するものであったのである。

（2）値難と法華経真実の証明

日蓮聖人は『開目抄』に次のように述べている。

②法華経第四云　而此経者如来現在猶多二怨嫉一況滅度後等云云。第二云　見下有四読二誦書三持経一者上軽賤憎嫉而懐二結恨一等云云。又云　有二諸無智人悪口罵詈等一。又云　向二国王大臣婆羅門居士一誹謗説二我悪一謂二是邪見人一。又云　数数見二擯出一等云云。又云　杖木瓦石而打二擲之一等云云。涅槃経云　爾時多有二無量外道一和合共往二摩訶陀国王阿闍世所一。○今者唯有二一大悪人一瞿曇沙門○一切世間悪人為二利養一故往二集其所一而為二眷属一不レ能レ修レ善。呪術力故調二伏迦葉及舎利弗目犍連一等云云。天台云　何況未来。理在レ難レ化也等云云。妙楽云　障未レ除者為レ怨不レ喜レ聞者名レ嫉等云云。南三北七之十師・漢土無量学者、天台を怨敵とす。得一云　咄哉　智公汝是誰弟子。以下不レ足二三寸一舌根上而謗二覆面舌之所説一等云云。東春云　問在世時許多怨嫉。仏滅度後説二此経一時何故亦多二留難一耶。答云　如二俗言一良薬苦レ口。此経廃二五乗異執一立二一極之玄宗一故斥レ凡呵レ聖排レ大破レ小銘二天魔一為二毒虫一説二外道一為二悪鬼一貶二執小一為二貧賤一拙二菩薩一為二新学一。故天魔悪レ聞外道逆レ耳二乗驚怪菩薩怯行。如レ此之徒悉為二留難一。多怨嫉言豈唐哉等云云。顕戒論云　僧統奏曰　西夏有二鬼弁婆羅門一東土吐二巧言一禿頭沙門。此乃物類冥召

誑㆓惑世間㆒等云云。論曰○昔聞㆓斉朝之光統㆒今見㆓本朝之六統㆒。実哉法華何況也等云云。秀句云語㆑代則像終末初　尋㆑地則唐東羯西　原㆑人則五濁之生闘諍之時　経云猶多怨嫉況滅度後。此言良有㆑以也等云云。夫小児に灸治を加ば必母をあだむ。重病の者良薬をあたうれば定口に苦とうれう。在世猶をしかり、乃至像末辺土をや。山に山をかさね、波に波をたたみ、難に難を加へ、非に非をますべし。像法の中には天台一人、法華経一切経をよめり。南北これをあだみしかども、陳隋二代の聖主眼前に是非を明めしかば敵ついに尽。像の末に伝教一人、法華経一切経を仏説のごとく読給へり。南都七大寺蜂起せしかども、桓武乃至嵯峨等の賢主我と明給しかば又事なし。今末法の始二百余年なり。況滅度後のしるし（兆）に闘諍の序となるべきゆへに、非理を前として、濁世のしるし（験）に、召合せられずして流罪乃至寿にもをよばんとするなり。されば日蓮が法華経の智解は天台伝教には千万が一分も及事なけれども、難を忍び慈悲すぐれたる事をそれをもいだきぬべし。定で天の御計にもあづかるべしと存ずれども、一分のしるし（験）もなし。いよいよ重科に沈。還て此事計みれば我身の法華経の行者にあらざるか。又諸天善神等の此国をすてゝ去給るか。かたがた疑はし。而に法華経の第五の巻勧持品の二十行の偈は、日蓮だにも此国に生ずは、ほとをど（殆）世尊は大妄語の人、八十万億那由他の菩薩は提婆が虚誑罪にも堕ぬべし。経に云　有諸無智人悪口罵詈等、加刀杖瓦石等云云。今の世を見るに、日蓮より外の諸僧、たれの人か法華経につけて諸人に悪口罵詈せられ、刀杖等を加る者ある。日蓮なくば此一偈の未来記妄語となりぬ。悪世中比丘邪智心諂曲。又云、与白衣説法為世所恭敬如六通羅漢。此等経文は今の世の念仏者・禅宗・律宗等の法師なくば世尊又大妄語の人、常在大衆中乃至向国王大臣婆羅門居士等、今の世の僧等日蓮を讒奏して流罪せずば此経文むなし。又云、数々見擯出等云云。日蓮法華経のゆへに度々ながされずば数々の二字いかんがせん。此の二字は天台・伝教いまだよみ給はず。況余人をや。末法の始のしるし、恐怖悪世中の金言のあふゆへに、但日蓮一人これをよめり。(42)

日蓮聖人は、法華経の法師品・譬喩品・安楽行品・勧持品・常不軽菩薩品や『涅槃経』等の諸文をあげ、値難こそ法華経色読であり、色読者の出現は法華経の真実を証明するものであるとしている。法華経についての智解は天台大師・伝教大師には遠く及ばないが、忍難と衆生救済の慈悲は両大師もこれを認めて恐れを懐かれるであろうと述べている。両大師を智解、自身を忍難と位置付け、末法今世の法華経に生きる自身を「ただ一人の色読者」としている。そして、自身の色読がなければ法華経は妄語となるとして、値難色読は法華経の真実性の証であるとしている。

3　値難と経文普合

日蓮聖人は『開目抄』に次のように述べている。

①当世法華の三類の強敵なくば誰か仏説を信受せん。日蓮なくば誰をか法華経の行者として仏語をたすけん。南三北七々大寺等猶像法の法華経の敵の内、何況当世の禅・律・念仏者等脱べしや。

経文に我が身普合せり。御勘気をかお（蒙）ればいよいよ悦をますべし。[43]経文のとおりに数々の法難を被った自身は、仏語の真実を証明した者であるとしてその法悦を吐露している。法華経の行者を迫害する諸人を三類の強敵と受け止め、勧持品の経説に「普合」することをもって「真の法華経の行者の証」を得たことの悦びを表明したものである。

五　知教者の使命

1　知れる者の使命と決断

（1）申し出すか否か

日蓮聖人は『開目抄』に次のように記している。

①法華経を行ぜし程に、世間の悪縁・王難・外道の難・小乗経の難なんどは忍し程に、（略）無量生が間、恒河沙度すかされて権経に堕ぬ。権経より小乗経に堕ぬ。外道外典に堕ぬ。結句は悪道に堕けりと深此をしれり。日本国に此をしれる者、但日蓮一人なり。これを一言も申出すならば父母・兄弟・師匠国主王難必来べし。いわずば慈悲なきににたりと思惟するに、法華経・涅槃経等に此二辺を合見るに、いわずわ今生は事なくとも、後生は必無間地獄に堕べし。いうならば三障四魔必競起るべしとし（知）ぬ。[44]

「これをしれる者」とは釈尊の本意を知る者（知教者）であり、そのゆえに釈尊の本意に違背した現実を知る者でもある。したがって知教者は釈尊の御意の実現に向かって立ち上がるべき責務を帯びている。「申出す」ことはその責務を果たすことである。しかしその道には「三障四魔」が待ち受けている。日蓮聖人は二者択一に迫られたのである。

(2) 言うべしとの決断と値難の覚悟

『開目抄』には続いて次のように記されている。

②二辺の中にはいうべし。王難等出来の時は退転すべくは一度に思止べし、と且やすらい(休)し程に、宝塔品の六難九易これなり。我等程の小力の者須弥山はなぐとも、我等程の無通の者乾草を負て劫火にはやけずとも、我等程の無智の者恒沙の経々をばよみをぼうとも、法華経は一句一偈末代に持がたしと、とかるゝはこれなるべし。今度強盛の菩提心ををこして退転せじと願しぬ。既に二十余年が間此法門を申に、日々月々年々に難かさなる。少々の難はかずしらず。大事の難四度なり。二度はしばらくをく、王難すでに二度にをよぶ。今度はすでに我身命に及。其上弟子といひ、檀那といひ、わづかの聴聞の俗人なんど来て重科に行る。謀反なんどの者のごとし。(45)

日蓮聖人の決断は「二辺の中にはいうべし」であった。その決断はいかなる大難に遭遇することがあっても「退転せじと願しぬ」との誓いの中で下された。「これをしれる」日蓮の「いうべし」との決断に、末法の法華経(題目の法華経)が立ち上がったのである。それは一切衆生救済という釈尊の悲願実現の歩みでもあったのである。

（3）「知れる者日蓮一人」の自覚と値難弘通の覚悟

日蓮聖人は『一谷入道御書』に次のように述べている。

③但日蓮一人計此事を知りぬ。命を惜て云はずば国恩を報ぜぬ上、教主釈尊の御敵となるべし。是を恐れずして有のまゝに申ならば死罪となるべし。設ひ死罪はまぬかるとも流罪は疑なかるべしとは兼て知てありしかども、仏恩重が故に人をはばからず申ぬ。[46]

「知れる者」としての責務を噛みしめた日蓮聖人は、「仏恩」報謝のゆえに身命を捨てて「申す」と述べている。

さらに『頼基陳状』には次のようにある。

④故に梵釈二天・日月・四天いかりを成し、先代未有の天変地夭を以ていさむれども、用給はざれば、隣国に仰付て法華経誹謗の人を治罰し給間、天照太神・正八幡も力及給はず。日蓮聖人一人此事を知食せり。[47]

『頼基陳状』は檀越四条金吾頼基の文を日蓮聖人が代筆したものである。頼基の文章として「日蓮聖人一人が此事を知っておられる」と記されている。

（4）値難覚悟の決断

日蓮聖人は『高橋入道殿御返事』に次のように述べている。

⑤今日蓮日本国に生て一切経並に法華経の明鏡をもて、日本国の一切衆生の面に引向たるに寸分も

たがわぬ上、仏の記給し天変あり、地夭あり。定で此国亡国となるべしとかねてしりしかば、これを国主に申ならば国土安穏なるべくもたづねあきらむべし。亡国となるべきならばよも用じ。用ぬ程ならば日蓮は流罪死罪となるべしとしりて候しかども、仏いましめて云、此事を知ながら身命ををしみて一切衆生にかたらずば、我が敵たるのみならず、一切衆生の怨敵なり。必阿鼻大城に堕べしと記給へり。此に日蓮進退わづらひて、此事を申ならば我身いかにもなるべし。我身はさてをきぬ、父母兄弟並に千万人の中にも一人も随ものは国主万民にあだまるべし。彼等あだまるゝならば仏法はいまだわきまえず、人のせめはたへがたし、仏法を行ずるは安穏なるべしとこそをもうに、此の法を持によて大難出来するはしんぬ此法を邪法なり、と誹謗して悪道に堕べし。此も不便なり。又此を申ずば仏誓に違する上、一切衆生の怨敵なり。大阿鼻地獄疑なし。いかんがせんとをもいしかども、をもひ切て申出ぬ。申始し上は又ひきさすべきにもあらざれば、いよいよつより申せしかば、仏の記文のごとく、国主もあだみ、万民もせめき。あだをなせしかば、天もいかりて日月に大変あり。大せいせい（彗星）も出現しぬ。大地もふりかへしぬべくなりぬ。どしうちもはじまり、他国よりもせめたり。仏の記文すこしもたがわず。日蓮が法華経の行者なる事も疑わず。(48)

「をもひ切て申出ぬ」に日蓮聖人の決断が読み取れる。滅後末法における弘教の決断は値難の覚悟と一体である。値難の体験は日蓮聖人をして「法華経の行者」の自覚をより確固たるものとしていった。

さらに『三澤鈔』には次のように述べている。

⑥末代には此には百千万億倍すぐべく候なる大難をば、いかでか忍候べきと心に存て候しほどに、聖人は未萠を知と申て三世の中に未来の事を知をまことの聖人とは申なり。而に日蓮は聖人にあらざれども、日本国の今の代にあたりて此国亡亡たるべき事をかねて知て候しに、此こそ仏のとかせ給て候況滅度後の経文に当て候へ。此を申いだすならば、仏の指せ給て候未来の法華経の行者なり。知て而も申さずば世々生々の間、(略)教主釈尊の大怨敵、其国の国主の大讎敵《だいしゅうてき》他人にあらず、後生は又無間大城の人此なり、とかんがへみて、或は衣食にせめられ、或は父母兄弟師匠同行にもいさめられ、或は国主万民にをどされしに、すこしもひるむ心あるならば一度に申し出さじと、としごろ(年来)ひごろ(日来)心をいましめ候しが、抑過去遠々劫より定て法華経にも値奉菩提心もをこしけん。なれども設一難二難には忍びけれども、大難次第につづき来りければ退しけるにや。今度いかなる大難にも退せぬ心ならば申し出すべしとて申し出て候しかば、経文にたがわず此の度々の大難にはあいて候しぞかし。(49)

「知れる者」である日蓮は、大難を覚悟の上で不退転の志をもって「申し出す」との決断をしたと述べている。

『種種物御消息』には次のように述べられている。

⑦此法門は当世日本国に一人もしり(知)て候人なし。ただ日蓮一人計にて候へば、此を知て申さずば日蓮無間地獄に堕てうかぶご(期)なかるべし。譬へばむほんのものをしりながら国主へ申さぬとが(失)あり。申せばかたき雨のごとし風のごとし。むほんのもののごとし。海賊山賊のもののごとし。かたがたしのびがたき事也。例せば威音王仏の末の不軽菩薩のごとし。歓喜仏のすえの覚徳比丘のごとし。天台のごとし。伝教のごとし。又かの人々よりもかたきすぎたり。かの人々は諸人ににくまれたりしかどもいまだ国主にはあだまれず。これは諸人よりは国主にあだまるる事父母のかたきよりもすぎたるをみよ。(50)

「知れるものただ一人」の日蓮が意を決して「申す」ことによって、かねてより覚悟のとおり諸難を被っていると述べている。

(5) 申さずば仏陀の諫暁を用いぬ者

日蓮聖人は『報恩抄』に次のように述べている。

⑧愚眼をもて経文を見るには、法華経に勝たる経ありといはん人は、設いかなる人なりとも謗法は免れじと見えて候。而を経文のごとく申ならば、いかでか此諸人仏敵たらざるべき。若又をそれをなして指申さずは一切経の勝劣空かるべし。又此人々を恐て、末の人々を仏敵といはんとすれば、彼宗々の末の人々の云、法華経に大日経をまさりたりと申は我私の計にはあらず、祖師の御義也。戒行の持破、智慧の勝劣、身の上下はありとも、所学の法門はたがふ事なし、と申せば彼

人々にとがなし。又日蓮此を知ながら人々を恐て申さずば、寧喪身命不匿教者の仏陀の諫暁を用ぬ者となりぬ。[51]

仏意を「知れる者」が、そのことを申し出さないことは、仏の意思に違背する。仏の意思に対する違背は仏の教えに背くことである。日蓮聖人はこれを「仏陀の諫暁を用いぬ者」と表現している。「仏陀の諫暁」とは「仏の誡め」の意である。

（6）止めんとすれば仏の諫暁のがれがたし

さらに『報恩抄』には次のように示されている。

⑨いかんがせん。いは（言）んとすれば世間をそろし。止とすれば仏の諫暁のがれがたし。進退此に谷り。むべなるかなや、法華経の文云、而此経者如来現在猶多怨嫉況滅度後。又云、一切世間多怨難信等云云。[52]

「申し出さ」なければ仏の誡めを逃れることはできない。仏弟子として「仏意に生きること」を使命としていた日蓮聖人にとって、仏意違背の選択はありえなかったのである。

（7）値難の覚悟

『報恩抄』には続いて次のように述べられている。

⑩此事日本国の中に但日蓮一人計しれり。いゐいだすならば、殷の紂王の比干が胸をさきしがごとく、夏の桀王の龍蓬が頚を切がごとく、檀弥羅王の師子尊者が頚を刎がごとく、竺道生が流がご

とく、法道三蔵のかなやき（火印）をや（焼）かれしがごとくならんずらんとはかねて知しかども、法華経には我不愛身命但惜無上道ととかれ、涅槃経には寧喪身命不匿教者といさめ給えり。今度命をおしむならば、いつの世にか仏になるべき、又何なる世にか父母師匠をもすくひ奉べきと、ひとへにをもひ切て申始めしかば、案にたがはず、或は所をおひ、或はのり、或うたれ、或は疵をかうふるほどに、去弘長元年辛酉五月十二日に御勘気をかうふりて、伊豆国伊東にながされぬ。又同弘長三年癸亥二月二十二日にゆりぬ。其後弥菩提心強盛にして申せば、いよいよ大難かさなる事、大風に大波の起るがごとし。昔の不軽菩薩の杖木のせめも我身につみしられたり。覚徳比丘が歓喜仏の末の大難も、此には及ばじとをぼゆ。日本六十六箇国嶋二の中に、一日片時も何の所にすむべきやうもなし。(53)

弘教の決断を「ひとへにをもひ切て」と表現している。日蓮聖人の弘教の決断には大いなる値難の覚悟が伴っている。それは過去の多くの先例が示すとおりである。

（8）立教開宗と不退転の覚悟

『松野殿御消息』には次のように述べられている。

⑪日蓮始て建長五年夏の始より二十余年が間唯一人、当時の人の念仏を申すやうに唱れば、人ごとに是を笑ひ、結句はのり、うち、切り、流し、頚をはねんとせらるること、一日二日一月二月一年二年ならざれば、こらふ（堪）べしともをぼえ候はねども、此経の文を見候へば、檀王と申せ

し王は千歳が間阿私仙人に責つかはれ、身を牀となし給ふ。不軽菩薩と申せし僧は多年が間悪口罵詈せられ、刀杖瓦礫を蒙り、薬王菩薩と申せし菩薩は千二百年が間身をやき、七万二千歳ひぢ（臂）を焼給ふ。此を見はんべるに、何なる責有りとも、いかでかさてせき（塞）留むべきと思ふ心に、今まで退転候はず。(54)

『頼基陳状』には次のように述べられている。

⑫此事申さば大あだあるべし、不申者仏のせめのがれがたし。いはゆる涅槃経に若善比丘見二壊レ法者一。当レ知是人仏法中怨等云云。世に恐て不申者、我身悪道に可レ堕と御覧じて、身命をすてて去建長年中より今年建治三年に至まで二十余年が間、あえてをこたる事なし。然れば私の難は数を不知、国王の勘気は両度に及き。(55)

『日女御前御返事』には次のように述べられている。

⑬某去建長五年より今に至まで二十余年の間、遠は一代聖教の勝劣先後浅深を立、近は弥陀念仏と法華経の題目との高下を立申程に、上一人より下万民に至まで此事を用ひず。或は師々に問、或は主々に訴へ、或は傍輩にかたり、或は我身は妻子眷属に申ほどに、国々郡々郷々村々寺々社々え沙汰ある程に、人ごとに日蓮が名を知り、法華経を念仏に対して念仏のいみじき様、法華経叶ひがたき事、諸人のいみじき様、日蓮わろき様を申す程に、上もあだみ、下も悪む。日本一同に法華経と行者との大怨敵となりぬ。(56)

『聖人御難事』には次のように述べられている。

⑭去建長五年太歳癸丑四月二十八日に、安房国長狹郡之内東條の郷、今は郡也。天照太神の御くりや（廚）、右大将家の立始給日本第二のみくりや、今は日本第一なり。此郡の内清澄寺と申寺諸仏坊の持仏堂の南面にして、午時に此法門申はじめて今に二十七年、弘安二年太歳己卯なり。仏は四十余年、天台大師は三十余年、伝教大師は二十余年に、出世の本懐を遂給。其中の大難申計なし。先々に申がごとし。余は二十七年なり。其間の大難は各々かつ（且）しろしめせり。(57)

⑪から⑭では建長五年四月二八日の立教開宗（法華経信仰の表白）以来、今日に至るまで数々の法難に値遇したことをあげ、その事実をもって自身が経文どおりに生きる法華経の行者であることを示している。釈尊・天台大師・伝教大師の弘教に対比して自身の忍難弘教を述べることによって、三国三師を継承する自身の正統性を表明しているのである。

2　日蓮聖人の誓願

『開目抄』には次のように述べられている。

①詮するところは天もすて給、諸難にもあえ、身命を期とせん。身子が六十劫菩薩行を退せし、乞眼の婆羅門の責を堪ざるゆへ。久遠大通の者の三五の塵をふる、悪知識に値ゆへなり。善に付け悪につけ法華経をすつる、地獄の業なるべし。本願《もと》を立。日本国の位をゆづらむ、法華経をすて、観経等について後生をご（期）せよ。父母の頚を刎、念仏申さずわ。なんどの種々の大難出

来すとも、智者に我義やぶられずば用じとなり。其外の大難、風の前の塵なるべし。我日本の柱とならむ、我日本の眼目とならむ、我日本の大船とならむ、等とちかいし願、やぶるべからず。(58)日蓮聖人は値難を覚悟した不退転の強い意志を三の誓いとして表明している。柱・眼目・大船は釈尊の三徳（主徳・師徳・親徳）を意味し、釈尊から付属を蒙った釈尊所遣の師としての自覚に立った日蓮聖人が、釈尊の徳を受けてその責務を全うせんとの誓願を立てたのである。

六　むすび

日蓮聖人にとって、仏弟子は仏の真実に生きる者であった。仏の真実とは仏の御本意、仏の御本懐を意味する。日蓮聖人は「依法不依人」の仏語を仏道を歩む上での規範と受け止め、仏の言葉に仏の真意を探り、仏の心底に参入し、仏との感応の中に心身を浸して生きようとした。

日蓮聖人は、仏教者としての使命感・責任感に燃えて仏道を歩んだ。仏の教えを実現することこそ仏教者の役割であると考えたからである。日蓮聖人の代表的な著書である『立正安国論』の叙述からも知られるように、日蓮聖人は当世の人々の苦悩を憂い悲しみそして怒りをもって見つめていた。仏の教えに示される浄土と現実社会の様相との間に大きな相異があることに深い思いを寄せていたのである。

法華経受持弘通の体験の中から、日蓮聖人は自身こそ仏の真意とそれに違背している社会の現状とを知る者であるとの自覚を懐いた。知れる日蓮聖人は一切の人々を救うために釈尊の御本懐の教えである法華経に立ち上がらねばならなかった。法華経に立ち上がる時、日蓮聖人は、仏の眼と対峙し二者択一の決断に迫られた。二者択一とは「申し出だせば値難」「言わずば仏の諫暁まぬがれがたし」、決断とは「仏意に生きる覚悟」である。したがって日蓮聖人の決断は、謗法回避、値難滅罪(59)、大難忍受と共にあった。

日蓮聖人は、法華経に立ち上がるにおいて誓願を立てた。その誓願とは不退転の決意の中で一切衆生を救済するために柱・眼目・大船となることであった。この三大誓願は主師親三徳具足の釈尊の悲願を自身に背負いそれを実践することを意味していた。日蓮聖人の立願は、日蓮聖人が法華経に生きるうえでの必然的行為であり、それは常不軽のごとく法華経の菩薩として生きることを、虚空会上において三仏に誓ったことを表している。

日蓮聖人が法華経に立ち上がる決意を対外的に表明したのは建長五年四月二八日のことであった。以来、日蓮聖人は数々の法難に遭遇した。日蓮聖人は法難に遭遇することは法華経所説のとおりであるとして、値難をもって真の法華経弘通者の証とした。加えて、自身の値難弘通をもって仏語の真実性を証明したと考えた。

日蓮聖人は法華経弘通史上における諸先師の値難の事例を自身に照らし、その足跡を継承する自身の法華経実践が、仏教史上において正統な行為であることを論証した。さらに末法の世における弘教が大難と共にあることから、その数々の色読体験を経ることによって、値難弘通においては、天台大師・伝教大師等の仏教史上の先師を超えた（忍難慈勝）との認識を持つに至った。日蓮聖人が自身を誇示する所以は、法華経所説のとおりに難に遭遇したことをもって法華経の色読と受け止め、「経文に説き入れられた者」との自覚に立ったことによる。日蓮聖人は法華経の色読をとおして法華経所説の行者（法華経の行者）であることの確信と虚空会上において別付属を蒙った菩薩（本化上行菩薩）であることの自覚を不動のものとしていったのである。

日蓮聖人は法華経の弘通を諫暁とも表現した。それは釈尊の諫暁を蒙った自身が釈尊の命を受けて諫暁をおこなうものと受け止めたことによる。日蓮聖人の法華経弘通は釈尊の慈悲を自身において実現することであったのである。

その実現のために、日蓮聖人は一切の人々の苦悩を自身の苦悩と受け止めて（代受苦）捨身弘法に邁進した。そのことが仏意に叶う仏弟子としての正しい生き方であると考えたために、日蓮聖人は誓願満足による法悦を感受し、法華経釈尊の眼差しの中で生涯を送ったのである。

註

（1）『昭定』一一七〜一一八頁。曾存。原漢文。

（2）『昭定』二〇九頁。真完。原漢文。

（3）『昭定』二〇九頁。真完。原漢文。
（4）『昭定』二一〇頁。真完。原漢文。
（5）『昭定』二一九頁。真完。原漢文。
（6）『昭定』四五八～四五九頁。真断。
（7）『開結』三三五頁。
（8）『開結』三三七～三三八頁。
（9）『開結』三四一頁。
（10）『開結』三三八～三四一頁。
（11）『正蔵』第三四巻 一一四頁b。
（12）『昭定』五八二～五八三頁。曽存。
（13）『伝全』第三巻 二七二頁。
（14）『昭定』五五七頁。曽存。
（15）『昭定』五八九頁。曽存。
（16）『開結』三九三～三九四頁。
（17）『開結』三九四頁。
（18）『開結』三九七頁。
（19）『開結』四〇六～四〇七頁。
（20）『開結』四〇七～四〇八頁。
（21）『開結』四九八頁。
（22）『開結』五〇二～五〇三頁。
（23）『開結』五〇五頁。

(24)『正蔵』第三四巻 一二四頁 c。『天全』第五巻 二一五頁。原漢文。
(25)『正蔵』第三四巻 三三四頁 a。『天全』第五巻 二一五頁。原漢文。
(26)巻六。『続蔵』一・四五・一〇五頁左上。原漢文。
(27)『昭定』七一五〜七一六頁。真完。原漢文。
(28)『昭定』七一六〜七一八頁。真完。原漢文。
(29)『昭定』八六七頁。真断・曾存。
(30)『開結』三一三頁。
(31)『開結』三三九〜三四一頁。
(32)『開結』三六三〜三六六頁。
(33)『法華文句記』『正蔵』第三四巻 三一五頁 a。
(34)『法華経開結』三八六頁。
(35)『法華経開結』四九〇頁。
(36)『昭定』七四〇頁。曾存。原漢文。
(37)『昭定』五一五頁。真完。原漢文。
(38)『昭定』八四三頁。真完。原漢文。
(39)『正蔵』第一二巻 四一九頁 a。
(40)『正蔵』第三八巻 一一四頁 a。
(41)『昭定』三二七頁。真断。
(42)『昭定』五五七〜五六〇頁。曾存。
(43)『昭定』五六〇頁。曾存。
(44)『昭定』五五六〜五五七頁。曾存。

(45)『昭定』五五七頁。曾存。
(46)『昭定』九九三～九九四頁。真断。
(47)『昭定』一三五九頁。日興写本。
(48)『昭定』一〇八六～一〇八七頁。真断。
(49)『昭定』一四四五～一四四六頁。日興写本。
(50)『昭定』一五三〇～一五三一頁。真断。
(51)『昭定』一一九八頁。真断・曾存。
(52)『昭定』一一九八頁。真断・曾存。
(53)『昭定』一二三六～一二三七頁。真断・曾存。
(54)『昭定』一一四〇～一一四一頁。真断。
(55)『昭定』一三五〇～一三五一頁。日興写本。
(56)『昭定』一五一三～一五一四頁。真断。
(57)『昭定』一六七二頁。真完。
(58)『昭定』六〇一頁。曾存。
(59) 日蓮聖人は値難を宿罪の消滅と受け止めた。日蓮聖人は、『涅槃経』所説の転重軽受法門に基づき「日蓮は過去世において法華経誹謗の罪を犯しており、今生の値難はその罪を消滅するものである」と考えたのである。その認識は文永八年（一二七一）の法難以降の遺文に綴られている。とくにその叙述は、九月一二日に幕府によって鎌倉で逮捕された日蓮聖人が、佐渡国に流罪されるその途上の相模国依智から佐渡期にかけて述作した遺文に顕著である。『転重軽受法門』『昭定』五〇七頁真完・『開目抄』『昭定』六〇〇～六〇二頁曾存等参照。

第三章　日蓮聖人における上行自覚の表明

一　はじめに

信仰は教えに自己を投入することである。自己の投入は教えのなかに自己を見いだし、そこに安心を確立することである。教えのなかに生かされ、教えのなかで生きていくところに、信仰者の主体性が実現する。

釈尊の教えの真実を法華経に見い出した日蓮聖人は、法華経に生きることに最高の価値を認め、そこに成仏の実現を説いた。日蓮聖人にとって、法華経に生きることは法華経に随順することであった。法華経の教えに全身全霊を捧げて生きることこそが、日蓮聖人の法華経に生きることの意味であったのである。

法華経に生きることによって、日蓮聖人は、法華経所説の信仰者としての位置付けを確認していかれた。それは、日蓮聖人の恣意的信仰ではなく、法華経自身が要請する信仰に生きることによって確立する、法華経信仰者の生命の証であったと言えよう。

法華経所説の信仰者として生きることによって、日蓮聖人は法華経を行ずる者としての使命を自覚された。そしてまた、法華経所説の行者は法華経に証明された信仰者でもあるために、聖人は法華経に生きる者としての正当性をも同時に確認されたのである(1)。

日蓮聖人にとって、自身が法華経を信仰するのではなく、法華経所説の行者が日蓮において法華経を信仰するのである。すなわちそれは、日蓮聖人を媒体とした法華経自身の自己実現であったのである。

二　法華経所説の受持者

法華経は、法華経を信仰し実践する者をどのように説示しているであろうか。日蓮聖人が着目されたいくつかの経説をあげておきたい。

法師品第十

如来使(2)

法師品には、如来の滅後に法華経を弘める法師は、如来に遣わされ如来の事を行ずる如来の使いであると説かれている。

見宝塔品第十一

六難九易(3)

見宝塔品には、如来の滅後に法華経を弘める者は、言語に絶する困難を覚悟しなければならないと説かれている。

勧持品第十三

二十行の偈(4)

勧持品には、八十万億那由他の菩薩の、如来滅後における捨身弘教の誓いが説かれている。

常不軽菩薩品第二十

但行礼拝(5)

常不軽菩薩品には、威音王仏の滅後像法時に出世した常不軽菩薩が、増上慢の四衆の迫害を受けながらも礼拝行を貫徹したことが説かれている。

如来神力品第二十一

別付属(6)

如来神力品には、地涌菩薩による滅後弘教の誓言を受けて、上行・無辺行・浄行・安立行の四菩薩を上首とする本化地涌菩薩への要法付属が説かれている。

これら一連の経説を見ると、如来滅後の法華経弘通は言語に絶する困難をともなうため、弘教者は数々の迫害を覚悟しなければならないことがわかる。その事例として、常不軽菩薩品には値難弘教の先駆者である常不軽菩薩の礼拝行が説かれている。そして最終的には、釈尊滅後の弘教の任を負う弘教者は、久遠釈尊から別付属を受けた上行菩薩をはじめとする本化地涌菩薩であることになる。

すなわち、法華経を弘める者は如来使であり、値難の行者であるが、法華経自身が指名した具体的な滅後の弘教者は本化地涌菩薩である。そうであれば、如来所遣の如来使や如説の行者は、如来滅後においては必ず本化地涌菩薩でなければならない。すなわち、本化地涌菩薩こそ滅後における真実の如来使であり値難の行者であるということになる。

したがって、末法時における真実の法華経信仰とは本化地涌菩薩として生きることを意味する。本化地涌菩薩には上首の四菩薩があり、その最初に名前があがっているのが上行菩薩である。(7) 日蓮聖人は本化地涌菩薩のなかでも上行菩薩としての自覚に立って法華経信仰を貫いていかれた。

そこで、次に、日蓮聖人遺文を通して、日蓮聖人における上行自覚の表明の足どりを探っていきたい。

三　遺文の表記

日蓮聖人は、仏道に生きる者として、求道の初期的段階から仏子の自覚を持っておられた。(8) それが仏道を歩む過程のなかで仏子から如来使(9)へ、そして法華経の行者、本化地涌菩薩、さらには聖人の内証としては、究極的には上行菩薩の自覚へと高まっていったものと思われる。

日蓮聖人遺文における上行菩薩に関する表記について、主なものをあげると次のとおりである。ただし、日蓮聖人遺文の取扱いについては真偽の問題があるため、ここでは真蹟現存・曾存、または直弟子写本と伝えられている遺文に限ってとりあげた。

『寺泊御書』。文永八年（一二七一）十月二十二日。真蹟現存。

日蓮ハ八十万億那由他ノ諸ノ菩薩ノ為二テ代官一ト申レス之ヲ。彼ノ諸ノ菩薩ノ請二ル加被一ヲ者也[10]。

『寺泊御書』は佐渡配流の途上、寺泊において富木常忍宛に執筆されたものである。法華経弘通の身の上に被った大難を常不軽菩薩の弘教に照合し、法華経修行者としての自身の正統性を説示された文脈中に見える一節である。過去においては常不軽菩薩が数々の大難のなかで但行礼拝し、今は日蓮が勧持品の経文を色読しているとし、その共通性を認識したなかで、自身を勧持品で誓願した八十万億那由佗の菩薩になぞらえ、「為二テ代官一ト」との表現を通して、末法の弘教者としての決意を表明されている。

ここでは地涌菩薩の名は出てこないが、法華経に説かれている忍難弘教の菩薩を自己の身に引き当てることによって、法華経所説の行者としての自身の位置付けを表明されたものと言えよう。また、「請二諸菩薩加被一」との叙述は、諸菩薩の守護力を期待したもので、後の諸遺文に見られる地涌菩薩、または本化四菩薩等に対する守護の祈りに通ずるものがある。

『下方他方旧住菩薩事』。文永九年（一二七二）。真蹟現存。

文句九云ク菩薩ニ有二三種一。下方・他方・旧住[11]。

『法華文句』の文を引いて菩薩に三種あることを明示されている。このうち「下方」とは従地涌出品で地下より涌出した地涌菩薩を指す。地涌菩薩を『法華文句』は「我弟子[12]」『法華文句記』は「子[13]」、『法華文句輔正記』は「久成之人[14]」と釈している。地涌菩薩こそ釈尊の久遠の子であり久遠の弟子であるとの釈である。したがって、地涌菩薩こそ久遠の大法を受持し滅後の人々を教益する大任を荷った真の仏使ということになる。

『開目抄』。文永九年（一二七二）二月。真蹟曾存。

地涌千界の大菩薩大地より出来せり。釈尊に第一の御弟子とをぼしき普賢・文殊等にもにるべくもなし。華厳・方等・般若・法華経の宝塔品に来集せる大菩薩、大日経等の金剛薩埵等の十六ノ大菩薩なんども、此の菩薩に対当すれば獼猴の群中に帝釈の来リ給フがごとし。山人《やまかつ》に月卿等のまじわれるにことならず。補処の弥勒スラ猶迷惑せり。何ニ況ヤ其已下をや。此千世界の大菩薩の中に四人の大聖まします。所謂上行・無辺行・浄行・安立行なり。此の四人は虚空霊山の諸大菩薩等、眼もあはせ心もをよばず[15]。

『開目抄』は日蓮聖人の行者自覚の世界を繰り返し説き示された大著である。法華経の行者として生きる自己の身を厳しく問い糺していかれた日蓮聖人は、地涌菩薩こそ釈尊の真実の御弟子であるとし、なかでも上首四菩薩の名をあげて、他経の四菩薩とは比較にならない尊高な菩薩であることを強調されている。

先の『下方他方旧住菩薩事』では地涌菩薩についての指摘であったが、『開目抄』では地涌菩薩のなかでも四菩薩に対する着目がなされている。

ただし、『開目抄』は法華経の行者についての論述が主点となっており、法華経の行者と地涌菩薩との関連については叙述されていない[16]。

『観心本尊抄』。文永十年（一二七三）四月二十五日。真蹟現存。

(1)上行無辺行浄行安立行等《ハ》我等《カ》己心《ノ》菩薩也[17]。

(2)召《シテ》二地涌千界《ヲ》一説《イテ》二八品《ヲ》一付二属《シタマフ》之《ヲ》一[18]。

(3)釈尊《ノ》脇士《ハ》上行等《ノ》四菩薩[19]。

(4)本門寿量品《ノ》本尊並《ニ》四大菩薩《ヲハ》三国《ノ》王臣倶《ニ》未《ダ》レ崇二重《セ》之《ヲ》一由申《ス》レ之《ヲ》[20]。

(5)召《シテ》二地涌千界《ノ》大菩薩《ヲ》一寿量品《ノ》肝心《タル》以《テ》二妙法蓮華経《ノ》五字《ヲ》一令《メタマフ》レ授二与《セ》閻浮《ノ》衆生《ニ》一也[21]。

(6)本門《ノ》四依地涌千界《ハ》末法《ノ》始《ニ》必《ス》可《シ》二出現《ス》一。今《ノ》遣使還告《ハ》地涌也[22]。

(7)天台云《ク》但見《ル》二下方発誓《ノミヲ》一等云云。道暹云《ク》付属者此《ノ》経《ヲハ》唯付《ス》二下方涌出《ノ》菩薩《ニ》一。何《カ》故《ニ》爾《ル》。由《ルカ》二法是《レ》久成之法《ナルニ》一故《ニ》付《ス》二久成之人《ニ》一等云云[23]。

(8)如《ク》レ是《ノ》現《ジテ》二十神力《ヲ》一地涌《ノ》菩薩《ニ》属二累《シテ》妙法五字《ヲ》一云《ク》経《ニ》云《ク》爾《ノ》時《ニ》仏告《ゲタマハク》二上行等《ノ》菩薩大衆《ニ》一[24]。

(9)天台云《ク》従《リ》二爾時仏告上行一下《ハ》第三結要付属《ナリ》云云[25]。

(10)此ノ十神力ハ以テ二妙法蓮華経ノ五字ヲ一授ケ二与シタマフナリ上行安立行浄行無辺行等ノ四大菩薩ニ一(26)。

(11)法華経並ニ本門ハ以テ二仏ノ滅後ヲ一為シテレ本ト先ツ地涌千界ニ授ケ二与ス之ヲ一(27)。

(12)此ノ時地涌菩薩始メテ出二現シ世ニ一但以テ二妙法蓮華経ノ五字ヲ一令ムレ服セ二幼稚ニ一(28)。

(13)地涌千界ハ教主釈尊ノ初発心ノ弟子也(29)。

(14)如キレ是ノ高貴ノ大菩薩約シテ二三仏ニ一受二持ス之ヲ一(30)。

(15)此ノ四菩薩現ズル二折伏ヲ一時成テ二賢王ト一誡二責シ愚王ヲ一行ズル二摂受ヲ一時成テレ僧ト弘二持ス正法ヲ一(31)。

(16)此ノ時地涌千界出現シテ本門ノ釈尊ノ為リテ二脇士ト一一閻浮提第一ノ本尊可シレ立ツ二此ノ国ニ一(32)。

(17)伝教大師粗顕二示ス法華経ノ実義ヲ一。雖レ然ト時未タレ来ラ之故建二立シテ東方ノ鵝王ヲ一不レ顕サ二本門ノ四菩薩ヲ一。所詮為ニ二地涌千界ノ一譲リ二与フル此ヲ一故也(33)。

(18)此ノ菩薩蒙リテ二仏勅ヲ一近ク在リ二大地ノ下ニ一。正像ニ未タ二出現セ一。末法ニモ又不ニ出デ来リタマハ一大妄語ノ大士也。三仏ノ未来記モ亦同ジ二泡沫ニ一(34)。

(19)無キ二正像ニ一出ニ来ス大地震大彗星等一。此等ハ非ス二金翅鳥・修羅・龍神等ノ動変ニ一。偏ニ四大菩薩可キレ令ム二出現セ一先兆ナル歟(35)。

(20)四大菩薩ノ守二護シタマハンコト此人ヲ一大公周公ノ摂二扶シ成王ヲ一。四皓カ待ニ奉セシニ恵帝ニ一不ルレ異ナラ者也(36)。

『観心本尊抄』は地涌菩薩についての記述がもっとも多い。その表記は地涌菩薩・地涌千界・四菩薩・四大菩薩・本門四菩薩、四菩薩の名前列記、上行等ノ菩薩などである。これらの表記を見ると上行菩薩だけが特に強く意識されているような感じは受けない。神力品の経文には「上行等ノ菩薩」とあり、日蓮聖人もこの文を引用されているが、聖人の文章としては本尊の相貌を表わす叙述中に「上行等ノ四菩薩」(37)と一度だけ表記されているにすぎない。

これらの用例を類別すると次のようになろう。

A　受持者己心の菩薩として四菩薩の名を列挙。(1)。

B　神力品における結要付属の菩薩。(2)・(5)・(8)・(10)・(12)。

C　本尊の相貌を論じるなかで、釈尊の脇士としての四菩薩。(3)・(4)・(16)・(17)

D　神力品における別付属の菩薩で末法に出現すべき任を負う。(6)・(11)・(14)・(18)・(19)。

E　「滅後の弘教を誓って釈尊から付属を受けた久成の菩薩である」と釈する天台・道暹の文の引用。(7)・(9)。

F　釈尊の本弟子としての菩薩。(13)。

G　四菩薩の弘教。(15)。

H　四大菩薩の守護。(20)。

これらの用例は、基本的には従地涌出品・如来寿量品・如来神力品の経説、およびその注釈書である『法華文句』『法華文句記』『法華文句輔正記』の釈文に立脚していることがわかる。

天台教学の基本に立脚しながら、日蓮聖人は地涌菩薩を、滅後の衆生利益のために釈尊から題目五字七字の要法を別付属された本弟子と受けとめられた。したがって、聖人は地涌菩薩が末法に出現することは法華経の歴史に必然づけられた事実であるとみられたのである。

『観心本尊抄』の叙述の中で、とくに日蓮聖人の独自な会通は、

①付属の法を題目五字七字と受けとめる

②地涌菩薩の末法出現を必然的事実と受けとめる

③地涌菩薩を上首四菩薩に集約する

④四菩薩を釈尊の脇士として本尊の相貌を表わす

⑤四菩薩を受持者己心の菩薩と受けとめる

⑥四菩薩を守護の菩薩として受けとめる

などの点を指摘することができよう。

このように『観心本尊抄』では地涌菩薩に対する日蓮聖人の認識が多方面にわたって表明されている。

末法における地涌菩薩の出現を法華経の歴史に予定された必然的事実であると受けとめることは、末法今時の歴史社会のなかに地涌菩薩を確認する必要性を生んでいく。法師品・見宝塔品・勧持品などに預言された値難の弘教者と、如来神力品に説かれている題目五字七字を受持し弘通する別付属の地涌菩薩の出現を、末法今時の歴史に照合した時、日蓮聖人の内証には、「日蓮をおいて他にいない」

との確信があったものと思われる。そのような確信がなければ、『観心本尊抄』に、地涌菩薩の末法出現の必然性をここまで具体的に論述することはできなかったであろうと思われるのである。

『顕仏未来記』。文永十年（一二七三）閏五月十一日。真蹟曾存・日進写本。

諸天善神並ヒニ地涌千界等ノ菩薩守二護セン法華ノ行者一ヲ。此人ハ得二テ守護之力一ヲ以二テ本門ノ本尊・妙法蓮華経ノ五字一ヲ令四メン広二宣流三布セ於閻浮提一ニ歟[38]。

地涌千界等の菩薩が法華経の行者を守護し、行者はその守護力を得て本門の本尊と題目の五字を広宣流布すると記されている。地涌菩薩の守護は『観心本尊抄』のHとほぼ共通している。『観心本尊抄』では四菩薩、『顕仏未来記』では地涌千界等の菩薩と表記されているが、この時点で、日蓮聖人が地涌千界菩薩と四菩薩とを厳密に区別しておられたかどうかは定かでない。

題目五字の流布は、法華経の教説によれば上行等の地涌菩薩の役割である。ここでは視点を法華経の行者において、地涌千界を行者守護の菩薩として位置付け、本門の本尊と共に題目五字の流布を法華経の行者の果すべき仏事とされている。その背景には、法華経の行者と地涌菩薩とを同一視する法華経受容の姿勢がうかがえる。末法における法華経の行者は、必ず数々の値難を忍受し、題目五字を流布する使命を帯びている。その行者は如来神力品の経文によれば本化地涌菩薩にほかならない。

日蓮聖人は、自身が題目五字を流布しているという事実を通して、法華経の行者として生きる自己の身に地涌菩薩の姿を重ね合わせておられたのではないだろうか。

『顕仏未来記』では前掲文に続いて、威音王仏の像法時に出現し二十四字を修して大難を被った常不軽菩薩と、釈迦仏の末法時に出現し五字を流布して大難を被った自身とを対比し、その同一性を強調されている。

また、文末には法華経の正統系譜である三国の三師に自己を加えて三国四師を表明し、法華経信仰史上における自己の位置付けを証明されている。

これらの論述を見ると、本抄は自らを地涌菩薩とは表記しないまでも、日蓮聖人の内証において本化地涌菩薩の自覚に近いものがあるように感じられる。

『波井木三郎殿御返事』。文永十年（一二七三）八月三日。日興写本。

本門ノ教主ノ寺塔地涌千界ノ菩薩ノ別ニ所ニノ授与一シタマフ妙法蓮華経ノ五字未レタ弘ニ通セ之一ヲ[39]。

末法今時においても、本門の教主の寺塔と、地涌菩薩に別付属された題目の五字が、いまだ弘通されていない、との主張である。末法時の題目流布は釈尊から別付属された地涌菩薩の任務であるとの認識に立脚した表現であり、『観心本尊抄』のB・Dに共通している。本抄でも、常不軽菩薩の値難と日蓮聖人自身が被った大難とを対比して叙述されており、法華経修行者としての聖人自身の正統性と、地涌菩薩出現の必然性が強調されている。

『法華行者値難事』。文永十一年（一二七四）正月十四日。真蹟現存。

(1)天台・伝教ハ宣レテ之ヲ本門ノ本尊ト与ニ四菩薩ト戒壇ト南無妙法蓮華経ノ五字一残レシタマフ之ヲ[40]。

⑵今既ニ時来レリ。四菩薩出現シタマハン歟。日蓮此事先ツ知リヌレ之ヲ。(41)

本抄は現在知られている真蹟現存の日蓮聖人遺文のなかでは佐渡期最後のものである。三国の三師に続いて末法に出現した法華経の行者として自己を位置付け、天台・伝教未弘の末法の法門として三大秘法を表明されている。三大秘法の具名があげられたのは真蹟現存遺文のなかではこれが最初である。

⑴では四菩薩を三大秘法と並記されているが、この文の解釈については諸説がある。

①は「本門の本尊と四菩薩」と読む理解である。本門の本尊が四菩薩を脇士とすることはすでに『観心本尊抄』⑶・⑷・⒄で明示された通りであり、加えて後述する『報恩抄』もまた共通した叙述となっている。

②は「四菩薩の戒壇」と読む理解である。これは四菩薩をもって本門戒壇と受けとめるもので、教団戒壇論の根拠の一つとされる。

③は「本門の本尊と四菩薩と戒壇と南無妙法蓮華経の五字」と読んで、それぞれが並記されているとの理解である。これは三大秘法のみならず四菩薩をも明かされたとし、四法の開顕と受けとめるものである。

しかしながら、『観心本尊抄』『報恩抄』における本尊相貌の教示からして、①の如く拝することが素直な理解のように思われる。

(2)では末法今時における四菩薩出現の必然性を述べられている。ここでは四菩薩の出現を法華経の歴史の必然と説き、聖人自身はその事実を知る者としての立場に立たれている。しかしながら、三国四師の法華経の行者として自己を位置付けての叙述であることを考慮すれば、単に知る者として自己を客観的に措定したのではなく、法華経所説の四菩薩の任務を遂行しつつある自己の正統性を証明しようとされたものと思われるのである。

『法華取要抄』。文永十一年(一二七四)五月。真蹟現存。

(1)日蓮《ハ》捨《テテ》二広略《ヲ》一好《ム》二肝要《ヲ》一。所謂上行菩薩所伝《ノ》妙法蓮華経《ノ》五字也(42)。

(2)召《シ》二出《シ》地涌《ヲ》一取《テ》二肝要《ヲ》一当《テ》二末代《ニ》一授《ニ》与《センコト》五字《ヲ》一当世不《レ》可《カラ》《レ》有《ル》二異義《一》(43)。

(3)出《二》現《シ》上行等《ノ》聖人《一》本門《ノ》三法門建《二》立《シ》之《ヲ》一一四天四海一同《ニ》妙法蓮華経《ノ》広宣流布無《レキ》疑《ヒ》者歟(44)。

『法華取要抄』は佐渡流罪赦免後、身延入山直前に波木井氏の館で脱稿されたものである。草案の段階を考えると執筆の時期は佐渡期に近い。

(1)は神力品の別付属を「上行菩薩所伝」と表記されている。これは『観心本尊抄(45)』をはじめ従来の遺文に見られなかったものである。日蓮聖人が上行菩薩を特別視されていることを示す有力な用例と言えよう。題目五字は上行等の本化地涌菩薩に付属された。地涌千界菩薩とか四菩薩という複数の表示よりも、その代表者である上行菩薩の名前を出すことの方がより責任の所在が明確である。上行菩薩は如来神力品でも「上行等菩薩」と説かれているごとく、地涌菩薩を代表する上首四菩薩のなかの筆頭である。したがって、上行菩薩は末法における題目流布の最高責任者として重大な任を荷っているのである。

(2)は従地涌出品と如来神力品の経説に立脚して地涌菩薩への五字付属の事実を強調されたもので、『観心本尊抄』のB・Dに共通している。

(3)は上行等の聖人が末法に出現して本門三法門を建立し、一天四海に題目が流布することの必然性について述べられている。前出の『法華行者値難事』に続いて、三大秘法についての教示が見られるが、ここでは明確に三大秘法建立の主体者として「上行等ノ聖人」と表記されている。

『新尼御前御返事』。文永十二年（一二七五）二月十六日。真蹟断片現存・曾存。

(1)上行菩薩を涌出品に召シ出させ給ヒて、法華経の本門の肝心たる妙法蓮華経の五字をゆづらせ給ヒて、あなかしこあなかしこ、我滅後の後正法一千年、像法一千年に弘通すべからず。末法の始に謗法の法師一閻浮提に充満して、諸天いかりをなし、彗星《ほうきぼし》は一天にわたらせ、大地は大波のごとくをどらむ[46]。

(2)日蓮上行菩薩にあらねども、ほぼ兼てこれをしれるは、彼の菩薩の御計ラヒかと存シて、此二十余年間此を申ス[47]。

(1)は従地涌出品の地涌菩薩の涌出、如来神力品の結要付属を上行菩薩の名のもとに語り、末法悪世における上行菩薩の出現を説き示されている。

(2)は「日蓮上行菩薩にはあらねども」と、上行菩薩を意識した表現がされている。聖人自身は上行菩薩の仏事を知るゆえに二十余年間題目五字を弘通してきたと説かれている。しかし、題目五字の弘通という事実は、単に上行菩薩の仏事を知る者という立場を乗り超えて、上行菩薩の仏事を行ずる者ということになる。「上行菩薩にはあらねども」とは、日蓮聖人の謙譲の表現であり、聖人の内観においては、上行菩薩に等しい仏事の遂行者としての自覚があったものと思われるのである。

『大善大悪御書』。文永十二年（一二七五）。真蹟現存。

上行菩薩の大地よりいで給《ヒ》しには、をどりてこそいで給しか。[48]

ここでも単独で上行菩薩の名前が表記されている。一紙十二行の断簡であり、具体的論旨は不明であるが、上行菩薩の名前だけをあげて涌出の有様を「をどりてこそ」と表現されている。久遠の本弟子である上行菩薩が、如来神力品の結要付属を予想し、自らの任務を自覚して大地から踊り出たのだという、日蓮聖人の積極的な上行菩薩理解が表明されているように思われる。

『曾谷入道殿許御書』。文永十二年（一二七五）三月十日。真蹟現存。

(1)論《スレハ》レ師《ヲ》凡師《ト》与二聖師一二乗《ト》与二菩薩一他方《ト》与二此土一迹化《ト》与二本化一《ナリ》。[49]

(2)爾《ノ》時《ニ》従《リ》二下方《ノ》大地一召《シ》二出《ス》末見今見《ノ》四大菩薩一《ヲ》。所謂上行菩薩・無辺行菩薩・浄行菩薩・安立行菩薩也。此大菩薩各具二足《ス》六万恒河沙《ノ》眷属一《ヲ》。形貌威儀以《テ》レ言《ヲ》難《ク》レ宣《ヘ》以《テ》レ心《ヲ》不レ可レ量《ル》。[50]

(3)此《ノ》四大菩薩《モ》亦復如《シ》レ是《ノ》。出二現《シ》法華之会《ニ》一荘二厳《ス》於三仏一《ヲ》。倒《スコト》二謗人之慢幢一《ヲ》如《ク》三大風《ノ》吹《クカ》二小樹枝至衆会之散心如諸天従帝釈(51)。

(4)爾時大覚世尊演説寿量品然後示現於十神力付属於四大菩薩。其所属之法何物乎。法華経之中捨広取略捨略取要。所謂妙法蓮華経之五字名体宗用教五重玄也(52)。

(5)但持此一大秘法隠居於本処之後仏滅後於正像二千年之間未一度出現。所詮仏専限末世之時付属於此等大士故也(53)。

(6)而地涌千界大菩薩一住於娑婆世界多塵劫。二随於釈尊自久遠已来初発心弟子。三娑婆世界衆生最初下種菩薩也。如是等宿縁之方便超過於諸大菩薩(54)。

(7)経云我娑婆世界自有六万恒河沙等菩薩摩訶薩。一一菩薩各有六万恒河沙眷属。是諸人等能於我滅後護持読誦広説此経。仏説是時娑婆世界三千大千国土地皆震裂而於《より》其中有無量千万億菩薩摩訶薩同時涌出。乃至是菩薩衆中有四導師。一名上行二名無辺行三名浄行四名安立行。於其衆中最為《これ》上首唱導之師等云云(55)。

(8)慧日大聖尊以仏眼兼鑑之。故捨棄於諸大聖召出此四聖伝於要法也。定於末法之弘通也(56)。

(9)予倩《つらつら》案事之情《こころ》大師於《して》薬王菩薩侍於霊山会上仏上行菩薩出現之時兼記之故粗喩之歟。而予非地涌之一分兼知此事。故前《さき》出《だち》地涌之大士粗示五字(57)。

『曾谷入道殿許御書』は、本化地涌菩薩についての記述が『観心本尊抄』に続いて多い。

(1)は五義のうち師を表示する文章中の一節である。二種の師を並記し比較相対せしめて、本化菩薩の位置付けを闡示されている。滅後末法時に出現する本門の四依が本化地涌菩薩であることは、すでに『観心本尊抄』に明確である[58]。

(2)・(3)は従地涌出品所説の本化の涌出を表記したもので、四菩薩をはじめとする本化地涌菩薩が他の菩薩と比較にならないほど威風堂々とした高貴な菩薩であることを示したものである。

(4)は四大菩薩所付属の法が、五重玄義具足の要法、題目五字であることを明かし、(5)ではこれを一大秘法と表現して、もっぱら末法の世を利益するために釈尊が本化の大士に付属されたものであることを示されている。

(6)は地涌大菩薩が他の諸大菩薩と異なる点を、娑婆久住、久遠本弟子、久遠下種の三点に集約し、地涌大菩薩の末法出現の必然性を明かされている。

(7)は本化涌出を説く従地涌出品の文をあげたもので、このあとに天台大師・妙楽大師・道暹の文を引いて、地涌大菩薩が釈尊の久成の弟子であることを証明されている。

(8)は釈尊が本化四菩薩に要法を伝授し末法の弘通を定められたとし、師を視点に教法とその教益に浴す時機を明示されている。すなわち、末法の導師本化四菩薩が、要法の題目五字をもって末法の人々を利益するとの教示である。

(9)は伝教大師が『守護国界章』に説く「正像稍過已末法太有㆑近。法華一乗機今正是其時[59]」の文をうけて、「伝教大師は過去に薬王菩薩として霊山会上に侍して法華経の説法を聞いていた。したがって、仏様が上行菩薩の出現の時を予言されたことを知っていたのでこのように記したものであろう」とし、「日蓮は地涌菩薩の一分ではないけれどもかねてからこの事を知っていたゆえに、地涌大菩薩に前立ってほぼ五字を説き示すのである」と述べられている。ここでは伝教大師の内意を忖度する形で上行菩薩の末法出現の必然性を明かし、謙譲の表現をとって自己の役割を説示されている。「非㆓地涌一分㆒兼知㆓此事㆒」の表現は、『新尼御前御返事』の「日蓮上行菩薩にはあらねども、ほぼ兼てこれをしれるは[60]」と共通している。また、「前㆓立地涌之大士㆒粗示㆓五字㆒」の表現は、『寺泊御書』の「日蓮八十万億那由他諸菩薩為㆓代官㆒申㆑之[61]」に類似している。

『曾谷入道殿許御書』は、地涌大菩薩こそ釈尊から題目五字を付属された末法の導師であることを明示されたもので、『観心本尊抄』の説示と共通する点が多い（『観心本尊抄』B・D・E・F・G）。『観心本尊抄』と異なる点は、地涌菩薩の中でも上行菩薩への着目が強まっていることや、日蓮聖人自身の地涌菩薩自覚が「予非㆓地涌一分㆒」という逆説を通して、より強く意識的に表明されていることなどがあげられよう。

『撰時抄』。建治元年（一二七五）六月。真蹟現存。

(1)釈尊は重ネて無虚妄の舌を色究竟に付ケさせ給ヒて、後五百歳に一切の仏法の滅せん時、上行菩薩に妙法蓮華経の五字をもたしめて謗法一闡提の白癩病の輩の良薬とせんと、梵・帝・日・月・四天・龍神等に仰せつけられし金言虚妄なるべしや。大地は反覆すとも、高山は頽落《たいらく》すとも、春の後には夏は来ラずとも、日は東へかへるとも、月は地に落ルとも此事は一定なるべし。[62]

(2)但し詮と不審なる事は仏は説き尽クし給ヘども、仏ノ滅後に迦葉・阿難・馬鳴・龍樹・無著・天親乃至天台・伝教のいまだ弘通しましまさぬ最大の深法の正法、経文の面《おもて》に現前なり。此深法今末法の始、五五百歳に一閻浮提に広宣流布すべきやの事不審無レキ極リなり。問フ、いかなる秘法ぞ。先ッ名をきき、次に義をきかんとをもう。此事もし実事ならば釈尊の二度世に出現し給フか。上行菩薩の重ネテ涌出せるか。いそぎいそぎ慈悲をたれられよ。[63]

(3)問テ云ク、正嘉の大地しん文永の大彗星はいかなる事によつて出来せるや。答テ云ク、天台云ク智人ハ知レリ起ヲ蛇ハ自識レル蛇ヲ等云云。問テ云ク、心いかん。答テ云ク、上行菩薩の大地より出現し給ヒたりしをば、弥勒菩薩・文殊師利菩薩・観世音菩薩・薬王菩薩等の四十一品の無明を断ぜし人々も、元品の無明を断ぜざれば愚人といわれて、寿量品ノ南無妙法蓮華経の末法に流布せんずるゆへに、此の菩薩ヲ召シ出されたるとはしらざりしという事なり。[64]

(4)霊山浄土ノ教主釈尊・宝浄世界の多宝仏・十方分身ノ諸仏・地涌千界の菩薩等、梵釈・日月・四天等、冥に加し顕に助ケ給はずば、一時一日も安穏なるべしや。[65]

(1)は末法の弘法を説示する文脈上の一節である。釈尊は、末法法滅尽時に上行菩薩に妙法蓮華経の五字を付属して謗法という重病者のための良薬とされたとの教示である。

(2)は末法に弘通されるべき深法とはいかなるものか、との問文の一節で、もしそのような秘法があるとすれば、釈尊が二度出世し、上行菩薩が重ねて涌出することと同じである、との疑問である。

(3)は、正嘉の大地震・文永の大彗星出現の理由を問う文に関連して教示されたもので、弥勒菩薩・文殊師利菩薩・観世音菩薩・薬王菩薩などは、寿量品の肝心である題目南無妙法蓮華経を末法に流布するために、上行菩薩が大地から召し出されたことを知らなかった、との説示である。

(1)・(2)・(3)はともに、端的に上行菩薩と表現されており、地涌菩薩に対する日蓮聖人の意識が明確に上行菩薩に集約されていることがわかる。とくに(1)は、釈尊は末法時に向けて上行菩薩に妙法蓮華経の五字を授与せしめた、と表現されており、『曾谷入道殿許御書』(8)と共通した表現でありながら、四菩薩から上行菩薩に表記が変っていることがわかる。

(4)は『撰時抄』の末文である。法華経を行ずる者に対する諸仏・諸天の加護を説かれたもので、地涌千界の菩薩もまた守護の菩薩として位置付けられている。地涌菩薩を行者守護の菩薩として受けとめる例は『観心本尊抄』『顕仏未来記』などと共通している。ただし、『観心本尊抄』では「四大菩薩」[66]、『顕仏未来記』では「地涌千界」[67]とあることは前述の通りである。

『撰時抄』には「日蓮は閻浮第一の法華経の行者なり」[68]「日蓮は閻浮提第一の者としるべし」[69]「日蓮は日本第一の法華経の行者なる事あえて疑ひなし」[70]「余に三度のかうみやうあり」[71]「当世には日本第一の大人なり」[72]などのように、日蓮聖人の行者自覚がくり返し表明されている。このような表現は聖人自身の値難にふれて叙述されているが、末法における題目五字の弘通を視点に考えれば、上行菩薩を中心とする本化地涌菩薩の行儀に一致していることがわかる。『撰時抄』ではとくに上行菩薩に集中した表記がなされていることを思うと、行者自覚の表明を通して、聖人自身の上行菩薩としての意識を強く表明されたものと推察することもできよう。

『高橋入道殿御返事』。建治元年（一二七五）七月十二日。真蹟散在。

(1)大地の底より上行菩薩と申せし老人を召シいだして、多宝仏・十方の諸仏の御前《みまえ》にして、釈迦如来七宝の塔中にして、妙法蓮華経の五字を上行菩薩にゆづり給フ。[73]

(2)其時上行菩薩出現して妙法蓮華経の五字を一閻浮提の一切衆生にさづくべし。其時一切衆生此の菩薩をかたきとせん。[74]

(3)自界叛逆難と申シて国主兄弟並に国中の大人を打ころし、後には他国侵逼難と申シて隣国よりせめられて、或はいけどりとなり、或は自殺をし、国中の上下万民皆大苦に値フヘし。此ひとえに上行菩薩のかびをかをほりて法華経の題目をひろむる者を、或はのり、或はうちはり、或は流罪し、或は命をたちなんどするゆへに、仏前にちかいをなせし梵天・帝釈・日月・四天等の法華経の座にて誓伏を立てて、法華経の行者をあだまん人をば、父母のかたきよりもなをつよくいましむべしと、ちかうゆへなりとみへて候に、今日蓮日本国に生レて一切経並に法華経の明鏡をもて、日本国の一切衆生の面に引向たるに寸分もたがわぬ上、仏の記シ給ヒし天変あり、地夭あり。[75]

(1)は、釈尊の久遠教化の本弟子である上行等の地涌菩薩を「上行菩薩と申せし老人」と表現し、虚空会上塔中付属の大事を妙法五字の上行菩薩への付属と述べられている。これは法華経従地涌出品の本化涌出と如来神力品の結要付属を受けたもので、共に本化地涌菩薩を上行菩薩で代表させられている。

(2)は如来神力品の結要付属に立脚して、上行菩薩が末法に出現し妙法蓮華経の五字を一切衆生に授く、と述べられている。ここでも(1)と同様、本化地涌菩薩は上行菩薩に集約されている。さらに、一切衆生は上行菩薩を敵とする、と述べて、法師品・勧持品等に説かれる如説の行者の値難を上行菩薩にみておられる。末法の法華経の行者は必ず値難色読の人であり、上行菩薩は末法出現の五字弘通者である。したがって、値難と五字弘通を共通点として、末法の法華経の行者は本化上行菩薩に帰結することになる。

日蓮聖人は自身の度重なる値難体験を通して、自身こそ末法の法華経の行者であり、末法に出現すべき任を荷った上行菩薩であるとの自覚をもたれていたことはまちがいないものと思われる。

(3)は上行菩薩が法華経の題目弘通者を加被するとの意図で記されている。前述のごとく『顕仏未来記』と『撰時抄』には「地涌千界菩薩[76]」、『観心本尊抄』には「四大菩薩[77]」がそれぞれ法華経の行者を守護するとあるが、『高橋入道殿御返事』では、これが「上行菩薩」に集約されている。『清澄寺大衆中』。建治二年（一二七六）正月十一日。真蹟曾存。

地涌千界・文殊・観音・梵天・帝釈・日・月・四天・十羅刹、法華経の行者を守護し給はんと説カれたり[78]。

諸菩薩・諸天等の法華経の行者守護を説示されたものである。ここでは地涌千界を最初にあげ、行者守護に果す役割の大きさを闡示されている。行者守護の菩薩として地涌千界をあげられているのは『顕仏未来記』『撰時抄』『高橋入道殿御返事』に共通している。

『報恩抄』。建治二年（一二七六）七月二十一日。真蹟散在。

一ニは日本乃至一閻浮提一同に本門の教主釈尊を本尊とすべし。所謂宝塔の内の釈迦多宝、外の諸仏、並びに上行等の四菩薩脇士となるべし[79]。

三大秘法を叙述される文章中の本門の本尊について教示されている箇所である。塔中釈迦牟尼仏の脇士として上行等の四菩薩をあげ、本門本尊の相貌を示されている。

これは前述の『観心本尊抄』の(3)と同じである。さらに本尊の相貌を教示することにおいて共通した遺文として『観心本尊抄』の(4)・(16)・(17)などをあげることができる。すなわち、『観心本尊抄』の所説を類別したなかのCに該当するものである。

『下山御消息』。建治三年（一二七七）六月。真蹟散在。

(1)これは又地涌の大菩薩、末法の初に出現せさせ給ヒて、本門寿量品の肝心たる南無妙法蓮華経の五字を、一閻浮提の一切衆生に唱ヘさせ給フべき先序のため也[80]。

(2)今の時は世すでに上行菩薩等の御出現の時剋《じこく》に相当れり。而ルに余愚眼を以てこれを見ルに、先相すでにあらはれたる歟(81)。

『下山御消息』は、日蓮聖人が因幡房日永に代って起草し下山兵庫五郎に提出された弁明書である。したがって純粋に日蓮聖人の文章として取り扱うことは問題があるが、弟子日永を通して日蓮聖人がどのように上行自覚を表明されたかを知る手がかりにはなりうる。

(1)は迹門十四品の迹化付属を、地涌大菩薩が末法の初に出現して本門寿量品の肝心南無妙法蓮華経の五字を一切衆生に唱えさせることの先序であるとする。

(2)では、末法今時は上行菩薩の出現の時であり、先相はすでに現われている、と指摘されている。

(1)は迹化付属、(2)は本化付属の視点に立ち、末法今時こそ本化上行菩薩が題目を一切衆生に弘通すべき必然の時であるとされている。

これは日蓮聖人の法華経信受であると同時に、日蓮聖人の教えに浴する弟子日永の法華経理解でもあったはずである。少なくとも日蓮聖人は、弟子日永はこのように受けとめているとの思考に立って筆を進められたのである。

『頼基陳状』。建治三年(一二七七)六月二十五日。日興写本。

(1)日蓮聖人は御経にとかれてましますが如くば、久成如来の御使、上行菩薩の垂迹、法華本門の行者、五五百歳の大導師にて御座候聖人を、頸をはねらるべき由の申状を書キて、殺罪に申シ行はれ候しが、いかが候けむ死罪は止《やめ》て佐渡の島まで遠流せられ候ヒしは、良観上人の所行に候はずや。其訴状は別紙に有レリ之。[82]

(2)日蓮聖人ノ御房ハ三界ノ主・一切衆生の父母・釈迦如来の御使上行菩薩にて御坐《おわし》候ける事の法華経に説カれてましましけるを信シまいらせたるに候。[83]

『頼基陳状』は日蓮聖人が四条金吾頼基に代って起草された弁明書である。『下山御消息』と同様、日蓮聖人の文章としてそのまま受けとることはできないが、日蓮聖人が檀越頼基の視点を通して、自身の上行自覚をどのように表明されているかを知る手がかりにはなるであろう。

(1)は、日蓮聖人は久成如来の御使い、上行菩薩の垂迹、法華本門の行者、五五百歳の大導師であるとされている。日蓮聖人を上行菩薩の垂迹と表記されている初見である。

(2)では、さらにストレートに、日蓮聖人は釈迦如来の使い上行菩薩であると記されている。

ところが、『頼基陳状』は日興筆と伝える再治本と未再治本が現存しており、そのうち、ここにあげた(1)・(2)は再治本にのみ見られるものである。未再治本では次のように記されている。

(1)日蓮聖人外には配流と聞て内には頭を刎られんとせられし事、佐渡国にして弟子等をせき、津をとどめ、市まちをせき、食をせめにせめて、結局又頸をきれと申し候し事、偏に此人の訴にて候き。その訴状あり。[84]

(2)日蓮聖人ノ御房ハ三界ノ主・一切衆生の父母・釈迦如来の御使にて御坐《おわし》候ける事の法華経に説カれて

ましましけるを信《シ》まいらせたるに候[85]。

このように、未再治本には、(1)の「久成如来の御使、上行菩薩の垂迹、法華本門の行者、五五百歳の大導師にて御座候聖人…」、(2)の「釈迦如来の御使上行菩薩」という文章はない。

再治本の奥書には「正和五年閏十月二十日駿河国富士上方重須談所ニテ以再治本書写之白蓮七十一才」[86]、未再治本の奥書には「龍象問答抄　弘安元年四月五日」[87]とある。再治本の正和五年（一三一六）は本書が執筆された建治三年（一二七七）から三十九年の後、祖滅三十五年目にあたる。未再治本の弘安元年（一二七八）は聖人五十七歳で、建治三年の翌年にあたっている。

再治本は『三位房龍象問答記』、未再治本は『龍象問答抄』として伝えられているものである。両書の記載の相異を考えると、日興書写の真偽をも含めて、本書の成立についてはなお検討の余地があるものと思われる[88]。

『頼基陳状』の(1)・(2)の表現は、従来、日蓮聖人が自らを上行菩薩の再誕と表明されたことの証文とされてきた[89]ものであるが、如上の理由から、ここでは参考に止めておきたい[90]。

『四条金吾殿御返事』。建治三年（一二七七）七月。真蹟散在。

普賢・文殊等なを末代はいかんがと仏思《シ》食《シ》て、妙法蓮華経の五字をば地涌千界の上首上行等の四人にこそ仰《セ》つけられて候へ。只事の心を案ずるに、日蓮が道をたすけんと、上行菩薩貴辺の御身に入《リ》かはらせ給へるか[91]。

末法の世のために仏は妙法蓮華経の五字を地涌千界の上首上行等の四菩薩に付属されたとし、さらに、日蓮の仏道修行を支援するために上行菩薩が四条金吾頼基の身に入りかわられたものであろうか、と述べられている。

釈尊から末法の五字弘通を付属された地涌菩薩を「上行等の四人」と表記することは、単に「上行菩薩」と表現されている文章と比較すると、上行自覚の表明の上ではやや後退の感がある。しかし、行者日蓮を守護する上行菩薩を、檀越の信行の姿に重ね合わせることは従来に用例を見ない。

不退転の信心を表明する四条金吾を上行菩薩になぞらえることによって、日蓮聖人は、自分と同じ道を歩み、そして自分をも支える存在として四条金吾を法華経信仰の中に位置付けたのである。

上行菩薩の行者守護についての表記は『高橋入道殿御返事』に見られたが、日蓮聖人はこれを信心堅固な四条金吾の身に投影して表明されたのである。

『檀越某御返事』。弘安元年（一二七八）四月十一日。真蹟現存。

釈迦・多宝・十方の諸仏地涌千界の御利生、今度みはて候はん。[92]

たび重ねて大難を被むるわが身に諸仏菩薩の利生を確信されたもので、三仏とともに地涌千界の名をあげられている。地涌千界の菩薩の行者守護を強調されることは前述の諸遺文と共通している。

『日女御前御返事』。弘安元年（一二七八）六月二十五日。真蹟散在。

属累品の心は、仏虚空に立チ給ヒて、四百万億那由他の世界にむさしの（武蔵野）のすすきのごとく、富士山の木のごとく、ぞくぞくとひざをつめよせて頭を地につけ、身をまげ掌をあはせ、あせを流し、つゆしげくおはせし上行菩薩等・文殊等・大梵天王・帝釈・日月・四天王・龍王・十羅刹女等に、法華経をゆづらんがために、三度まで頂をなでさせ給ふ。譬ヘば悲母の一子が頂のかみ（髪）をなづるがごとし。爾ノ時に上行乃至日月等忝き仰セを蒙リて、法華経を末代に弘通せんとちかひ給ヒしなり。[93]

属累品の摩頂の総付属の儀相を述べたもので、本化地涌菩薩の代表として上行菩薩の名をあげられている。属累品の総付属について『観心本尊抄』には次のように述べられている。

次下属累品云爾時釈迦牟尼仏従二法座一起現二大神力一。以二右ノ手一摩二無量菩薩摩訶薩頂一乃至今以付二属汝等一等云云。以二地涌菩薩一為レ頭迹化他方乃至梵釈四天等属二累此一。[94]

『観心本尊抄』では「以二地涌菩薩一為レ頭」とあるが、『日女御前御返事』ではこれが「上行菩薩等…」と表記されている。

『中務左衛門尉殿御返事』。弘安元年（一二七八）六月二十六日。真蹟現存。

定業かと存スル処に貴辺の良薬を服シてより已来《このかた》、日々月々に減じて今百分の一となれり。しらず、教主釈尊の入リかわりまいらせて日蓮を扶け給フか。地涌の菩薩の妙法蓮華経の良薬をさづけ給へるかと疑ヒ候なり。[95]

前年の十二月三十日に発病した下痢に苦しんでおられた日蓮聖人は、四条金吾の投薬によって一時恢復に向かわれた。これを喜ばれた聖人は、教主釈尊が四条金吾の身に入りかわって日蓮を扶けられたのか、地涌菩薩が妙法蓮華経の良薬を授けて下さったものかと表現されている。前出の『四条金吾殿御返事』では法華経信仰の堅持において「日蓮が道をたすけんと、上行菩薩貴辺の御身に入リかはらせ給へるか(96)」とあったが、ここでは医療に心得のある四条金吾の投薬に対し、感謝の意を表わしたものとなっている。両書の内容は異なるが、四条金吾の行為を地涌菩薩の行実になぞらえる点では共通している。

『本尊問答抄』。弘安元年（一二七八）九月。日興写本・日源写本現存。

経には上行・無辺行等こそ出でてひろめさせ給フべしと見へて候へども、いまだ見へさせ給はず。日蓮は其人には候はねどもほぼこころえて候へば、地涌の菩薩の出テさせ給フまでの口ずさみに、あらあら申シて況滅度後のほこさきに当リ候也(97)。

法華経の経文に立脚すれば、上行菩薩・無辺行菩薩等こそがこの世に出現して要法の五字を弘通すべきであるにもかかわらず、いまだ姿が見えないので、日蓮は地涌菩薩の出現の時まで「口ずさみ」に申して経文通りの大難に遭遇した、と述べられている。上行等の地涌菩薩の末法出現とその弘教を当世の歴史的必然と受けとめられた日蓮聖人は、客観的に地涌菩薩の出現を見すえた表現をされている。

自身の弘教を地涌菩薩の先がけと位置付けることは、前述した『新尼御前御返事』の「日蓮上行菩薩にはあらねども」[98]や『曾谷入道殿許御書』(9)の「予非二地涌一分一[99]」の表現と共通している。

『日眼女釈迦仏供養事』。弘安二年（一二七九）二月二日。真蹟曾存。

法華経ノ寿量品ニ云ク、或ハ説キ二己身ヲ一或ハ説ク二他身ヲ一等云云。東方の善徳仏・中央の大日如来・十方の諸仏・過去の七仏・三世の諸仏、上行菩薩等、文殊師利・舎利弗等、大梵天王・第六天の魔王・釈提桓因王・日天・月天・明星天・北斗七星・二十八宿・五星・七星・八万四千の無量の諸星、阿修羅王・天神・地神・山神・海神・宅神・里神・一切世間の国々の主とある人、何れか教主釈尊ならざる[100]。

法華経寿量品の六或示現の文を根拠に、諸の仏菩薩天神等をあげて、その本地は教主釈尊にほかならない、とされている。上行菩薩は諸仏の次、諸菩薩の最初に名をあげられている。

『妙心尼御前御返事』。弘安三年（一二八〇）五月四日。日興写本現存。

法華経の題目をつねにとなへさせ給へば、此の妙の文じ御つかひに変ぜさせ給ヒ、或は文殊師利菩薩、或は普賢菩薩、或は上行菩薩、或は不軽菩薩等とならせ給フ[101]。

唱題の功徳として、妙の文字が仏の使いに変じ、法華経所説の諸菩薩となる、との教示で、諸菩薩の中に上行菩薩の名があげられている。ここでは、他の諸菩薩に較べて上行菩薩を特別視されている様子はうかがえない。

四　上行自覚表明の推移

法華経の中にいかなる自己を見い出しうるかが、法華経信仰者の最重要課題である。そのために信仰者は常に法華経に問いかけ、法華経の証を獲得せんことを願う。

法華経の信に生きる者を、法華経は法師・如来使・受持者・行者等と説く。しかし、それは抽象的な信仰者を指すのではなく、在世に増した値難の行者であるという。そしてその信仰者は如来神力品の「付属の大事」において、上行等の四菩薩を中心とした地涌菩薩へと集約されていく。法華経の教えに立脚すれば、如来滅後の法華経信仰者とは地涌菩薩に集約され、なかでももっとも重要な任を荷うのは上首の第一上行菩薩であることになる。

こうして、真の法華経信仰者は上行菩薩へと特定され、その自覚に立脚して生きることが、法華経信仰を完うすることになるのである。

日蓮聖人が地涌菩薩に着目されたのは立教開宗の時期であろうと思われる。なぜなら、この頃と推定されている蓮長から日蓮への改名は[102]、地涌菩薩として生きようとする聖人の自覚の表明を意味するからである。「日」は如来神力品の「如日月光明能除諸幽冥、斯人行世間能滅衆生闇[103]」、「蓮」は従地涌出品の「不染世間法如蓮華在水[104]」からとったもので、「日月」も「蓮華」もともに地涌菩薩を譬喩したものである[105]。

早くから地涌菩薩としての自覚を内に秘めた日蓮聖人は、地涌菩薩が釈尊から付属された要法の弘通に邁進されたのである。その結果、経文説示の通り、数々の値難体験を経るなかで、自身こそ法華経所説の末法の行者であることの証を得られたのである。日蓮聖人を真実の末法の法華経の行者と確定したものは、文永八年（一二七一）の一連の事件であった。勧持品の「数々見擯出[106]」の文を色読した日蓮聖人は、自他共に認める如説の行者として法華経に立ちあがった。

したがって、佐渡期以降において、日蓮聖人は、真実の法華経の行者として生きる自身の立場を、繰り返し問題提起するとともに、地涌菩薩としての自覚を折にふれ吐露されていく。

文永九年（一二七二）の『下方他方旧住菩薩事』は、経論によって菩薩の位置付けを確認し、法華仏教における地涌菩薩の役割を明示されたものである。これらの経論を基盤に、地涌菩薩こそ要法別付属の菩薩であることを明示することによって、地涌菩薩の自覚に生きる自身の正統性を確認されたのである。

同年の『開目抄』は法華経の行者についての視点が中心となっているが、地涌菩薩のなかでも上首四菩薩の名目をあげられている。

地涌菩薩についての叙述がもっとも多いのは文永十年（一二七三）の『観心本尊抄』で、とくに四菩薩についての教学的論述が目立つ。本尊相貌や行者守護の記述は四菩薩を客観化した趣きがあるが、別付属の菩薩であることの強調は聖人自身の弘教の現実と符合し、自身を地涌菩薩に重ね合わせられているようにも受けとることができる。

なお、『観心本尊抄』では、部分的には、四菩薩の中でも上行菩薩に集約される表現（「上行等四菩薩」）[107]が見られる。

文永十年（一二七三）の『顕仏未来記』では、行者守護の菩薩として地涌千界があげられており、客観的表現となっている。しかし、常不軽菩薩の行軌と対比するなど、釈尊仏教を弘通する任を負った者としての自覚が如実に見られる。

同年の『波木井三郎殿御返事』は地涌菩薩の五字受持と末法弘通の必然性を述べたもので、聖人の行実との符合において、地涌菩薩としての自覚の内的表明とも受けとめることができよう。

文永十一年（一二七四）の『法華行者値難事』は、三大秘法との関連の中に四菩薩があげられており、地涌菩薩の末法出現の必然性を示し、自身はこの事実を知る者であるとされている。知ることは、客観的ニュアンスもあるが、色読体験のなかで表明されていることを思うと、この場合の「知る」とは実践的知でなければならない。すなわち、四菩薩の出現と五字弘通は日蓮聖人の宗教実践と一体のものであったのである。文は客観的であるけれども、意は実践者としての自覚に裏付けられていると見ることができる。

上行菩薩に特定して五字の付属と末法弘通の必然を述べられたのは同年の『法華取要抄』が最初である。「上行菩薩所伝ノ妙法蓮華経ノ五字」との表現は、自身の五字弘通の身に、上行菩薩の姿を重ね合わせられたものと考えられ、聖人の実践に裏付けられた上行自覚の表明と見ることができる。

そのことを裏付けるように、その年の十二月に身延山中で図顕された大曼荼羅には「後五百歳之時、上行菩薩出㆓現世㆒始弘㆓宣之㆒」[108]とある。

文永十二年(一二七五)の『新尼御前御返事』では、自身を退けた表現がなされているが、そこに返って聖人の上行菩薩に対する強い意識の表明を見ることができる。

同年の『大善大悪御書』『曾谷入道殿許御書』は上行菩薩の末法出現と五字弘通が強調されており、同じく建治元年(一二七五)の『撰時抄』や『高橋入道殿御返事』にも地涌菩薩に対する聖人の意識が上行菩薩に集約されていることがわかる。

このほか、建治二年(一二七六)の『報恩抄』、建治三年(一二七七)の『下山御消息』『四条金吾殿御返事』、弘安元年(一二七八)の『日女御前御返事』『本尊問答抄』、弘安二年(一二七九)の『日眼女釈迦仏供養事』、弘安三年(一二八〇)の『妙心尼御前御返事』など、一貫して上行菩薩の出現と五字弘通、あるいは行者守護についての言及が多く見られる。

このように概観してみると、上行自覚についての決定的な意思表明の文章は見当らないけれども、上行菩薩の行儀と自己の弘教とを重ね合わせ、自身を上行菩薩になぞらえていると思われる部分が、かなりあることがわかる。

その表出は、文永十年(一二七三)の『観心本尊抄』あたりから始まり、文永十一年(一二七四)の

『法華取要抄』ではほぼ確定的な表明にいたったものと思われる。その後も、上行菩薩について言及を続けるなかで、時には相対化した表現を通して、自身と上行菩薩との一体化を、法華経実践のなかに確立していこうとされていたように思われる。

五　むすび

以上の通り、日蓮聖人は法華経所説の正統な滅後の弘教者、本化上行菩薩の使命を自己の身に荷って生きようとされた。それは、日蓮聖人にとって、いかに自身が正しく、そして正直に生きるかという人生最大の課題を全うすることであった。その究極的な価値を、日蓮聖人は法華経釈尊に見たゆえに、釈尊の御意に信順し、法華経の教えに生きようとされた。

本化上行菩薩は、滅後の法華経の是非を決するもっとも根源的な役割を荷っているために、法華経を真に信仰することは本化上行菩薩として生きることを意味していた。

したがって、法華経の諸品に説かれる法師・如来使・受持者・行者などは、最終的にはすべて本化上行菩薩に包括されると言っても過言ではない。

さらに、諸難を忍受して二十四字の但行礼拝を修した常不軽菩薩の行軌を紹継することも、釈尊の真実に生きようとする知教者・知者としての自己認識も、そして本化地涌菩薩や本化四菩薩の自覚もまた、本化上行菩薩の自覚と実践に会入されるものである。

そのような視点に立てば、日蓮聖人の上行自覚は極めて多くの要素のなかから検証されなければならないことが理解される。

日蓮聖人における上行自覚の解明には、上行自覚に関する日蓮聖人御自身の言表もさることながら、数々の値難とそれに対する法華経の行者としての自己の位置付け、折にふれて教示される法門の内容とそこに織り込まれている聖人の内証の世界、とくに、本化法門の開示と聖人の宗教的内観の会通など、看過しえない重要な問題が多くある。それらの総合的論証を通して、日蓮聖人の内実に迫ることにより、はじめて法華経に生きた日蓮聖人の真実の姿が浮き彫りになるであろう。

この小稿においては、日蓮聖人遺文をたどることによって、日蓮聖人における上行自覚の表明について考察してきた。それらは文章表現を通して聖人の自覚の世界を垣間見たにすぎず、日蓮聖人の真実をうかがうにはいまだ充分とは言えない。なぜなら、文脈に秘められた聖意の究明なくして聖人の真実を明らかにすることはできないからである。

日蓮聖人における上行自覚の究明については、さらなる考察が必要であることは言うまでもない。それらの点については今後の課題としたい。

註

（1）法華経実践を通して確立する信仰者としての真実の証明については、拙著『日蓮聖人教学基礎研究』一七〜

二〇頁参照。
（2）「若是善男子善女人、我滅度後、能竊為一人、説法華経乃至一句、当知是人即如来使、如来所遣行如来事」『開結』三〇八頁。
（3）説経難・書持難・暫読難・説法難・聴受難・奉持難。滅後の法華経受持の困難性を説く。『開結』三三八～四一頁。
（4）八十万億那由他の菩薩の滅後における法華経弘通の誓言。『開結』三六二～六頁。
（5）「我深敬汝等、不敢軽慢、所以者何、汝等皆行菩薩道、当得作仏」（二十四字）『開結』四八八～九頁。
（6）「爾時仏告上行等菩薩大衆、諸仏神力如是無量無辺不可思議、若我以是神力、於無量無辺百千万億阿僧祇劫、為属累故説此経功徳猶不能尽、以要言之、如来一切所有之法、如来一切自在神力、如来一切秘要之蔵、如来一切甚深之事、皆於此経宣示顕説、是故汝等、於如来滅後、応当一心受持読誦解説書写、如説修行」『開結』五〇二～三頁。
（7）法華経従地涌出品第十五。「是菩薩衆中有四導師、一名上行、二名無辺行、三名浄行、四名安立行、是四菩薩、於其衆中最為上首唱導之師」『開結』三九七頁。
（8）「弟子生レ二一仏之子一ト事フ二諸経之王一ニ。何見テ二仏法之衰微一ヲ不ランヤレ起サ二心情之哀惜一ヲ」『立正安国論』『昭定』二一九頁。
（9）「日蓮は幼若の者なれども、法華経を弘ムれば釈迦仏の御使ぞかし」『種種御振舞御書』『昭定』九七六頁。
（10）『寺泊御書』『昭定』五一五頁。
（11）『下方他方旧住菩薩事』『昭定』二三二三頁。
（12）『法華文句会本』第二五巻六丁。『天全』第五巻二一五頁。
（13）『法華文句記会本』第二五巻六丁。『天全』第五巻二一五頁。
（14）『法華文句輔正記』第六巻一八丁。
（15）『開目抄』『昭定』五七二頁。

(16) 渡辺宝陽稿「日蓮の『法華経行者』意識と『地涌菩薩』認識」では、『観心本尊抄』との対比の中で、『開目抄』における日蓮聖人の行者意識と地涌認識を次のように集約している。「『開目抄』では少なくとも表現上では『法華経の行者』の意識は勧持品二十行の偈の実践であり」、「『開目抄』は意図的にせよ、あるいは当時の状況下のやむを得ない事情によるにせよ、まだ完全に日蓮が地涌上行であることを明らかにし得ていないとも言えるかも知れない」、「日蓮において勧持品二十行の偈の実践という八十万億那由佗の菩薩の誓願と地涌菩薩の自覚とは全く別のものではなく、連続しているものであり、勧持品の実践を通してのみ地涌菩薩の自覚に到達し得るのであり……」(『日本仏教学会年報』第五一号四五四〜五頁)。これらは『開目抄』の行者認識が、勧持品の色読において、地涌自覚と密接に関連していることを指摘したものである。『開目抄』をもって日蓮聖人の上行自覚の表明とすることは多くの解説書の語るところである。たとえば、立正大学日蓮教学研究所編『日蓮宗読本』(一〇八・一三七頁)、日蓮宗勧学院監修『宗義大綱読本』(八・五六頁)、日蓮宗宗務院編『日蓮宗事典』(一九九〜二〇〇頁)、河村孝照・石川教張編『日蓮聖人大事典』(二四九頁)などがそれである。しかしながら、厳密には『開目抄』の文章上にはそのことを明記された箇所が見られない以上、法華経の行者の自覚と本化上行菩薩の自覚との関連性について、さらなる検討が必要であると思われる。
(17) 『観心本尊抄』『昭定』七一二頁。
(18) 右同　七一二頁。
(19) 右同　七一二〜三頁。
(20) 右同　七一三頁。
(21) 右同　七一六頁。
(22) 右同　七一六〜七頁。
(23) 右同　七一七頁。
(24) 右同　七一七頁。

(25) 右同　七一八頁。
(26) 右同　七一八頁。
(27) 右同　七一八頁。
(28) 右同　七一九頁。
(29) 右同　七一九頁。
(30) 右同　七一九頁。
(31) 右同　七一九頁。
(32) 右同　七二〇頁。
(33) 右同　七二〇頁。
(34) 右同　七二〇頁。
(35) 右同　七二〇頁。
(36) 右同　七二〇頁。
(37) 右同　七一二〜三頁。
(38) 『顕仏未来記』『昭定』七四〇頁。
(39) 『波木井三郎殿御返事』『昭定』七四八頁。
(40) 『法華行者値難事』『昭定』七九八頁。
(41) 右同　七九九頁。
(42) 『法華取要抄』『昭定』八一六頁。
(43) 右同　八一六頁。
(44) 右同　八一八頁。
(45) 『観心本尊抄』には「上行等ノ四菩薩」（七一二〜三頁）とはあっても、「上行菩薩所伝」とはない。

(46) 『新尼御前御返事』『昭定』八六七頁。
(47) 右同　八六八頁。
(48) 『大善大悪御書』『昭定』八七七頁。
(49) 『曾谷入道殿許御書』『昭定』八九五頁。
(50) 右同　九〇一頁。
(51) 右同　九〇二頁。
(52) 右同　九〇二頁。
(53) 右同　九〇二〜三頁。
(54) 右同　九〇三頁。
(55) 右同　九〇四頁。
(56) 右同　九〇四頁。
(57) 右同　九一〇頁。
(58) 「本門ノ四依地涌千界ハ末法ノ始ニ必ス可㆓シ出現㆒ス」『観心本尊抄』『昭定』七一六〜七頁。
(59) 『守護国界章』巻上の下。『伝全』第二巻三四九頁。
(60) 『新尼御前御返事』『昭定』八六八頁。
(61) 『寺泊御書』『昭定』五一五頁。
(62) 『撰時抄』『昭定』一〇一七頁。
(63) 右同　一〇二九頁。
(64) 右同　一〇四八頁。
(65) 右同　一〇六一頁。
(66) 『観心本尊抄』『昭定』七二〇頁。

(67)『顕仏未来記』『昭定』七四〇頁。
(68)『撰時抄』『昭定』一〇一九頁。
(69)右同　一〇四七頁。
(70)右同　一〇四八頁。
(71)右同　一〇五三頁。
(72)右同　一〇五六頁。
(73)『高橋入道殿御返事』『昭定』一〇八四頁。
(74)右同　一〇八五頁。
(75)右同　一〇八六頁。
(76)『顕仏未来記』『昭定』七四〇頁、『撰時抄』『昭定』一〇六一頁。
(77)『観心本尊抄』『昭定』七二〇頁。
(78)『清澄寺大衆中』『昭定』一一三五～六頁。
(79)『報恩抄』『昭定』一二四八頁。
(80)『下山御消息』『昭定』一三一六頁。
(81)右同　一三一六～七頁。
(82)『頼基陳状』『昭定』一三五二頁。
(83)右同　一三五八頁。
(84)『昭定』一三五二頁脚注。ただし未再治本による『昭和新修日蓮聖人遺文全集』(一五五六頁)と『昭定』の脚注とは文章が少々異なる。
(85)『昭定』一三五八頁脚注。ただし未再治本による『昭和新修日蓮聖人遺文全集』(一五六二頁)と『昭定』の脚注とは文章が少々異なる。

(86)『昭定』一三六〇頁脚注。
(87)右同　一三六〇頁脚注。
(88)立正大学仏教学部冠賢一教授の見解をうかがったところ、『頼基陳状』の再治本は日蓮教学研究所所蔵の写真本による限り、その筆蹟からして日興の書写であるかどうかは疑わしい、とのことである。
(89)主なものとして次の論著がある。渡辺宝陽稿「日蓮の『法華経行者』意識と『地涌菩薩』認識」『日本仏教学会年報』第五一号四四六～七頁、浅井円道稿「上行菩薩」『大乗菩薩の世界―金岡秀友博士還暦記念論文集―』一八〇～一頁、日蓮宗勧学院監修『宗義大綱読本』五七頁、河村孝照・石川教張編『日蓮聖人大事典』二五一頁、立正大学日蓮教学研究所編『日蓮聖人遺文辞典』歴史篇五三二～三頁。
(90)渡辺彰良稿「日蓮聖人の上行自覚に関する一考察―『下山御消息』『頼基陳状』を中心として―」(『日蓮教学研究所紀要』第二一号所収)では、『頼基陳状』は、日興写本である再治本と未再治本とに文章上の相異があることを指摘している(一一一頁)。
(91)『四条金吾殿御返事』『昭定』一三六二頁。
(92)『檀越某御返事』『昭定』一四九三頁。
(93)『日女御前御返事』『昭定』一五〇八～九頁。
(94)『観心本尊抄』『昭定』七一八頁。
(95)『中務左衛門尉殿御返事』『昭定』一五二四頁。
(96)『四条金吾殿御返事』『昭定』一三六二頁。
(97)『本尊問答抄』『昭定』一五八六頁。
(98)『新尼御前御返事』『昭定』八六八頁。
(99)『曾谷入道殿許御書』『昭定』九一〇頁。
(100)『日眼女釈迦仏供養事』『昭定』一六二三頁。

(101)『妙心尼御前御返事』『昭定』一七四七頁。
(102)「日蓮」自署の初出は建長五年(一二五三)十二月九日に系年される『富木殿御返事』である。
(103)如来神力品第二十一。『開結』五〇五頁。
(104)従地涌出品第十五。右同　四一一~三頁。
(105)拙著『日蓮聖人教学研究』三九四頁参照。
(106)勧持品第十三。『開結』三六五頁。
(107)『観心本尊抄』『昭定』七一二~三頁。
(108)『御本尊集』一六番。『御本尊集目録』二三~四頁。千葉県妙本寺蔵。

第四章　日蓮聖人における捨身の誓い

一　日蓮聖人の使命感

日蓮聖人（一二二二～一二八二）は、争乱と災害が打ち続く社会にあって不安と困窮に喘ぐ人々の生活実態と、仏の説き示された教えの内容とを照らし合わせることによって、その乖離の現実を知ると同時にその原因究明と解決のために立ち上がられた。それは、仏の教えに生きる者としての切実なる使命感に基づくものであった。

立教開宗から六年後の正元元年（一二五九）に記された『守護国家論』には次のように述べられている。

自㆓近年㆒予瞻㆓我不愛身命但惜無上道之文㆒間起㆓雪山・常啼之心㆒命替㆓大乗流布㆒吐㆓強言㆒云信㆓選択集㆒願㆓後世㆒之人可㆑堕㆓無間地獄㆒[1]。

法華経の「我不愛身命但惜無上道」の文を我が身に引き当てて読むことによって、かつて仏法流布に身命を捧げた雪山童子・常啼菩薩の信行に思いを馳せ、「命を大乗流布に替」えて「強言を吐」く、と決意のほどを吐露されている。日蓮聖人を駆り立てたのは、今世の生に絶望し来世の安穏を願う人々を、「無間地獄に堕」としてはならないとの強い思いであった。

文応元年（一二六〇）七月、鎌倉幕府に提出された『立正安国論』には次のように述べられている。

主人曰独愁㆓此事㆒憤㆓悱胸臆㆒。客来共嘆屢致㆓談話㆒。夫出家而入㆑道者依㆑法而期㆑仏也。而今神術不㆑協仏威無㆑験。具覩㆓当世之体㆒愚発㆓後生之疑㆒。然則仰㆓円覆㆒而呑㆑恨俯㆓方載㆒而深㆑慮。[2]

「主人」の開口一番の言葉である。「独り此の事を愁へて胸臆に憤悱す」とは、『立正安国論』を執筆し為政者に提示せざるを得なかった日蓮聖人の「悲しみ」と「憤り」を表白されたものである。出家の目的は「法に依つて仏を期す」ことにある。ところが現実の社会においては仏威の「験」もなく仏教は人々からの信頼も失っている。「円覆を仰いで恨みを呑み方載に俯して慮を深くす」とは、現実社会を見据える中で、仏の教えを背負う出家者としての使命と反省の思いを示されたものである。

同じく『立正安国論』に次のように述べられている。

主人曰予雖㆑為㆓少量㆒忝学㆓大乗㆒。蒼蝿附㆓驥尾㆒而渡㆓万里㆒碧蘿懸㆓松頭㆒而延㆓千尋㆒。弟子生㆓一仏之子㆒事㆓諸経之王㆒。何見㆓仏法之衰微㆒不㆑起㆓心情之哀惜㆒。[3]

「忝なくも大乗を修学」し「諸経之王に事《つか》」える者が、「仏法の衰微を見て心情の哀惜を起」こさないでいられようか、との強い使命感が表明されている。

このように、日蓮聖人は出家し諸経の王に仕える仏の弟子としての使命感に燃えて、人々の安穏と社会の平安の実現のために立ち上がられたのである。それは、単なる理念や正義感ではなく、仏の心を真摯に受け止め、人々の苦悩に立ち、自ら懊悩し嘆き怒り涙し熟考する中から導き出された結果であった。

二　日蓮聖人の願い

仏の教えに立ち上がられた日蓮聖人の願いは、法華経説示の人と成ることであった。法華経によって押し出された日蓮聖人は、単に法華経を相対化して弘めようとされたのではない。法華経と同化し法華経の人となることによって、法華経を弘めようとされたのである。法華経の人とは法華経所説の者をいう。日蓮聖人は法華経の経文を身命をかけて如説に読むことによって、それを全うされたのである。それが法華経への捨身にほかならない。

『金吾殿御返事』には次のように述べられている。

人身すでにうけぬ。邪師又まぬがれぬ。法華経のゆへに流罪に及ぬ。今死罪に行れぬこそ本意ならず候へ。あわれさる事の出来し候へかしとこそはげみ候て、方々に強言をかきて挙をき候なり。すでに年五十に及ぬ。余命いくばくならず。いたづらに曠野にすてん身を、同は一乗法華のかたになげて、雪山童子・薬王菩薩の跡をおひ、仙豫・有得の名を後代に留て、法華涅槃経に説入ら

れまいらせんと願ところ也。(4)

法華経弘通のために、「強言」を吐き記す中で被った法難を顧みる中で、自身を「一乗法華」に投げ入れ、仏法流布に身命を賭けた雪山童子・薬王菩薩・仙豫国王・有得（徳）王の志を継承し、「法華涅槃経に説き入れられまいらせんと願うところ」と表明されている。

日蓮聖人は、法華経に身命を投じて経文のごとく諸難を被ることによってこそ「法華経に説き入れられる」ことになるとして、果敢に強盛の弘教に努められた。法華経の人と成ることは「法華経の信仰者」「法華経の受持者」であると同時に、「法華経所説の法師」「法華経所説の行者」「法華経所説の仏使」「法華経所説の菩薩」「法華経付属の本化」と成ることをも意味していた。

三　知れる者の決断

宗教的使命の自覚を促すものは仏の教えである。仏の教えの本意とそれを信解体得したことの確信がなければ立ち上がることはできない。日蓮聖人は法華経弘通上に興起する諸難を体験することによって、教えの真実性と自身の実践の正統性とを確信された。

『開目抄』には次のように述べられている。

法華経を行ぜし程に、世間の悪縁・王難・外道の難・小乗経の難なんどは忍し程に、権大乗・実大乗経極たるやうなる道綽・善導・法然等がごとくなる悪魔の身に入たる者、法華経をつよくほめあげ、機をあながちに下し、理深解微と立、未有一人得者千中無一等とすかしものに、無量生が間、恒河沙度すかされて権経に堕ぬ。権経より小乗経に堕ぬ。外道外典に堕ぬ。結句は悪道に堕けりと深此をしれり。日本国に此をしれる者、但日蓮一人なり。これを一言も申出すならば父母・兄弟・師匠国主王難必来べし。いわずば慈悲なきににたりと思惟するに、法華経・涅槃経等に此二辺を合見るに、いわずわ今生は事なくとも、後生は必無間地獄に堕べし。いうならば三障四魔必競起るべしとし（知）ぬ。二辺の中にはいうべし。王難等出来の時は退転すべくは一度に思止べし、と且やすらい（休）し程に、宝塔品の六難九易これなり。我等程の小力の者須弥山はなぐとも、我等程の無通の者乾草を負て劫火にはやけずとも、我等程の無智の者恒沙の経々をばよみをぼうとも、法華経は一句一偈末代に持がたしと、とかるゝはこれなるべし。今度強盛の菩提心ををこして退転せじと願しぬ。既に二十余年が間此法門を申に、日々月々年々に難かさなる。少々の難はかずしらず。大事の難四度なり。二度はしばらくをく、王難すでに二度にをよぶ。今度はすでに我身命に及。其上弟子といひ、檀那といひ、わづかの聴聞の俗人なんど来て重科に行る。謀反なんどの者のごとし。(5)

「深く此をしれり」「此をしれる者但日蓮一人なり」との確信が、日蓮聖人を突き動かしたのである。「此を知る」とは、仏の真実法を知ることであり、その真実法に違背している現実を知ることであり、そのために人々が地獄に堕落することを知ることである。そのことは直ちに、仏の御意に随って真実法を弘め人々の堕獄を救う使命を知ることでもあり、さらに、もしその使命を果たさなければ自身も仏意違背の謗法の罪科（与同罪）を犯すことになることを知ることでもあった。「いわずわ今生は事なくとも後生は必無間地獄に堕べし」との言辞はその認識を表すものである。仏意随順の信に立つか、法難を恐れて黙止するか、の二者択一に迫られ日蓮聖人は、「二辺の中にはいうべし」と決断された。その決断は「今度強盛の菩提心をこして退転せじと願しぬ」との誓願でもあった。「此をしれる」日蓮聖人の決断は、単に日蓮聖人個人が下したのではなく、法華経の菩薩が発した捨身の誓願であったのである。

経典は宗教的実践者によってその教えに命が吹き込まれる。日蓮聖人の誓願は法華経が当世の社会に息吹を得たことを意味する。法華経に説き入れられた日蓮聖人は、法華経の菩薩として法華経に命を確立していかれたのである。ここに日蓮聖人の宗教が立ったのである。

「知れる者日蓮」の確信の表明は『一谷入道御書』の次の文からもうかがうことができる。

但日蓮一人計此事を知りぬ。命を惜て云はずば国恩を報ぜぬ上、教主釈尊の御敵となるべし。是を恐れずして有のまゝに申ならば死罪となるべし。設ひ死罪はまぬかるとも流罪は疑なかるべしとは兼て知てありしかども、仏恩重が故に人をはばからず申ぬ。(6)

「知れる者」は仏の御意に生きる者でなければならない。不惜身命の決意をもって「云う」「申す」ことは「知れる者」の使命である。もし言わなければ、それは「国恩を報ぜぬ」ことであり、「教主釈尊の御敵となる」ことである。仏の恩徳に自身の存在の意義を認識していた日蓮聖人には、「人をはばからず申」す以外に道は無かったのである。

さらに『種種物御消息』には次のように述べられている。

此法門は当世日本国に一人もしり（知）て候人なし。ただ日蓮一人計にて候へば、此を知て申さずば日蓮無間地獄に堕てうかぶご（期）なかるべし。譬へばむほんのものをしりながら国主へ申さぬとが（失）あり。申せばかたき雨のごとし風のごとし。むほんのもののごとし。海賊山賊のもののごとし。かたがたしのびがたき事也。例せば威音王仏の末の不軽菩薩のごとし。歓喜仏のすえの覚徳比丘のごとし。天台のごとし。伝教のごとし。又かの人々よりもかたきすぎたり。かの人々は諸人ににくまれたりしかどもいまだ国主にはあだまれず。これは諸人よりは国主にあだまるる事父母のかたきよりもすぎたるをみよ。(7)

「知りたる者は日蓮一人」との自覚がよりいっそう日蓮聖人を駆り立てていった。その差し迫った危機感のなかで、日蓮聖人は「申さずば」と「申せば」の結果を思慮しつつ、仏の眼差しを強く意識されていた。滅後法華経の弘通には在世・正像をはるかに超えた大難が迫ることを覚悟のうえで、ただひたすら仏意に赴くよりほかに選ぶべき道はなかったのである。

四　仏陀の諫暁

日蓮聖人は仏の御意に赴いて法華経に生きられた。日蓮聖人の判断と行動の基準は常に「仏の本意」にあった。その仏の御意を、日蓮聖人は仏の諫暁と受け止められた。そのことは、単なる仏の御意ではなく、仏の絶対的命令、拒否することのできない仏の言葉、仏が発起の人（本化の菩薩）に発せられた勅命として受容されたことを意味する。

『報恩抄』には次のように述べられている。

愚眼をもて経文を見るには、法華経に勝たる経ありといはん人は、設いかなる人なりとも謗法は免れじと見えて候。而を経文のごとく申ならば、いかでか此諸人仏敵たらざるべき。若又をそれをなして指申さずは一切経の勝劣空かるべし。又此人々を恐て、末の人々を仏敵といはんとすれば、彼宗々の末の人々の云、法華経に大日経をまさりたりと申は我私の計にはあらず、祖師の御義也。戒行の持破、智慧の勝劣、身の上下はありとも、所学の法門はたがふ事なし、と申せば彼人々にとがなし。又日蓮此を知ながら人々を恐て申さずば、寧喪身命不匿教者の仏陀の諫暁を用ぬ者となりぬ。いかんがせん。いは（言）んとすれば世間をそろし。止とすれば仏の諫暁のがれがたし。進退此に谷り。むべなるかなや、法華経の文云、而此経者如来現在猶多怨嫉況滅度後。又云、一切世間多怨難信等云云。(8)

弘通の拒否は、仏意違背、諫暁拒否の者となる。「若又をそれをなして指し申さずは」「人々を恐て申さずば」「止めんとすれば」との繰り返される物言いに、退路なき心境に追い込まれた日蓮聖人の差し迫った緊張感が読みとれる。「進退」きわまった日蓮聖人が自らに下した結論は「仏の諫暁のがれがたし」との宣言である。そこには、仏の御意の中に自身を投入する日蓮聖人の不退転の決断が込められている。

五　値難の覚悟

法華経には、滅後の弘通には値難が伴うことが繰り返し説かれている。したがって、弘通の決断は同時に値難を覚悟することでもある。

『高橋入道殿御返事』には次のように述べられている。

今日蓮日本国に生て一切経並に法華経の明鏡をもて、日本国の一切衆生の面に引向たるに寸分もたがわぬ上、仏の記給し天変あり、地夭あり。定で此国亡国となるべしとかねてしりしかば、これを国主に申ならば国土安穏なるべくもたづねあきらむべし。亡国となるべきならばよも用じ。用ぬ程ならば日蓮は流罪死罪となるべしとしりて候しかども、仏いましめて云、此事を知ながら身命ををしみて一切衆生にかたらずば、我が敵たるのみならず、一切衆生の怨敵なり。必阿鼻大城に堕べしと記給へり。此に日蓮進退わづらひて、此事を申ならば我身いかにもなるべし。我身はさてをきぬ、父母兄弟並に千万人の中にも一人も随ものは国主万民にあだまるべし。彼等あだまるゝならば仏法はいまだわきまえず、人のせめはたへがたし、仏法を行ずるは安穏なるべしとこそをもうに、此の法を持によて大難出来するはしんぬ此法を邪法なり、と誹謗して悪道に堕べし。此も不便なり。又此を申ずば仏誓に違する上、一切衆生の怨敵なり。大阿鼻地獄疑なし。いかんがせんとをもいしかども、をもひ切て申出ぬ。申始し上は又ひきさすべきにもあらざれば、いよいよつより申せしかば、仏の記文のごとく、国主もあだみ、万民もせめき。あだをなせしかば、天もいかりて日月に大変あり。大せいせい（彗星）も出現しぬ。大地もふりかへしぬべくなりぬ。どしうちもはじまり、他国よりもせめたり。仏の記文すこしもたがわず。日蓮が法華経の行者なる事も疑わず。[9]

「申し出す」ことは、法難を被り「我身いかにもなるべし」との状況に陥ることは明白である。「我身」はさておいても、「父母兄弟並に千万人の中にも一人も随うものは国主万民にあだまるべし」との法難に遭遇する。したがって、繰り返し身に被る法難に対する覚悟が無くして立ち上がることはとうていできない。その覚悟をもって法華経弘通に立ち上がった日蓮聖人は「仏の記文のごとく」諸難に値遇したのである。また「仏の記文すこしもたがわず」天変地異や社会の争乱が興起した。この事実からしても、法華経所説のとおり「日蓮が法華経の行者なる事」は疑う余地がないことになる。弘教上に被る諸難は、日蓮聖人をしてまぎれもなく経文所説のとおりの「法華経の行者」であることを証明するものであった。

さらに『報恩抄』には次のように述べられている。

此事日本国の中に但日蓮一人計しれり。いゐいだすならば、殷の紂王の比干が胸をさきしがごとく、夏の桀王の龍蓬が頚を切がごとく、檀弥羅王の師子尊者が頚を刎がごとく、竺道生が流がごとく、法道三蔵のかなやき（火印）をや（焼）かれしがごとくならんずらんとはかねて知しかども、法華経には我不愛身命但惜無上道ととかれ、涅槃経には寧喪身命不匿教者といさめ給えり。今度命をおしむならば、いつの世にか仏になるべき、又何なる世にか父母師匠をもすくひ奉べきと、ひとへにをもひ切て申始めしかば、案にたがはず、或は所をおひ、或はのり、或うたれ、或は疵をかうふるほどに、去弘長元年辛酉五月十二日に御勘気をかうふりて、伊豆国伊東にながされぬ。又同弘長三年癸亥二月二十二日にゆりぬ。其後弥菩提心強盛にして申せば、いよいよ大難かさなる事、大風に大波の起るがごとし。昔の不軽菩薩の杖木のせめも我身につみしられたり。覚徳比丘が歓喜仏の末の大難も、此には及ばじとをぼゆ。日本六十六箇国嶋二の中に、一日片時も何の所にすむべきやうもなし。[10]

「此事」を「日本国の中に但一人計り」知れる日蓮聖人は、法華経と涅槃経所説の経文を仏の諫勅と受け止め、身命を捨てて「ひとへにをもひ切て申し始め」られたのである。日蓮聖人が予見されたとおり、「擯出」「罵詈」「打擲」「刀杖」等の諸難が降りかかり、あげくの果ては幕府の公的権力により弘長元年の伊豆流罪をはじめとする「大難」が重畳することとなったのである。

『頼基陳状』には次のように述べられている。

只此国に真言・禅宗・浄土宗等の悪法並に謗法の諸僧満満て、上一人をはじめ奉て下万民に至まで御帰依ある故に、法華経教主釈尊の大怨敵と成て、現世には天神地祇にすてられ他国のせめにあひ、後生には阿鼻大城に堕給べき由、経文にまかせて立給し程に、此事申さば大あだあるべし、不申者仏のせめのがれがたし。いはゆる涅槃経に若善比丘見壊法者、当知是人仏法中怨等云云。世に恐て不申者、我身悪道に可堕と御覧じて、身命をすてて去建長年中より今年建治三年に至まで二十余年が間、あえてをこたる事なし。然れば私の難は数を不知、国王の勘気は両度に及き。(11)

「此事」を言い出さなければ、「法華経教主釈尊の大怨敵と成」り、「現世には天神地祇にすてられ他国のせめ」に遭遇し、「後生には阿鼻大城に堕」ちるゆえに、「経文に」に立脚して「去る建長年中より今年建治三年に至まで二十余年が間」「申」したところ、「私の難は数を知」らず、「国王の勘気は両度に及」んだのである。

『三澤鈔』には次のように述べられている。

末代には此には百千万億倍すぐべく候なる大難をば、いかでか忍候べきと心に存て候しほどに、聖人は未萠を知と申て三世の中に未来の事を知をまことの聖人とは申なり。而に日蓮は聖人にあらざれども、日本国の今の代にあたりて此国亡亡たるべき事をかねて知て候しに、此こそ仏のとかせ給て候況滅度後の経文に当て候へ。此を申いだすならば、仏の指せ給て候未来の法華経の行者なり。知て而も申さずば（略）教主釈尊の大怨敵、其国の国主の大讎敵他人にあらず、後生は又無間大城の人此なり、とかんがへみて、或は衣食にせめられ、或は父母兄弟師匠同行にもいさめられ、或は国主万民にをどされしに、すこしもひるむ心あるならば一度に申し出さじと、としごろ（年来）ひごろ（日来）心をいましめ候しが、抑過去遠々劫より定て法華経にも値奉菩提心もをこしけん。なれども設一難二難には忍びけれども、大難次第につづき来りければ退しけるにや。今度いかなる大難にも退せぬ心ならば申し出すべしとて申し出て候しかば、経文にたがわず此の度々の大難にはあいて候しぞかし。[12]

「日蓮は聖人にあらざれども」、仏の明鏡（法華経）に照らして日本国の危機的状況を「知る」ゆえに、「いかなる大難にも退せぬ心」をもって「申し出」たと叙述されている。

末代に法華経を説くことは値難と共にあるゆえに、法華経の信に立つことは身命を捧げることでもある。その強盛不退の決断のもとに、日蓮聖人は現実社会に飛び込んでいかれたのである。それは、法華経釈尊への絶対的帰依に立脚し、仏意たる人々の平安実現を使命とされた日蓮聖人の「広大」なる慈悲の実践であったのである。

六　日蓮聖人の誓願

「知れる者日蓮一人」との自覚のなかで、仏意実現を使命とされた日蓮聖人は、大難甘受の覚悟と不退転の決意とを込めて三つの誓いを立てられた。

『開目抄』には次のように述べられている。

詮するところは天もすて給、諸難にもあえ、身命を期とせん。身子が六十劫菩薩行を退せし、乞眼の婆羅門の責を堪ざるゆへ。久遠大通の者の三五の塵をふる、悪知識に値ゆへなり。善に付け悪につけ法華経をすつる、地獄の業なるべし。本《もと》願を立。日本国の位をゆづらむ、法華経をすて、観経等について後生をご（期）せよ。父母の頚を刎、念仏申さずわ。なんどの種々の大難出来すとも、智者に我義やぶられずば用じとなり。其外の大難、風の前の塵なるべし。我日本の柱とならむ、我日本の眼目とならむ、我日本の大船とならむ、等とちかいし願、やぶるべからず。[13]

いかなる大難に値遇しても、たとえ身命を落とすことがあっても、「智者に我義やぶられずば用じ」との強い決意のもとに、日蓮聖人は三つの誓いを立てられた。

日蓮聖人の誓いは、虚空会上において三仏から別付属を被った菩薩の誓言である。見宝塔品の三箇の勅宣を魂の奥底で聞かれた日蓮聖人は、「仏前」において「一心に合掌」し、釈尊の「尊顔を瞻仰」して誓いの言葉を述べられたのである。釈尊の現在である虚空会上の「三箇の勅宣」は、日蓮聖人の現在である今末法の初めにおいて「三大誓願」として結実したのである。そのことは、釈尊の願いが日蓮聖人の誓いに具現化したのであり、仏意が日蓮聖人において歴史化したことでもある。釈尊の現在が日蓮聖人の現在となって釈尊を末法の今に蘇生するのである。「仏前」にまみえ「一心に合掌」する日蓮聖人の信が、時空を超えて、「三箇の勅宣」に呼応する「三大誓願」を発さしめたのである。「本願を立」「等とちかいし願」は、日蓮聖人の弘教の誓願である。その不退転の誓いは、日蓮聖人が法華経に立つことを決意されたその当初に発されたものと考えられる。それは建長五年四月二十八日の立教開宗の時か、あるいは文応元年七月十六日の『立正安国論』上進の折りかに遡ることはまちがいない。

七　立教開宗の決断と値難

日蓮聖人の立教開宗は上述のごとき信仰的感応のなかで決断された。法華経釈尊こそが日蓮聖人を立ち上がらせた主体であり、日蓮聖人は教えの原点に立って素直に法華経釈尊に身を委ねたのである。法華経に立つことは、仏意に生きることを仏子の使命と考えていた日蓮聖人にとって、至極当然の姿であったのである。

立教開宗にいたる経緯について『清澄寺大衆中』には次のように述べられている。

此を申さば必日蓮が命と成べしと存知せしかども、虚空蔵菩薩の御恩をほう（報）ぜんがために、建長五年四月二十八日、安房国東條郷清澄寺道善之房持仏堂の南面にして、浄円房と申者並に少々大衆にこれを申しはじめて、其後二十余年が間退転なく申。或は所を追出され、或は流罪等、昔は聞く不軽菩薩の杖木等。今は見る日蓮が刀剣に当る事を。日本国の有智無智上下万人の云、日蓮法師は古の論師・人師・大師・先徳にすぐるべからずと。日蓮この不審をはらさんがために、正嘉・文永の大地震大長星を見て勘云、我朝に二の大難あるべし。所謂自界叛逆難・他国侵逼難也。自界は鎌倉に権の大夫殿御子孫どしうち（同士打）出来すべし。他国侵逼難は四方よりあるべし。其中に西よりつよくせむべし。是偏に仏法が一国挙て邪なるゆへに、梵天帝釈の他国に仰つけてせめらるるなるべし。日蓮をだに用ぬ程ならば、将門・純友・貞任・利仁・田村のやうなる将軍百千万人ありとも叶ふべからず。これまことならずば真言と念仏等の僻見をば信ずべしと申ひろめ候き(14)。

立教開宗の理由を「虚空蔵菩薩の御恩をほうぜんがため」と述べられている。虚空蔵菩薩は福徳と智慧を有し衆生の諸願を成就せしめる菩薩である。日蓮聖人が幼少の砌、天福元年（一二三三）に登山し、嘉禎三年（一二三七）に出家した清澄寺には虚空蔵菩薩が祀られていた。日蓮聖人が求法の過程で「日本第一の智者となし給へ」と虚空蔵菩薩に祈願したことは、同じく『清澄寺大衆中』に次のように述べられている。

生身の虚空蔵菩薩より大智慧を給りし事ありき。日本第一の智者となし給へと申せし事を不便とや思食けん。明星の如なる大宝珠を給て右の袖にうけとり候し故に、一切経を見候しかば八宗並に一切経の勝劣粗是を知りぬ(15)。

日蓮聖人は釈尊の真実の教えを求めて仏道に参入された。そのためには「日本第一の智者」とならねばならなかった。祈念の験を得て「八宗並に一切経の勝劣」を体得した日蓮聖人は、その恩徳に応えるために清澄寺において「これを申」されたのである。清澄寺における法華経信仰の表明は、「智慧の大宝珠」を授与していただいた虚空蔵菩薩への報恩感謝と研鑽結果の報告との意味を持っていたと思われる。

立教開宗の決断には「此を申さば必ず日蓮が命と成る」との覚悟が必要であったことは前述のとおりである。以来、「所を追出され」「流罪」され「刀剣に当る」等の諸難を被りながらも、日蓮聖人は、「今」に至るまでの「二十余年が間退転なく」信念を貫徹し続けてこられたのである。

立教開宗以来、諸難を被りながらも不退転の決意で法華経弘通の日々を送ってきたことを、『松野殿御消息』には次のように述べられている。

日蓮始て建長五年夏の始より二十余年が間唯一人、当時の人の念仏を申すやうに唱れば、人ごとに是を笑ひ、結句はのり、うち、切り、流し、頚をはねんとせらるること、一日二日一月二月一年二年ならざれば、こらふ（堪）べしともをぼえ候はねども、此経の文を見候へば、檀王と申せし王は千歳が間阿私仙人に責つかはれ、身を牀となし給ふ。不軽菩薩と申せし僧は多年が間悪口罵詈せられ、刀杖瓦礫を蒙り、薬王菩薩と申せし菩薩は千二百年が間身をやき、七万二千歳ひぢ（臂）を焼給ふ。此を見はんべるに、何なる責有りとも、いかでかさてせき（塞）留むべきと思ふ心に、今まで退転候はず。(16)

建長五年の立教開宗以来、ただ一人「二十余年が間」題目を受持し唱題の日々を重ねれば、「人ごとに是を笑ひ、結句はのり、うち、切り、流し、頚をはねんと」迫り来る。しかし、それら諸難を忍び「今まで退転」することなく信仰を堅持してきたと述べられている。

さらに『日女御前御返事』には次のように述べられている。

某《それがし》去建長五年より今に至まで二十余年の間、遠は一代聖教の勝劣先後浅深を立、近は弥陀念仏と法華経の題目との高下を立申程に、上一人より下万民に至まで此事を用ひず。或は師々に問、或は主々に訴へ、或は傍輩にかたり、或は我身は妻子眷属に申ほどに、国々郡々郷々村々寺々社々え沙汰ある程に、人ごとに日蓮が名を知り、法華経を念仏に対して念仏のいみじき様、法華経叶ひがたき事、諸人のいみじき様、日蓮わろき様を申す程に、上もあだみ、下も悪む。日本一同に法華経と行者との大怨敵となりぬ。(17)

「建長五年」の立教開宗時から「今に至まで」の「二十余年の間」、釈尊の「一代聖教の勝劣先後」を論じ、「念仏」と「題目」との「高下」を主張するも、「上一人より下万民に至まで」信用する者がなく、あまつさえ「日蓮わろき様を申」し、「上もあだみ、下も悪む」という有様であったのである。

『聖人御難事』には次のように述べられている。

去建長五年太歳癸丑四月二十八日に、安房国長狭郡之内東條の郷、今は郡也。天照太神の御くりや（廚）、右大将家の立始給日本第二のみくりや、今は日本第一なり。此郡の内清澄寺と申寺諸仏坊の持仏堂の南面にして、午時に此法門申はじめて今に二十七年、弘安二年太歳己卯なり。仏は四十余年、天台大師は三十余年、伝教大師は二十余年に、出世の本懐を遂給。其中の大難申計なし。先々に申がごとし。余は二十七年なり。其間の大難は各々かつ（且）しろしめせり。[18]

「建長五年四月二十八日」の立教開宗以来、今、弘安二年までの「二十七年」にわたる法華経弘通の日々が「大難」と共にあったことを、釈尊・天台大師・伝教大師との比較のなかで叙述されている。正統なる法華仏教の弘通者である三国の三師に並び、自身もまた先師の足跡を継承する者としての自負を表明されたものである。

題目法華信仰は末法の衆生を導利する釈尊の最重要法門である。最重要法門であるがゆえにその弘通には大難が興起する。『観心本尊抄副状』には次のように述べられている。

此事日蓮当身大事也。秘レ之見二無二志一可レ被レ開二拓之一歟。此書難多答少。未聞之事人耳目可レ驚二動之一歟。設及二他見一三人四人並レ座勿レ読レ之。仏滅後二千二百二十余年未レ有二此書之心一。不レ顧二国難一期二五五百歳一演二説之一。[19]

末法の衆生を救済する題目信仰（観心の法門）は、日蓮聖人にとっての「当身の大事」である。「仏滅後二千二百二十余年」の間未曾有にして「未聞」の法門であるがゆえに、「難のみが多くして答は少い」。難信にして難解難入のゆえに「これを秘し」、「無二の志」（不退転の信心）がなければ決して披見が許されない。「当身の大事」であるゆえに、この法門の開示には「国難」を被ることの覚悟が必要である。

八　法華経弘通と諫暁

日蓮聖人は自身の法華経弘通を諫暁とも表現されている。仏の諫暁を被って弘教する自身の行為を仏行になぞらえられたものであると言えよう。

『開目抄』には次のように述べられている。

いかに諫暁すれども日蓮が弟子等も此をもひすてず。一闡提人のごとくなるゆへに、先天台妙楽等の釈をいだしてかれが邪難をふせぐ[20]。

弘教の方軌である摂受・折伏の教示において、「諫暁」の言葉が用いられている。弟子等が「すて」ない「此のをもひ」とは、「疑云、念仏者と禅宗等無間と申は諍心あり。修羅道にや堕べかるらむ。又法華経の安楽行品云、不楽説人及経典過。亦不軽慢諸余法師等云云。汝此経文に相違するゆへに天にすてられたるか[21]」との、「日蓮聖人の他宗批判を伴う弘教方法と、それが安楽行品の摂受の教えに反するゆえに、諸天善神の守護がなく、このように流罪等の大難に遭うのではないか」という疑念である。弟子等のこの疑念が、いかに仏意に違背し、これまで教示してきた教えに対し無理解であるかとの日蓮聖人の思いは、「一闡提人のごとくなるゆへ」「かれが邪難」との表現から推察できる。このような日蓮聖人の強い思いが、弟子等へのこの法門教示において「諫暁」の表現が用いられたものとも思われる。

日蓮聖人の法華経弘通は如来の実語の顕現でもあった。『顕仏未来記』には次のように述べられている。

難云汝大慢法師過二大天一超二四禅比丘一如何。答云汝蔑二如日蓮一之重罪又過二提婆達多一超二無垢論師一。我言似二大慢一為下扶二仏記一顕中如来実語上也。雖レ然日本国中除二去日蓮一者取二出誰人一為二法華経行者一。汝為レ謗二日蓮一虚二妄仏記一。豈非二大悪人一乎。[22]

日蓮聖人の激しい弘教活動は多くの非難を生んだ。「四禅比丘」にも超えた「大慢」であるとの批判が日蓮聖人に浴びせられた。これに対し日蓮聖人は「我が言は大慢に似たれども仏記を扶け如来の実語を顕はさんが為」であるとし、「日本国中に日蓮を除き去りては誰人を取り出して法華経の行者と為さん」と、その自信のほどを教示されている。

九　慈悲の実践

日蓮聖人の法華経弘通は、釈尊の「毎自作是念」の悲願を承け、釈尊の「我本行菩薩道」の本因を具現する本化菩薩の慈悲の実践であった。

『報恩抄』には次のように述べられている。

一閻浮提の内に仏滅後二千二百二十五年が間、一人も唱えず。日蓮一人南無妙法蓮華経・南無妙法蓮華経等と声もをしまず唱るなり。例せば風に随て波の大小あり。薪によて火の高下あり。池に随て蓮の大小あり。雨の大小は龍による。根ふかければ枝しげし。源遠ければ流ながしというこれなり。周の代七百年文王の礼孝による。秦世ほどもなし、始皇の左道なり。日蓮が慈悲曠大ならば、南無妙法蓮華経は万年の外未来までもながるべし。日本国の一切衆生の盲目をひらける功徳あり。無間地獄の道をふさぎぬ。此功徳は伝教・天台にも超へ、龍樹・迦葉にもすぐれたり。極楽百年の修行は穢土の一日の功に及ばず。正像二千年の弘通は末法一時に劣るか。是はひとへに日蓮が智のかしこきにはあらず。時のしからしむる耳。春は花さき、秋は菓なる、夏はあた丶かに、冬はつめたし。時のしからしむるに有ずや。(23)

日蓮聖人は、今まで「一人も唱え」ることのなかった「南無妙法蓮華経」を「声もをしまず唱」えられた。「一閻浮提の内」に未曾有の法門であるゆえに、未有一人にして「日蓮一人」の唱題である。不顧国難の唱題であるゆえに「声もをしまず」唱えるのである。その唱題は釈尊の悲願を具現する日蓮聖人の慈悲行である。忍難に裏付けられた慈悲の実践は仏教史上の先師の功徳をも超える。末法の観心たる題目「南無妙法蓮華経」は絶大なる功徳となって未来永劫に一切衆生を利益する。

『下山御消息』には次のように述べられている。

余此事を見るに、自身だにも弁へなばさてこそあるべきに、日本国に智者とおぼしき人々一人も不知。国すでにやぶれなんとす。其上、仏の諫暁を重ずる上、一分の慈悲にもよをされて、国に代て身命を捨て申せども、国主等彼にたぼらかされて、用る人一人もなし。譬へば熱鉄に冷水を投げ、睡眠の師子に手を触が如し。(24)

日本国の惨状を直視し真にあるべき姿を覚知した日蓮聖人は、「仏の諫暁」を深く受け止め、法華経の菩薩としての使命を果たすべく「身命を捨て」て立ち上がられたのである。一切衆生の救済に立ち上がることは釈尊の慈悲を行ずることである。釈尊の慈悲を行ずることは釈尊の因行に生きることである。

『諫暁八幡抄』には次のように述べられている。

今日蓮は去建長五年癸丑四月二十八日より、今弘安三年太歳庚辰十二月にいたるまで二十八年が間、又他事なし。只妙法蓮華経の七字五字を日本国の一切衆生の口に入とはげむ計也。此即母の赤子の口に乳を入とはげむ慈悲也。(25)

立教開宗以来の題目受持弘通は「母の赤子の口に乳を入れんとはげむ慈悲」であるとされている。日蓮聖人が題目を受持することは、すなわち一切衆生に題目を唱えせしむることでもある。日蓮聖人が唱える題目が一切衆生の唱える題目となり、題目と題目とが和する時、題目の世界「立正安国」が実現するのである。

日蓮聖人は釈尊の勅命を身に刻み一切衆生を済度することの使命を自らに課していかれた。『諫暁八幡抄』には次のように述べられている。

此を日蓮此にて見ながらいつわりをろかにして申ずば倶堕地獄の者となて、一分の科なき身が十方の大阿鼻地獄を経めぐるべし。いかでか身命をすてざるべき。涅槃経云、一切衆生受㆓異苦㆒悉是如来一人苦等云云。日蓮云、一切衆生同一苦悉是日蓮一人苦と申べし。[26]

「此を」とは法華経に照らし出された現実社会の謗法堕獄の様相、「此にて」とは五濁悪世に身を浸して生きている日蓮聖人の末法今時を意味する。ただ一人「知れる」自身が「申さ」なければ、釈尊の本意を無視し命に違背することとなり、堕獄は必定である。『涅槃経』には「一切衆生の異の苦は如来一人の苦」と説かれ、仏が一切衆生に寄せられる無限の慈愛が教示されている。このような仏の慈愛を承けて、日蓮聖人は「一切衆生の同一の苦は日蓮一人の苦」と表明された。国をあげての謗法の現実は末法という時代が有する歴史的必然の悲劇である。末法の人々が共有する同一の苦を「日蓮一人の苦」と受け止められたところに、釈尊の御意を頂受した日蓮聖人の慈悲行の本質がある。「これを知る」者は「日蓮一人」のゆえに、「一切衆生の同一の苦」は「日蓮一人の苦」なのである。

一〇　値難と誓願満足

法華経弘通の身に諸難を被ることは法華経所説の行者であることの証であり、それは釈尊の勅命に応え釈尊の慈悲を継承実践していることの正当性を証すものでもある。『下山御消息』には次のように述べられている。

今度法華経の大怨敵を見て、経文の如く父母師匠朝敵宿世の敵の如く、散々に責るならば、定て万民もいかり、国主も讒言を収（い）て、流罪し頚にも及ばんずらん。其時仏前にして誓状せし梵・釈・日月・四天の願をもはたさせたてまつり、法華経の行者をあだまんものを須臾ものがさじと、起請せしを身にあてて心みん。釈迦・多宝・十方分身諸仏の或は共に宿し、或は衣を覆はれ、或は守護せんと、ねんごろに説せ給しをも、実歟虚言歟と知て信心をも増長せんと退転なくはげみし程に、案にたがはず、去文永八年九月十二日に都て一分の科もなくして佐土国へ流罪せらる。外には遠流と聞しかども、内には頚を切と定ぬ。余又兼て此事を推せし故に弟子に向て云、我願既に遂ぬ。悦身に余れり。人身は受がたくして破れやすし。過去遠々劫より由なき事には失しかども、法華経のために命をすてたる事はなし。我頚を刎られて師子尊者が絶たる跡を継ぎ、天台・伝教の功にも超へ、付法蔵の二十五人に一を加て二十六人となり、不軽菩薩の行にも越て、釈迦・多宝・十方の諸仏にいかがせんとなげかせまいらせんと思し故に、言をもおしまず已前に

ありし事、後に有べき事の様を平金吾に申含ぬ。此語しげければ委細にはかかず。(27)

文永八年の龍口・佐渡法難は「一分の科もなくして」罪に問われ、「外には遠流と聞しかども内には頚を切」るという厳しいものであった。この事態に対し、日蓮聖人は弟子に向かって「我願既に遂げぬ。悦び身に余れり」と語られた。法華経のゆえに「我頚を刎られ」ることは誓願の満足、法悦の至極であるとの心情の吐露である。法華経弘通に立ち上がった日蓮聖人は、法華経への捨身をもって自身の所願成就を認識されたのである。

一一 むすび

日蓮聖人が身命を賭けて実践された法華経弘通の特色を要約すると次のとおりである。

1、日蓮聖人は仏教者としての使命感・責任感に燃えて仏道を歩まれた。
2、日蓮聖人は仏の教えを実現することこそ仏教者の役割であると考えられた。
3、日蓮聖人は人々の苦悩を憂い悲しみそして怒りをもって見つめておられた。
4、日蓮聖人は仏の教えと現実社会の様相との間に大きな相異があることに深い思いを寄せておられた。
5、日蓮聖人は自身一人のみこそ仏の真意とそれに違背している社会の現状とを知る者であるとの自覚をもたれた。

6、日蓮聖人は一切の人々を救うために釈尊の御本懐の教えである法華経に立ち上がられた。

7、日蓮聖人は法華経に立ち上がる時、仏の教えを背に受け二者択一の決断をされた。二者択一とは「申し出だせば値難」「言わずば仏の諫暁まぬがれがたし」、決断とは「仏意の頂受」である。したがって日蓮聖人の決断には謗法回避・値難滅罪と大難甘受の覚悟が伴っていた。

8、日蓮聖人は法華経に立ち上がるにおいて誓願を立てられた。その誓願とは不退転と一切衆生を救済するために柱・眼目・大船となることであった。

9、日蓮聖人の誓願は法華経の菩薩として生きることの誓いであった。

10、日蓮聖人が法華経に立ち上がる決意を対外的に表明されたのは、建長五年四月二十八日の立教開宗、および文応元年七月十六日の『立正安国論』上進であったと思われる。

11、日蓮聖人は法華経に立ち上がって以来、数々の法難に遭遇された。

12、日蓮聖人は、法難に遭遇することは法華経所説のとおりであるとして、値難をもって真の法華経弘通者の証とされた。

13、日蓮聖人は自身の値難弘通をもって仏語の真実性を証明したと考えられた。

14、日蓮聖人は法華経弘通史上における諸先師の値難の事例を自身に照らし、自身の法華経実践の正統性の証明とされた。

15、日蓮聖人は法華経所説のとおりに難に遭遇したことをもって法華経の色読と受け止め、「経文に説き入れられた者」との自覚に立たれた。
16、日蓮聖人は法華経の色読をとおして、法華経所説の行者（法華経の行者）であることの確信と虚空会上において別付属を蒙った菩薩（本化上行菩薩）であることの自覚を不動のものとされた。
17、日蓮聖人は法華経の弘通を諫暁とも表現された。このことは仏の諫暁を受け止めた自身が仏の命を受けて諫暁をおこなうのであると受け止めておられたものと思われる。
18、日蓮聖人は自身の法華経弘通を慈悲の実践と考えておられた。
19、日蓮聖人は値難弘通においては、天台大師・伝教大師等の仏教史上の先師を超えた（忍難慈勝）との認識を持たれていた。
20、日蓮聖人は一切の人々の苦悩を自身の苦悩と受け止めて（代受苦）捨身弘法に邁進された。
21、日蓮聖人は自身の法華経弘通の生涯は仏意に叶うものと受け止め、誓願満足による法悦を感受されていた。

註

（1）『昭定』一一七〜一一八頁。曾存。
（2）『昭定』二〇九頁。真完。
（3）『昭定』二一九頁。真完。
（4）『昭定』四五八〜四五九頁。真断。

（5）『昭定』五五六〜五五七頁。曾存。
（6）『昭定』九九三〜九九四頁。真断。
（7）『昭定』一五三〇〜一五三一頁。真断。
（8）『昭定』一一九八頁。真断・曾存。
（9）『昭定』一〇八六〜一〇八七頁。真断。
（10）『昭定』一二三六〜一二三七頁。真断・曾存。
（11）『昭定』一三五〇〜一三五一頁。日興写本。
（12）『昭定』一四四五〜一四四六頁。日興写本。
（13）『昭定』六〇一頁。曾存。
（14）『昭定』一一三四頁。曾存。
（15）『昭定』一一三三頁。曾存。
（16）『昭定』一一四〇〜一一四一頁。真断。
（17）『昭定』一五一三〜一五一四頁。真断。
（18）『昭定』一六七二頁。真完。
（19）『昭定』七二一頁。真完。
（20）『昭定』六〇六頁。曾存。
（21）『昭定』六〇五頁。曾存。
（22）『昭定』七四一頁。曾存。
（23）『昭定』一二四八〜一二四九頁。真断・曾存。
（24）『昭定』一三二一頁。真断。
（25）『昭定』一八四四頁。真断・曾存。

(26)『昭定』一八四七頁。真断・曾存。
(27)『昭定』一三三一〜一三三二頁。真断。

第五章　日蓮聖人における慈悲の実践

一　はじめに

慈悲は、一切衆生に対し、慈しみと哀れみの心をたむけることをいう。慈は与楽、悲は抜苦の義を有し、苦悩から解放して安楽を与えることである。

慈悲に喜捨の二つを加えた四無量心は、仏道修行の重要徳目である。喜は他者の福徳を喜悦し、捨は自身を捨棄したところに生ずる平等心をいう。四つのはかりしれない心で無量の人々を救いとる。とくに菩薩の修行をその特色とする大乗仏教では、慈悲を仏道の基本とする。『大般涅槃経』第十五では、慈悲に衆生縁・法縁・無縁の三縁を説き[1]、『大智度論』第四十ではこれを受けて、凡夫は衆生縁、三乗は法縁、仏は無縁であるとする。[2] 衆生縁は妻子親族の縁に立脚して衆生を導く慈悲、法縁は因縁生起の理によって衆生を導く慈悲、無縁は空理に基づいた絶対平等の慈悲である。

二　法華経における慈悲の用例

法華経には、慈悲に類した用語として慈心・慈念・慈愍・慈愛・慈哀・慈恩・大慈・大悲などが見られる。ここではとくに慈悲・大慈悲の用例について概観してみたい。

薬草喩品第五

又諸仏子　専心仏道　常行慈悲　自知作仏　決定無疑　是名小樹(3)。

「また諸の仏子、心を仏道に専らにして常に慈悲を行じ、自ら作仏せんこと決定して疑いなしと知る。これを小樹と名づく(4)」。

化城喩品第七

世尊両足尊　唯願演説法　以大慈悲力　度苦悩衆生(5)。

「世尊両足尊、ただ願はくは法を演説し、大慈悲の力をもって苦悩の衆生を度したまへ(6)」。

世尊大慈悲　唯願垂納受(7)。

「世尊、大慈悲をもつて、ただ願はくば納受を垂れたまへ(8)」。

世尊甚難値　願以大慈悲　広開甘露門　転無上法輪(9)。

「世尊ははなはだ値ひたてまつり難し。願はくは大慈悲をもって広く甘露の門を開き、無上の法輪を転じたまへ(10)」。

法師品第十

如来室者。一切衆生中。大慈悲心是。[11]

「如来の室とは一切衆生の中の大慈悲心是れなり」。[12]

大慈悲為室　柔和忍辱衣　諸法空為座。[13]

「大慈悲を室とし、柔和忍辱を衣とし、諸法空を座とす」。[14]

提婆達多品第十二

由提婆達多。善知識故。令我具足。六波羅蜜。慈悲喜捨。三十二相。八十種好。紫磨金色。十力。四無所畏。四摂法。十八不共。神通道力。[15]

「提婆達多が善知識によるが故に、我をして六波羅蜜・慈悲喜捨・三十二相・八十種好・紫磨金色・十力・四無所畏・四摂法・十八不共・神通道力を具足せしめたり」。[16]

慈悲仁譲。志意和雅。能至菩提。[17]

「慈悲仁譲・志意和雅にして能く菩提に至れり」。[18]

安楽行品第十四

是仏子説法　常柔和能忍　慈悲於一切　不生懈怠心。[19]

「是の仏子、法を説かんには、常に柔和にして能く忍び、一切を慈悲して懈怠の心を生ぜざれ」。[20]

持此経者　於家出家　及非菩薩　応生慈悲。[21]

「この経を持たん者は、家と出家とおよび非菩薩とにおいて慈悲を生ずべし(22)」。

以大慈悲　如法化世(23)。

「大慈悲を以て法の如く世を化す(24)」。

属累品第二十二

如来有大慈悲。無諸慳悋。亦無所畏。能与衆生。仏之智慧。如来智慧。自然智慧(25)。

「如来は大慈悲有つて、諸の慳悋なく、また、畏るる所なくして、能く衆生に仏の智慧・如来の智慧・自然の智慧を与ふ(26)」。

妙荘厳王本事品第二十七

慈悲喜捨。乃至三十七品助道法。皆悉明了通達(27)。

「慈悲喜捨、乃至三十七品の助道の法、皆悉く明了に通達せり(28)」。

普賢菩薩勧発品第二十八

汝已成就。不可思議功徳。深大慈悲(29)。

「汝已に不可思議の功徳・深大の慈悲を成就せり(30)」。

法華経における慈悲の用例は、大きく二点に集約される。一は仏の衆生教化の徳目、二は仏の慈悲に生きる弘経者の徳目である。

上掲の用例のうち、化城喩品・安楽行品（第三文）・属累品は一、薬草喩品・法師品・提婆達多品・

安楽行品（第一・二文）・妙荘厳王本事品・普賢菩薩勧発品は二に当たる。

総じて法華経では、仏による慈悲の救済活動と、仏の慈悲を体現する菩薩等の弘経者の実践とに関連して説き示されていることが分かる。

法華経を所依の経典とした日蓮聖人（一二二二〜一二八二）は、仏を一切衆生救済の大慈悲者と受けとめると共に、その仏の慈悲を現実社会に実現する弘教者の出現を末法時の必然的事実と認識し、法華経所説の上行菩薩としての自覚の中で、果敢に題目法華経信仰を弘通していった。

三　日蓮聖人遺文に見る仏の慈悲

仏の慈悲について触れている日蓮聖人の主な遺文をあげると次のとおりである。

『開目抄』

仏は無量劫の慈悲者なり[31]。

『妙一尼御前御消息』

迦葉童子菩薩、仏に申、仏は平等の慈悲なり。一切衆生のためにいのちを惜給べし[32]。

『観心本尊抄』

天晴地明。識二法華一者可レ得二世法一歟。不レ識二一念三千一者仏起二大慈悲一五字内裹二此珠一令レ懸二末代幼稚頚一。四大菩薩守二護此人一大公周公摂二扶成王一四皓侍二奉恵帝一不レ異者也[33]。

これらの遺文は、日蓮聖人が、仏を、一切衆生を救済してやまない大慈悲者であると受け止めていたことを示している。

とくに『観心本尊抄』では、仏は、題目五字をもって不識一念三千者である末代幼稚を救うとしている。すなわち、末法の教法を「一念三千の宝珠である題目五字」、末法の衆生を「不識一念三千の末代幼稚」であるとし、題目による幼稚の救済活動を仏の慈悲とするのである。日蓮聖人の特異な法華経観を表明したものである。

四　日蓮聖人の忍難弘教と慈悲の実践

1　日蓮聖人の忍難弘教

法華経には、如来滅後の法華経弘通者について、法師品に法師・如来使・持経者、従地涌出品と如来神力品には地涌菩薩などが説かれている。とくに地涌菩薩は虚空会において三仏から付属を被った滅後の導師である。無量千万億の地涌菩薩の上首四大菩薩の中でも最初に名前があげられている上行菩薩はその最高責任者ともいうべき菩薩である。

さらに法華経には、如来滅後の法華経弘通が多大な難を伴うことを、法師品・見宝塔品・勧持品・安楽行品・常不軽菩薩品などに繰り返し説かれている。

したがって、法華経の教えの中で予定されている如来滅後の正当なる弘通者とは、大難に値遇しながらもこれに耐えて法を弘める者である。

日蓮聖人は経文の預言のとおり、如来滅後に法華経を弘通して数々の難に遭遇した。値難をとおして真実の法華経の行者としての証を得た日蓮聖人は、自身こそ三仏の付属を被った本化地涌菩薩であるとの自覚に立脚して、仏の慈悲行を自らに課し実践していった。

『開目抄』

日本国に此をしれる者、但日蓮一人なり。これを一言も申出すならば父母・兄弟・師匠国主王難必来べし。いわずば慈悲なきににたりと思惟するに、法華経・涅槃経等に此二辺を合見るに、いわずわ今生は事なくとも、後生は必無間地獄に堕べし。いうならば三障四魔必競起るべしと（知）ぬ。二辺の中にはいうべし。王難等出来の時は退転すべくは一度に思止べし、と且やすらい（休）し程に、宝塔品の六難九易これなり。我等程の小力の者須弥山はなぐとも、我等程の無通の者乾草を負て劫火にはやけずとも、我等程の無智の者恒沙の経々をばよみをぼうとも、法華経は一句一偈末代に持がたしと、とかるゝはこれなるべし。今度強盛の菩提心をこして退転せじと願しぬ。既に二十余年が間此法門を申に、日々月々年々に難かさなる。少々の難はかずしらず。大事の難四度なり。二度はしばらくをく、王難すでに二度にをよぶ。今度はすでに我身命に及。[34]

『神国王御書』

余此由を且つ知しより已来、一分の慈悲に催されて粗随分の弟子にあらあら申せし程に、次第に増長して国主まで聞ぬ。国主は理を親とし非を敵とすべき人にてをはすべきが、いかんがしたりけん諸人の讒言ををさめて、一人の余をすて給。[35]

『下山御消息』

余此事を見るに、自身だにも弁へなばさてこそあるべきに、日本国に智者とおぼしき人々一人も不知。国すでにやぶれなんとす。其上、仏の諫暁を重ずる上、一分の慈悲にもよをされて、国に代て身命を捨て申せども、国主等彼にたぼらかされて、用る人一人もなし。[36]

『開目抄』には、「これを知れる者ただ日蓮一人」との自覚と認識とに基づいて、身命に及ぶ大難をも忍受の覚悟の中で「言うべし」との決断を下したことを吐露している。日蓮聖人の脳裏に去来したのは見宝塔品の六難九易の経文であった。日蓮聖人は、もっとも難持の経に生きようとしている自分を見据えていたのである。「強盛の菩提心」なくしては一歩も進むことのできない道程である。「退転せじと」と誓ったその決断に仏の慈悲が担われたのである。日蓮聖人の不退転の誓いは、釈尊の慈悲に生きる菩薩としての誓願であったのである。

『神国王御書』『下山御消息』には、「これを知れる」日蓮聖人が、「一分の慈悲に催されて」、「あらあら申せし」「身命を捨て申せども」とある。法華経の弘通者には大難の興起が必然的であるために、日蓮聖人の弘教は身命を捨てた慈悲の実践であったのである。

日蓮聖人の知った「これ」とは、法華経こそが釈尊の真実経であり、その法華経が末法に弘まり一切の人々を救済すること、および、釈尊の本意に違背した社会の現実（謗法の充満）をいう。教を知り、教と時との必然を知り、謗法の現実を知った日蓮聖人は、一切衆生の救済のために不退転の決断をしたのである。「知れる者」とは、日蓮聖人にとっては不惜身命の慈悲の実践者を意味した。

日蓮聖人を立ち上がらせたものは言うまでもなく釈尊であった。日蓮聖人は自身に注がれている釈尊の眼差しを強く意識していた。日蓮聖人は『下山御消息』に「仏の諫暁を重んずる上」と述べている。「仏の諫暁」という表現に、仏の意思を絶対と受け止めている日蓮聖人の姿勢が表れている。日蓮聖人は釈尊への絶対の信に生きるゆえに難持の法華経に立ち上がったのである。

2　忍難と慈勝

日蓮聖人の提唱する法華経信仰は、日蓮聖人の個人的な思惟から生まれたものではない。釈尊から天台大師・伝教大師を経由して日蓮聖人に伝承された正統な法華経信仰の系譜に位置付けられるものである。釈尊は法華経能説の教主であり、天台大師は教観二門にわたって法華仏教を体系付け、伝教大師は日本に一乗仏教を興隆して大乗円頓戒壇を創設した。その三国の三師を承けて、日蓮聖人は末法時・日本国に生を受けたのである。

法華経の弘通が大難と共にあることは経文のとおりである。在世には九横の大難、滅後には在世にも増した大難が襲いかかる。

前三師と日蓮聖人との必然的相異は、末法という時にある。末法ゆえに法難はいっそう切実なものとなって弘通者に襲いかかる。ここにおいて、日蓮聖人は末法に法華経を弘通する自身の特異性を誇示する。


『開目抄』

日蓮が法華経の智解は天台・伝教には千万が一分も及事なけれども、難を忍び慈悲すぐれたる事をそれをもいだきぬべし(37)。


『開目抄』

又云、数々見擯出等云云。日蓮法華経のゆへに度々ながされずば数々の二字いかんがせん。此の二字は天台・伝教いまだよみ給はず。況余人をや。末法の始のしるし、恐怖悪世中の金言のあふゆへに、但日蓮一人これをよめり(38)。


『種種御振舞御書』

仏滅度後二千二百余年が間、恐は天台智者大師も一切世間多怨難信の経文を行じ給はず。数数見擯出の明文は但日蓮一人也(39)。


『報恩抄』

此功徳は伝教・天台にも超へ、龍樹・迦葉にもすぐれたり(40)。

『諫暁八幡抄』

天台・伝教の御時は時いまだ来ざりしかども、一分の機ある故、少分流布せり。何況今は已に時いたりぬ。(41)

法華経の智解においては、天台大師や伝教大師には一分も及ばないが、末法に生まれて法華経を弘め、経文に預言されたとおりの大難に値遇してこれを忍ぶことにおいては、日蓮は、天台大師や伝教大師に勝るという。このように、日蓮聖人は、値難色読においては先師を超えたとし、これを「慈悲のすぐれたる事」と述べている。

すなわち、日蓮聖人は、大難忍受と慈悲の実践においては、天台大師や伝教大師を超えたとの自覚を得るにいたったのである。

3　願兼於業の代受苦

日蓮聖人は、自身の捨身の法華経弘通を同苦・代受苦の慈悲行と認識し、その実践に未来の救いを見ていた。

『開目抄』

例せば小乗の菩薩の未断惑なるが願兼於業と申して、つくりたくなき罪なれども、父母等の地獄に堕て大苦をうくるを見て、かたのごとく其の業を造て、願て地獄に堕て苦に同苦に代れるを悦

びとするがごとし。此も又かくのごとし。当時の責はたうべくもなけれども、未来の悪道を脱すらんとをもえば悦なり。(42)

『諫暁八幡抄』

此を日蓮此にて見ながらいつわりをろかにして申ずば倶堕地獄の者となて、一分の科なき身が十方の大阿鼻地獄を経めぐるべし。いかでか身命をすてざるべき。涅槃経云、一切衆生受二異苦一悉是如来一人苦等云云。日蓮云、一切衆生同一苦悉是日蓮一人苦と申べし。(43)

『開目抄』の「願兼於業」は、法華経法師品の「当知、是人自捨清浄業報於我滅度後、愍衆生故、生於悪世広演此経(44)」（まさに知るべし、この人は自ら清浄の業報を捨てて、我が滅度の後に衆生を愍れむがゆえに悪世に生まれて、広くこの経を演ぶるなり）の経文を釈した『法華文句記』巻八の文(45)である。妙楽大師湛然は、法師品所説の悪世の弘経を「悲願の業生」と解釈したのである。日蓮聖人はこれを承けて、伏惑行因の小乗の菩薩が修す同苦・代受苦の慈悲行に、大難を堪え忍ぶ自身の姿を重ね見た。そのゆえに、同苦・代受苦の慈悲行に生きる小乗の菩薩の悦びは、末法今時に捨身の慈悲行に生きる日蓮の悦びにほかならないのである。このように日蓮聖人は、今生の忍難に後生の救いを確信し法悦を噛み締めるのである。

『諫暁八幡抄』は、「申さない」場合の罪の甚大さをあげ不惜身命の決意を述べ、『涅槃経』迦葉菩薩品所説の「如来一人の苦(46)」の文を受けて、一切衆生が受ける「同一の苦」は「日蓮一人の苦」であるとしている。自身の法華経弘通を如来の代受苦と対比し、一切の人々の苦悩を代わって受けている自身の値難の意義を明かし、如来の慈悲行に生きる日蓮聖人の使命感を表明している。

4　慈悲と誓願

仏の慈悲に生きるものは、菩薩の行を修す者である。日蓮聖人は法華経を弘通するために不退転の誓いを立てた。それは仏の慈悲を体現する菩薩としての誓願である。

『開目抄』

詮するところは天もすて給、諸難にもあえ、身命を期とせん。身子が六十劫菩薩行を退せし、乞眼の婆羅門の責を堪ざるゆへ。久遠大通の者の三五の塵をふる、悪知識に値ゆへなり。善に付け悪につけ法華経をすつるは地獄の業なるべし。本願《もと》を立。日本国の位をゆづらむ、法華経をすて丶観経等について後生をご（期）せよ。父母の頚を刎、念仏申さずわ。なんどの種々の大難出来すとも、智者に我義やぶられずば用じとなり。其外の大難、風の前の塵なるべし。我日本の柱とならむ、我日本の眼目とならむ、我日本の大船とならむ、等とちかいし願、やぶるべからず。(47)

いかなる大難にも屈することなく、身命をなげうって法華経を弘通することを、日蓮聖人は誓った。その誓いは、法華経の虚空会で三仏に滅後の弘経を誓った本化地涌菩薩の誓いを末法の今時に再現したものであった。

柱・眼目・大船は、『開目抄』の文脈から推すると主・師・親の三徳を意味する。主・師・親の三徳は、一切衆生の尊敬すべき徳目であり、究極的には本仏釈尊のみに具足する。本化上行菩薩としての自覚に立った日蓮聖人は、本仏釈尊の功徳を受得し、本仏釈尊の慈悲を実現する者としての認識の中で、一切の人々のために柱・眼目・大船として生きることを誓ったのである。(48)

5 題目弘通と慈悲の実践

末法において一切衆生を成仏せしめる法華経とは要法の題目である。その主な論理は如来寿量品の治子良薬や如来神力品の結要付属などに求められ、日蓮聖人は『観心本尊抄(49)』や『曾谷入道殿許御書(50)』等に説示している。

日蓮聖人にとって、末法に法華経を弘通することは要法の題目を弘通することを意味していた。

『種種御振舞御書』

仏滅後二千二百二十余年が間、迦葉・阿難等、馬鳴・龍樹等、南岳・天台等、妙楽・伝教等だにもいまだひろめ給ぬ法華経の肝心、諸仏の眼目たる妙法蓮華経の五字、末法の始に一閻浮提にひろまらせ給べき瑞相に日蓮さきがけしたり。(51)

『種種御振舞御書』

今日蓮は末法に生て妙法蓮華経の五字を弘てかゝるせめ（責）にあへり。(52)

『諫暁八幡抄』

今日蓮は去建長五年癸丑四月二十八日より、今弘安三年太歳庚辰十二月にいたるまで二十八年が間、又他事なし。只妙法蓮華経の七字五字を日本国の一切衆生の口に入とはげむ計也。此即母の赤子の口に乳を入とはげむ慈悲也。(53)

『撰時抄』

答云、迦葉・阿難等の弘通せざる大法、馬鳴・龍樹・提婆・天親等の弘通せる事、前の難に顕たり。又龍樹・天親等の流布し残給る大法、天台大師の弘通し給事又難にあらわれぬ。又天台智者大師の弘通し給はざる円頓の大戒、伝教大師の建立せさせ給事又顕然也。但し詮と不審なる事は仏は説き尽し給ども、仏滅後に迦葉・阿難・馬鳴・龍樹・無著・天親乃至天台・伝教のいまだ弘通しましまさぬ最大の深秘の正法、経文の面に現前なり。此深法今末法の始、五五百歳に一閻浮提に広宣流布すべきやの事不審無極なり。問、いかなる秘法ぞ。先名をきき、次に義をきかんとをもう。此事もし実事ならば釈尊の二度世に出現し給か。上行菩薩の重涌出せるか。いそぎいそぎ慈悲をたれられよ。(54)

題目の弘通は値難と共にある。その値難の題目弘通に日蓮聖人は慈悲の実践を見た。したがって、日蓮聖人にとって、題目の弘通は仏の慈悲の実践者である本化上行菩薩としての誓願行に生きることを意味していた。

人々を利益する仏の教えは時代によって異なる。滅後正法時の前五百年間は迦葉・阿難等が小乗の教えを弘通し、後五百年間は馬鳴・龍樹・提婆・天親等が権大乗の教えを弘通する。像法時にはまず天台大師が出現し円慧（教門の五時八教）・円定（観門の一念三千）を説き、次に伝教大師が出現して円戒（大乗円頓戒）を明かし、実大乗（法華経）を弘通する。末法時に入ると、法華経虚空会において三仏の付属を被った本化上行菩薩が出現し、最大深秘の正法（本門の三大秘法）を弘通する。

このように、所弘の法は、それぞれの時代において、受持弘通の人師を得て、小乗から大乗へ、大乗から実大乗（法華経）へ、実大乗（法華経）から本門法華経（題目）へと移り変わっていく。したがって、末法の時代においては、本化上行菩薩の自覚に立った値難の行者が、要法の題目五字七字を弘め、仏の慈悲を実現するのである。

6　慈悲広大

日蓮聖人の値難の題目弘通は、日蓮聖人の慈悲の発露である。末法悪世の弘教のゆえに法難も甚大である。法難が甚大であるゆえに忍受のためには絶大な信力が必要となる。信力が絶大であるゆえに功徳も大きい。

『報恩抄』

日蓮が慈悲曠大ならば、南無妙法蓮華経は万年の外未来までもながるべし。日本国の一切衆生の盲目をひらける功徳あり。無間地獄の道をふさぎぬ。此功徳は伝教・天台にも超へ、龍樹・迦葉にもすぐれたり。極楽百年の修行は穢土の一日の功に及ばず。正像二千年の弘通は末法一時に劣るか。是はひとへに日蓮が智のかしこきにはあらず。時のしからしむる耳。春は花さき、秋は菓なる、夏はあたゝかに、冬はつめたし。時のしからしむるに有ずや(55)。

日蓮聖人は、自身の題目弘通の功徳は先師よりも勝れるとしている。それは「日蓮が智のかしこき」故ではない。一には教、二には時の故である。題目は久遠釈尊の因果の功徳であり重病者の良薬である。末法は悪機充満の故に正法の弘通には多大な困難が伴う。困難な修行である故に功徳も多い。すなわち、題目という教と末法という時とが出会うことによって、その受持弘通に、先師に勝る莫大な功徳が生まれたのである。

「広大」なる日蓮聖人の慈悲は、日蓮聖人自身から生じたものではない。末法の衆生に「毎自の慈念」を寄せる久遠釈尊の大慈悲が、本化上行菩薩の自覚者である日蓮聖人において顕現したのである。

五　むすび

法華経における慈悲の用例は、仏の衆生教化の徳目と仏の教えを受持弘通する信行者の徳目の二つに大別することができる。

日蓮聖人はその両方の意味で受容しているが、日蓮聖人における特色は、自身を、仏の命を受けた慈悲の実践者としていることである。日蓮聖人は仏の教えをただ単に学び解釈するのではなく、仏の教えに身心を投入し仏の真実を現実の社会に実現していこうとした。そのために、経文の預言のごとく数々の法難に遭遇することとなった。日蓮聖人は、値難を真実の法華経の行者であることの証であると受け止め、忍難の功徳においては先師を凌ぐとさえ考えた。本化上行菩薩の自覚に立った日蓮聖人は、仏の慈悲を担う者として、仏の三徳を自身になぞらえ、不退転の誓願を立てて、題目の弘通に身を挺していったのである。文応元年（一二六〇）の『立正安国論』の上進を始めとする三度の国家諫暁や諸宗に対する批判などはすべて、日蓮聖人における慈悲の具体的実践であったのである。その日蓮聖人の実践において仏の慈悲が現実社会に実現し、一切衆生の未来永劫にわたる救いが約束されたのである。

註

（1）『正蔵』第一二巻四五二頁c～四五四頁c。
（2）『正蔵』第二五巻二〇九頁a～二五七頁b。
（3）『正蔵』第九巻二〇頁a。
（4）『開結』二一三頁。
（5）『正蔵』第九巻二三頁b。
（6）『開結』二四二頁。

(7)『正蔵』第九巻二四頁a。
(8)『開結』二四九頁。
(9)『正蔵』第九巻二六頁b。
(10)『開結』二七〇頁。
(11)『正蔵』第九巻三一頁c。
(12)『開結』三一七頁。
(13)『正蔵』第九巻三二頁a。
(14)『開結』三一九頁。
(15)『正蔵』第九巻三四頁c。
(16)『開結』三四六頁。
(17)『正蔵』第九巻三五頁b。
(18)『開結』三五二頁。
(19)『正蔵』第九巻三八頁b。
(20)『開結』三八〇〜三八一頁。
(21)『正蔵』第九巻三九頁a。
(22)『開結』三八七頁。
(23)『正蔵』第九巻三九頁b。
(24)『開結』三八八頁。
(25)『正蔵』第九巻五二頁c。
(26)『開結』五〇八頁。
(27)『正蔵』第九巻五九頁c。

(28)『開結』五七四頁。
(29)『正蔵』第九巻六一頁c。
(30)『開結』五九五頁。
(31)『昭定』五七五頁。曾。
(32)『昭定』九九九頁。真。
(33)『昭定』七二〇頁。真。
(34)『昭定』五五六〜五五七頁。曾。
(35)『昭定』八九〇頁。真。
(36)『昭定』一三二一頁。真。
(37)『昭定』五五九頁。曾。
(38)『昭定』五六〇頁。曾。
(39)『昭定』九七一頁。曾。
(40)『昭定』一二四九頁。真断簡。
(41)『昭定』一八四四頁。真断簡・曾。
(42)『昭定』五六〇〜五六一頁。曾。
(43)『昭定』一八四七頁。真断簡・曾。
(44)『正蔵』第九巻三〇頁c。
(45)『正蔵』第三四巻三〇六頁a。
(46)『正蔵』第一二巻五九〇頁b。
(47)『昭定』六〇一頁。曾。
(48)『開目抄』には「日蓮は日本国の諸人にしたし父母なり」(『昭定』六〇八頁。曾。)とある。

(49)『昭定』七一七頁。
(50)『昭定』九〇二頁。
(51)『昭定』九六二頁。曾。
(52)『昭定』九七一頁。曾。
(53)『昭定』一八四四頁。真断簡・曾。
(54)『昭定』一〇二九頁。真。「上行菩薩の重涌出せるか」の所は真蹟には「浄行菩薩の重涌出せるか」とある。
(55)『昭定』一二四八〜一二四九頁。真断簡。

第六章　日蓮聖人の代受苦思想

一　はじめに

日本の鎌倉時代に生を享けた日蓮聖人（一二二二～一二八二）は、天福元年（一二三三）、安房国の清澄寺に入り、四年後の嘉禎三年（一二三七）に十六歳で出家した。日本の仏教界に多大な影響を与えた各宗の祖師を一瞥すると、日蓮聖人が出家した年は、浄土宗の祖である法然上人滅後二十五年、臨済宗の祖である栄西禅師滅後二十二年に当る。浄土真宗の祖である親鸞聖人は六十五歳、曹洞宗の祖である道元禅師は三十八歳であった。時宗の祖である一遍聖人はこれより三年後に誕生される。後世、鎌倉仏教と称される日本仏教の基礎を築いていった各宗の諸師の中では、日蓮聖人の活動は比較的後期に当たる。

清澄寺での勉学から数えて二十年間、日蓮聖人は至心に仏道を求めた。その研鑽は故郷の安房国はもとより、当時の政治の中心であった新興の地鎌倉、日本の伝統的文化の中心地奈良・京都、そして日本の仏教界に大きな地盤を形成していた天台宗の比叡山延暦寺・三井園城寺、真言宗の高野山金剛峯寺など、多方面に及んだ。その地域や寺院が示すとおり、求道の法門は南都六宗、天台宗、真言宗、そして日本に新しい息吹をもたらした浄土宗、禅宗など諸宗にわたる。この二十年間に、日蓮聖人がいかに広範囲の学問を研修していたかは、後に日蓮聖人が書きあらわした多くの著書・手紙・図録などから窺うことができる。日蓮聖人が研鑽した学問は、仏教に限らず、インド・中国・日本を中心とした各国の宗教・歴史・政治・経済・法制・生活・故事など驚くほど多岐にわたっている。燃え立つような意欲をもって、日蓮聖人は青年時代を勉学に打ち込んだのである。

建長五年（一二五三）四月二十八日、日蓮聖人は久かたに故郷に帰り、出家得度の地清澄寺において、長年の研鑽の結果を公表し、自らの進むべき道を告白した。日蓮聖人三十二歳の時である。これが後に立教開宗と称せられる日蓮聖人の独自な宗教活動の出発の日となるのである。奇しくもこの年、道元禅師は京都において五十四歳の生涯を終え、鎌倉では道隆が建長寺を開いた。親鸞聖人は八十一歳、京都の地で老熟した本願念仏の教えを説き続けていた。

日蓮聖人が到達した教えは法華経であった。しかもそれは、末法の世を明るく照らす法華経本門に立脚した題目信仰であった。日蓮聖人は釈尊の真実の教えを求めて諸宗の研鑽に励んだ。純心に釈尊の教えに耳を傾け、釈尊の御意に立脚して仏教を受けとめていくと、末法の闇を照らし、永遠の救いを実現する教えは題目南無妙法蓮華経であると確信するにいたったのである。

二　題目信仰

日蓮聖人が信受した法華経本門の教えとは、久遠実成の釈尊の仏教である。久遠実成の釈尊は三世に常住し普ねく一切衆生を導利したもう。なかでも末法の衆生は深い煩悩に沈淪した重病者であるため、釈尊はことに深い慈悲を傾けて教導して下さる。末法こそ釈尊による救いの時であり、煩悩深重者ほど釈尊の救いに預るべき機である。

日蓮聖人は滅後の衆生をみそなわす釈尊の流通分の心(1)を受けとめて法華経を拝することによって、法華経に示された釈尊の末法為正の御意を信受したのである。

末法の衆生を済度したもう釈尊の慈悲の大法は題目南無妙法蓮華経である。題目南無妙法蓮華経は、法華経の如来寿量品第十六に諭顕されている良医（久遠実成の釈尊）の良薬、如来神力品第二十一で釈尊が上行等の本化地涌菩薩に別付属された要法である。日蓮聖人はこれを「一念三千の玉(2)」「釈尊の因果(3)」「仏種(4)」などと表現し、無上の功徳を有する成仏の直道であるとした。末法の衆生は題目南無妙法蓮華経を受持することによって、即身成仏し、その依報の国土もまた寂光浄土となるのである。

三　法華経の弘通

日蓮聖人は釈尊の真実の教え（題目南無妙法蓮華経）を広布するためにその生涯を捧げた。日蓮聖人の不惜身命の決意は『開目抄』の三大誓願(5)に如実に表明されている。日蓮聖人を果敢に立ちあがらせたのは滅後の弘教を要請する釈尊の金言であった。日蓮聖人が正依の経典とした法華経には次のように説かれている。

法師品第十

如来現在猶多怨嫉況滅度後(6)

見宝塔品第十一

六難九易(7)

勧持品第十三

三類の強敵(8)

安楽行品第十四

一切世間多怨難信(9)

常不軽菩薩品第二十

以杖木瓦石而打擲之(10)

あるいは日蓮聖人が釈尊の遺言として重要視した『涅槃経』の如来性品には次のように説かれている。

寧喪身命終不匿王所説言教(11)

この経文を章安大師潅頂は『涅槃経疏』に「身軽法重死身弘法[12]」と釈している。

これらの経論を、釈尊による滅後弘経の諫勅と受けとめた日蓮聖人は、釈尊の御意に随順し、死身弘教の信に生きたのである。

立教開宗以来、日蓮聖人は生涯にわたって数々の迫害をその身に被った。なかでも弘長元年（一二六一）の伊豆流罪と文永八年（一二七一）の佐渡法難は、「数々見擯出遠離於塔寺[13]」と説く法華経勧持品の文の色読となり、日蓮聖人に法華経実践者としての不動の確信を与えた。片瀬龍口における斬首の危機的体験も加わり、日蓮聖人は如説に法華経を行ずる如来所遣の使者[14]としての自覚を強固なものとしていったのである。

法華経は、滅後の世を明かるく照らす教法とその弘教者を明確に預言している。如来神力品第二十一に顕説された結要の大法（要法の題目南無妙法蓮華経）と別付属された菩薩（本化地涌菩薩）がそれである。日蓮聖人は本化地涌菩薩の中でも最上首である上行菩薩の自覚[15]に立って法華経を色読し、要法の題目を弘宣していった。

四　慈悲の実践

日蓮聖人の法華経弘通は、釈尊の御意を受け、釈尊の慈悲行をその身を通して具現化することであった。

釈尊は法華経如来寿量品第十六に「毎自作是念以何令衆生得入無上道速成就仏身[16]」と、一切衆生を成仏せしめるための悲願を説示されている。この毎自の悲願に乗じて、一切衆生の成仏が約束されているのである。如来寿量品の譬説で、良医が「今留在此[17]」した「良薬」は、まさしく父なる釈尊の広大にして無限なる慈悲の功徳聚にほかならない。

釈尊の悲願を自らの願業と受けとめた日蓮聖人は、数々の迫害をものともせず釈尊の慈悲の題目を弘通することに努めた。生涯にわたる三度の国家諫暁を「三度のかうみやう（高名）[18]」と表明した『撰時抄』には、「此の三の大事は日蓮が申シたるにはあらず。只偏に釈迦如来の御神《みたましい》我身に入リかわせヒ給けるにや。我身ながらも悦び身にあまる。法華経の一念三千と申ス大事の法門はこれなり[19]」と、釈迦如来が日蓮の身を通して行なったことであると述べ、その法悦を吐露している。

三大秘法を表明した『報恩抄』には、「日蓮が慈悲曠大ならば、南無妙法蓮華経は万年の外《ほか》未来までもながるべし。日本国の一切衆生の盲目をひらける功徳あり。無間地獄の道をふさぎぬ。此功徳は伝教・天台にも超へ、龍樹・迦葉にもすぐれたり。極楽百年の修行は穢土の一日の功に及ばず。正像二千年の弘通は末法ノ一時に劣るか。是はひとへに日蓮が智のかしこきにはあらず。時のしからしむる耳[20]」と、題目の功徳の絶大性と時の必然性について教示している。同類の文は、自身の法華経の行者としての確信を叙述した『開目抄』に、「日蓮が法華経の智解は天台伝教には千万が一分も及ぶ事なけれども、難を忍び慈悲ノすぐれたる事ハをそれをもいだきぬべし[21]」と、天台・伝教両大師との比較の中で、両大師を「智解」、自身を「忍難慈勝」と位置付けている。日蓮聖人は、釈尊の時空を超えた慈悲の世界を自身の生きるべき世界と受けとめたのである。釈尊の慈悲に生きることは釈尊の御意に生きることであり、それは釈尊の大法に生きることであり、釈尊の因果を生きることであり、釈尊の生命《いのち》として生きることでもあった。それは先師のだれもが実現しなかった未曾有の仏事であり、その具現化は法華経の必然の歴史として、すでに末法今時に予定されていたのである。

五　代受苦

日蓮聖人の慈悲の実践は、代受苦にその特色をみることができる。『祈祷鈔』には「諸大菩薩は本より大悲代受苦の誓ヒ探し。仏の御諫なしともいかでか法華経の行者を捨テ給べき(22)」と、諸大菩薩は代受苦に生きる深い誓願を立てているゆえに、仏の諫の言葉がなくとも法華経の行者を見捨てるようなことは決してありえない、と述べられている。このことは日蓮聖人が、代受苦は一切衆生の得益に生きる菩薩の重要な実践徳目であると認識していたことを意味する。『祈祷鈔』では、法華経の行者を守護すべき諸大菩薩の誓願行として代受苦に触れている。この一節は、法華経の行者として生きることによる得益の確信を表明したものである。

ひるがえって、法華経信仰者としての自身の姿を、法華経弘通史上に位置付けた時、日蓮聖人は自らが代受苦の大悲に生きる者であるとの確信をも同時に深めていった。

『諫暁八幡抄』では、善無畏等の三三蔵と弘法等の三大師の法華経誹謗とその教化を受けた人々の堕獄を指摘した文中に次のように述べられている。

此を日蓮此にて見ながらいつわりをろかにして申サずば倶ニ堕地獄の者となて、一分の科なき身が十方の大阿鼻獄を経めぐるべし。いかでか身命をすてざるべき。涅槃経ニ云ク、一切衆生ノ受クルハ二異ノ苦一ヲ悉ク是如来一人ノ苦ナリ等云云。日蓮云ク、一切衆生ノ同一ノ苦ハ悉ク是日蓮一人ノ苦と申スべし。(23)

法華経信仰を通して、謗法堕獄の現実を知った日蓮聖人は、その解決のために、身命を捨てないではいられないとの決意を表明している。人々の堕獄の苦を、一身に荷う日蓮聖人の信仰姿勢を示したものといえよう。

この時、日蓮聖人の脳裏に鮮明に浮かんだ経文が、次下にあげられた『涅槃経』の迦葉菩薩品の文である。

見二衆受苦一如二己苦一、雖下為二衆生一処中地獄上不レ生二苦想及悔心一。一切衆生受二異苦一、悉是如来一人苦、覚已其心転堅固、故能勤二修無上道一。仏具二一味大慈心一、悲二念衆生一如二子想一。(24)

一切衆生の苦を自身の苦と受けとめる如来の大慈悲を『涅槃経』に聞信した日蓮聖人は、これを法華菩薩道の基本精神と受けとめた。そして、謗法堕獄の人々を済度することを、仏の教えに生きる者の使命とした日蓮聖人は、この経文の実現を自身に問い糺したのである。一切衆生の苦を「日蓮一人の苦」と表明した日蓮聖人の心中には、釈尊の大悲を歩む者としての強い決意と深い思いとがあったものと思われる。

釈尊の代受苦が「一切衆生の異の苦」であるに対し、日蓮聖人は自身の代受苦を「一切衆生の同一の苦」と表記している。『諫暁八幡抄』の筆蹟を見ると、日蓮聖人は、「日蓮云く一切衆生受一苦悉是日蓮一人苦と申へし[25]」と書いた後に、「受」を「同」と訂正していることがわかる。これは『涅槃経』の文に順じて「一切衆生受」と書き、ことさらに意識して、「受」を「同」と訂正したものと思われる。したがって、如来が代受苦される「一切衆生の異の苦」に対し、日蓮聖人は意図的に、自身の代受苦を「一切衆生の同一の苦」と表現したものと思われるのである。[26]

「異の苦」とは、人々の個別の苦悩、「同一の苦」とは人々が共通して背負っている苦悩を指すものと思われる。したがって、「異の苦」は個人の苦悩、「同一の苦」は社会の苦悩であるとみることができよう。

日蓮聖人は末法の世の人々が共通して直面している謗法の罪とそれによってもたらされる堕獄の苦悩を「一切衆生の同一の苦」と受けとめたのである。

現実の社会に仏の浄土を顕現することをめざした立正安国の実現を生涯の課題とした日蓮聖人にとって、末法の世を覆う謗法堕獄の苦に立ち向かい、苦の深みに自らの身を置くことは、釈尊の慈悲に生きる者としての当然の道であったのである。

社会の現実と法華経の教えとのはざまに立って、日蓮聖人は懊悩し、奮気し、果敢に立ちあがった。

『開目抄』はそのような日蓮聖人の心境を吐露した信仰告白の書である。

法華経弘通の身に被る数々の大難を、経文色読の悦びとして受けとめていった日蓮聖人は、『開目抄』に小乗の菩薩の代受苦をあげ、自身の信仰姿勢を照射している。

経文に我が身普合せり。願兼於業と申して、つくりたくなき罪なれども、父母等の地獄に堕て大苦をうくるを見て、かたのごとく其の業を造つて、願て地獄に堕て苦に同シ苦に代ハれるを悦びとするがごとし。此も又かくのごとし。当時の責はたうべくもなけれども、未来の悪業を脱すらんとをもえば悦フなり。(27)

日蓮聖人は、伏惑（未断惑）ながらなお衆生救済に身を投じる小乗の菩薩の姿を「願兼於業」に見い出し、その善業に、経文に「普合」した自身との共通性を確信したのである。

「願兼於業」は、妙楽大師湛然が『法華文句記』において法華経法師品第十の一節を釈した文である。

法華経法師品第十には次のように説かれている。

薬王、当レ知是人自捨二清浄業報一於二我滅度後一愍二衆生一故生二於悪世一広演二此経一。(28)

この法華経を受持し供養する者は、衆生を哀愍するがゆえに、自らの清浄の業報を捨てて仏滅後の悪世に生まれ、広く人々のために法華経を説くというのである。

この経文を天台大師智顗は『法華文句』に

次薬王当知是人自捨清浄業報此明二上品功報一也[29]。

と釈し、滅後悪世の弘経を上根の功徳の果報であるとしている。

これを受けて妙楽大師湛然は

次薬王至二是人自捨清浄一者悲願牽故仍是業生。未レ有二通応一願兼二於業一。具如二玄文眷属中説一[30]。

と釈したのである。

滅後の悪世に法華経を説く人は悲願をもって業生した者であるという。妙楽大師はことさら通生でも応生でもなく「願兼於業」であると強調している。天台大師が「上品の功報」（りっぱな人のりっぱな行為）と釈したのに対し、妙楽大師は経文の「自捨清浄業報」「愍衆生故」に心を置いて「悲願の業生」であることに経文の意図を読みとったのである。

『法華玄義』の眷属妙には理性眷属（理性の一切衆生）、業生眷属（過去の業によって生ずる者）、願生眷属（願を発して生ずる者）、通生眷属（神通力をもって生ずる者）、応生眷属（衆生の求めに応じて生ずる者）の五種の眷属が説かれている[31]。妙楽大師が通生でも応生でもなく業生であるとしたのは、言うまでもなく経文の「自捨清浄業報」を受けたものである。妙楽大師はそこに滅後弘経者の深い慈悲をみたものと思われる。

業には善もあれば悪もある。滅後の法華経弘通者は、清浄なる善業を身に帯しながら、あえてこれを捨棄し、悪性に生まれ、悪業の衆生の救いに身を挺すのである。そのかたじけなさを妙楽大師は

「悲願牽故」「願兼於業」と表現したのである。

その心を受けとめた日蓮聖人はこれを「かたのごとく其の業を造て、願て地獄に堕て苦に同シ苦に代ハれるを悦びとするがごとし」と釈し、その行化を自身に照らし、「此も又かくのごとし」と両者の同一性を表明したのである。

現身に被る諸難は堪えがたい。それは自身の肉体にふりかかるだけではなく、長年、心を一つにしてきた多くの門下の人々にまで及ぶ。その苦痛が日蓮聖人の心を襲い続ける。

しかしながら、それらの受苦が未来の得道を約束するものであるゆえに、日蓮聖人はこれを「悦び」と受けとめ、代受苦の実践に身を浸していったのである。

六　免罪と滅罪

日蓮聖人にとって、代受苦の慈悲行は、免罪と滅罪の意義を含んでいた。

免罪とは滅後の弘経を命じ賜う「仏の諫暁」を免れることと、謗法者を呵責しないことから生じる与同罪を免れることである。

滅罪とは、値難の苦を通して過去世の罪を転重軽受することである。

代受苦の慈悲行を実践することによって、日蓮聖人は法華経の行者としての責任をまっとうしていった。それは滅後弘教を命ぜられた釈尊の勅命に随順することである。

日蓮聖人は釈尊の勅命を「仏の諫暁」と受けとめ、その勅命の実践に法華経信仰者の救いを見たのである。

『開目抄』では見宝塔品の三箇の勅宣（付属有在、令法久住、六難九易）と提婆達多品の二箇の諫暁（悪人成仏、女人成仏）をあげて、これを「五ケの鳳詔」と述べ、(32)『観心本尊抄』では、見宝塔品の「広説妙法華経」の文をあげて、「諫暁」と表現している。(33)また、『報恩抄』では『涅槃経』如来性品の「寧喪身命不匿教者」、法華経勧持品の「我不愛身命但惜無上道」の文をあげて、「仏の諫暁」、仏の「いさめ」とし、日蓮聖人自身の法華経弘通の決意を表明している。(34)

このように、滅後弘教の勅命を「仏の諫暁」と受けとめた日蓮聖人は、値難を通して、自身を、「仏の諫暁をまぬがれた者」として意義付けていった。

それが『撰時抄』に表明された「三度のかうみやう」（三度の国家諫暁）とそこに涌き出る法悦であった。

日蓮聖人にとって、「仏の諫暁」を免れる道が、仏の代受苦の慈悲行としての国家諫暁でもあったのである。

次に、与同罪について、『涅槃経』の寿命品には壊法者を呵責しない者は「仏法の中の怨」、呵責する者は真の仏の弟子であると説かれている。(35)日蓮聖人は『立正安国論』にこの文を引いて、「余雖レ不レ為ニラ善比丘之身一為レ遁ニレンカ仏法中怨之責一ヲ唯撮ニ大綱一示ニ一端一」と述べている。(36)

日蓮聖人遺文中、同趣旨の文は『守護国家論(37)』『災難興起由来(38)』『災難対治鈔(39)』『開目抄(40)』『真言諸宗違目(41)』『大田殿許御書(42)』『頼基陳状(43)』『立正安国論(44)』（広本）などにも見られる。

謗法者を呵責しない者は「仏法の中の怨」であり、誹法者に与同する者であるとの自覚にもとづき、日蓮聖人は与同罪を免れるためにも、法華経の弘通に立ちあがらないではいられなかったのである。「仏の諫暁」、および「仏法中怨」の罪と与同罪とを免れることと同時に、罪を消滅するという意識が日蓮聖人にはあった。

『涅槃経』梵行品には転重軽受の法門が説かれている(45)。現世に「身を修し戒を修し心を修し、梵を修す」ことによって、過去世の罪を消滅し、軽く受ける、との教えである。

日蓮聖人はこれを『大般泥洹経』の教説および法華経常不軽菩薩品の「其罪畢已(46)」の文と重ね合わせて、今生の法華経弘通上に被る難によって、宿罪が消滅するとし、今生の値難の意味とその功徳を説いている。

『転重軽受法門』には次のように示されている。

> 涅槃経に転重軽受と申《ス》法門あり。先業の重き今生につきづして未来に地獄の苦を受《ク》べきが、今生にかかる重苦に値《セ》候へば、地獄の苦《ミ》はつときへて、死《ニ》候へば人・天・三乗・一乗の益をうる事《ノ》候。不軽菩薩の悪口罵言せられ、杖木瓦礫をかほるも、ゆへなきにはあらず。過去の誹謗正法のゆへかとみへて、其罪畢已と説《レ》て候は、不軽菩薩の難に値ゆへに、過去の罪の滅《スル》かと

みへはんべり(47)。

このほか『開目抄(48)』『兄弟鈔(49)』『太田入道殿御返事(50)』などにも、くり返し日蓮聖人は、自身の過去世の罪と今生における値難の意味とについて述べている。

このように、日蓮聖人にとって、法華経弘通上の受苦は、宿罪を転重軽受する滅罪の意味をもっていたのである。

七　むすび

日蓮聖人は、法華経の弘通にその生涯を捧げた。それは法華経を法華経の教えの如く信ずることであり、法華経に捨身することであった。

そこに日蓮聖人は限りない法悦を見い出した。このことを日蓮聖人は、『開目抄』に「御勘気をかほればいよいよ悦《ヒ》をますべし(51)」「未来の悪道を脱すらんとをもえば悦《フ》なり(52)」「日蓮が流罪《ハ》今生《ノ》小苦なればなげかしからず。後生には大楽をうくべければ大に悦《ハ》し(53)」などとくり返し表白している。今生の受苦を後生の大楽と受けとめた日蓮聖人は、法華経信仰に霊山浄土への往詣を確信していたのである。

その不動の信念が、日蓮聖人の代受苦の慈悲の実践を支えていたことは言うまでもない。

日蓮聖人にとって代受苦の慈悲行は、仏の勅命への随順であり、それによってもたらされる数々の法難は正統な法華経修行者としての証であり、免罪と滅罪とをともなう釈尊による救いの確かな保証でもあったのである。

註

(1)『法華取要抄』『昭定』八一三頁。逆読法華の文参照。
(2)『開目抄』『昭定』六〇四頁。
(3)『観心本尊抄』『昭定』七一一頁。
(4)『観心本尊抄』『昭定』七一一頁、『曾谷入道殿許御書』『昭定』八九七頁。
(5)『開目抄』『昭定』六〇一頁。
(6)『開結』三一一〜三頁。
(7)『開結』三三八〜四一頁。
(8)右同　三六一〜三頁。
(9)右同　三八五〜六頁。
(10)右同　四九〇頁。
(11)『正蔵』第一二巻四一九頁a。
(12)右同　第三八巻一一四頁b。
(13)『開結』三六五頁。
(14)法師品第十　『開結』三〇九頁。
(15)拙稿「日蓮聖人の上行自覚について」(『大崎学報』第一五三号所収)参照。
(16)『開結』四二九頁。

(17) 右同　四二四頁。
(18) 『撰時抄』『昭定』一〇五三頁。
(19) 右同　一〇五四頁。
(20) 『報恩抄』『昭定』一二二四～九頁。
(21) 『開目抄』『昭定』五五九頁。
(22) 『祈祷鈔』『昭定』六七六頁。
(23) 『諫暁八幡抄』『昭定』一八四七頁。
(24) 『正蔵』第一二巻五九〇頁b。
(25) 『日蓮聖人真蹟集成』第九巻一二三頁。
(26) なお、『日蓮聖人御遺文』（霊艮閣版）、『高祖遺文録』『録内御書宝暦修補本』では、ここを「受一切苦」と記している（『昭定』一八四七頁脚註）。
(27) 『開目抄』『昭定』五六〇～一頁。
(28) 『開結』三〇七～八頁。
(29) 『法華文句会本』第三巻五八丁右。『天全』法華文句第四巻一八五二頁。
(30) 『法華文句記』第二巻五八丁左。『天全』法華文句第四巻一八五二頁。
(31) 『法華玄義会本』第六巻下一七丁右。『天全』法華玄義第四巻一七三頁。
(32) 『開目抄』『昭定』五八二～九〇頁。
(33) 『観心本尊抄』『昭定』七一五頁。
(34) 『報恩抄』『昭定』一一九八・一二三六～七頁。
(35) 『正蔵』第一二巻三八一頁a。
(36) 『立正安国論』『昭定』二一九頁。

(37)『守護国家論』『昭定』一一八〜九頁。
(38)『災難興起由来』『昭定』一六二頁。
(39)『災難対治鈔』『昭定』一七〇〜一頁。
(40)『開目抄』『昭定』六〇七〜八頁。
(41)『真言諸宗違目』『昭定』六三八〜九頁。
(42)『大田殿許御書』『昭定』八五三頁。
(43)『頼基陳状』『昭定』一三五〇〜一頁。
(44)『立正安国論』(広本)『昭定』一四六七〜八頁。
(45)『正蔵』第一二巻四六二頁b。
(46)『開結』四九五頁。
(47)『転重軽受法門』『昭定』五〇七頁。
(48)『開目抄』『昭定』六〇〇・六〇二〜三頁。
(49)『兄弟鈔』『昭定』九二四〜五頁。
(50)『大田入道殿御返事』『昭定』一一一五頁。
(51)『開目抄』『昭定』五六〇頁。
(52)右同　五六一頁。
(53)右同　六〇九頁。

第七章　日蓮聖人における但行礼拝と生命の尊重

一　はじめに

仏教においては、生命は何よりも尊重されるべきものである。とくに大乗仏教では一切衆生に仏性を認めそこに平等なる尊厳性を見ている。仏教信仰においては、生命の本質は仏そのものの中にある。衆生の生命は仏の命の頂受であり、仏と共に仏の命を生きているのである。これを有機的存在論として表現すれば諸法実相であり、時間的推移の中で表現すれば因果であり、相依関係として表現すれば縁起ということになろう。

人間は「必死の生」を「生死一如の今」において生きているのである。宗教的信認識においては、仏の命を自身の宗教的実存において「絶対現在の今」として生きているのである。

法華経の教えの特色は一仏乗で表わされる。一仏乗は仏の教え、仏の命、仏の真実を一なる世界に見ることであり、換言すれば一切の能統一ということである。法華経迹門の二乗作仏は諸経の不成仏説や各別説を包摂し、一切を仏の世界に肯定する。二乗作仏は二乗の事例をもって悉皆成仏を教示したものであることから一切の救いの開顕にほかならない。法華経本門の久遠実成は永遠の仏を明らかにすることによって、仏の真実性、教えの真実性、浄土の真実性を教示し、一切を永遠の生命の中に抱き込む。それは永遠の救いの保証にほかならない。仏の真実性とは久遠本仏、教えの真実性とは久遠本法、浄土の真実性とは久遠本土（本時娑婆世界）の意である。法華経信仰においては成仏しないものはない。一切は仏の命の中で仏と共に生きているのである。

　法華経の常不軽菩薩品には常不軽菩薩の但行礼拝が説示されている。但行礼拝の教えとは人間の絶対の尊厳性、人間の絶対の平等性に立脚して、人間は、本来、仏であるとの確信の中で、人間そのものの本質を教示するものである。日蓮聖人は『観心本尊抄』において「不軽菩薩於㆓所見人㆒見㆓仏身㆒」[1]と述べ、「不軽菩薩は人身に仏身を見た」と釈されている。人は単に生命体として在ることによって人と言えるのではない。人は仏であるゆえに人なのである。仏としての人であるゆえに人は限りなく尊いのである。

　日蓮聖人は、題目信仰に一切の生命の肯定と尊厳と実現とを見ておられた。それは、信仰者の、題目における自己実現であり、題目が信仰者において題目となることでもある。信仰者は題目となり題目は信仰者となって融通する時、信仰者と題目は共にその本質を実現する。そこに題目信仰者の永遠の生命が開花するのである。

二　法華経常不軽菩薩品所説の但行礼拝

法華経常不軽菩薩品所説の常不軽菩薩の弘法とは、威音王仏の滅後像法時における「我深敬汝等。不敢軽慢。所以者何。汝等皆行菩薩道。当得作仏」[2]の二十四字の但行礼拝をいう。常不軽菩薩の但行礼拝に値遇した増上慢の四衆は常不軽菩薩に対して「悪口罵詈」「杖木瓦石」の迫害をなす。難を避けてなお礼拝行を修した常不軽菩薩は命終に臨み六根清浄の功徳を得、やがて功徳を成就して作仏する。それが今の釈迦牟尼仏である。常不軽菩薩に迫害を加えた増上慢の四衆は千劫の間阿鼻地獄に堕落し大苦悩を受けるが、罪を畢えて再び常不軽菩薩の教化に遇う。それが今の会中の不退転者である。法華経誹謗の罪によって堕獄し「畢是罪已」（是の罪畢へ已って）[3]再び常不軽菩薩の教化に遇う増上慢の四衆は逆縁の果報受得者である。この逆縁の教化こそが常不軽菩薩の弘法の特色であり、これを逆縁下種とするのである。常不軽菩薩は忍難弘法によって功徳を得、やがて作仏する。その成仏の背景には「其罪畢已」（其の罪畢へ已って）[4]という常不軽菩薩の滅罪が説かれている。

威音王仏の滅後像法時における能化・所化は共に罪を背負う者である。能化の菩薩は宿世の重罪を、所化の四衆は現世における法華経弘通者誹謗の重罪を背負っている。能化の宿罪は信仰的自覚の中に宿っている宗教的実存の罪であり、所化の現罪は滅後における正法弘通者誹謗の大罪である。能化の宿罪は値難を伴う二十四字の但行礼拝によって消滅し、所化の現罪は正法弘通者迫害誹謗の逆縁教化によって消滅する。両者を繋ぐものは値難と迫害であり、両者を救うものは正法法華経の功徳である。ここに常不軽菩薩として応化された釈尊の法華経が成就するのである。

三　天台大師と妙楽大師の解釈

天台大師は『法華文句』巻第十上（釈常不軽菩薩品）に「本已有善釈迦以レ小而将二護之一。本未有善不軽以レ大而強二毒之一[5]。」と釈されている。

本已有善の機には釈迦仏が小乗の教えで将護し、本未有善の機には常不軽菩薩が大乗の教えで強毒するという。本未有善の機は増上慢の四衆であり法華経弘通者に仇をなす誹謗正法者である。「悪口罵詈」「杖木瓦石」の迫害者に対する教化ゆえに、天台大師はこれを強毒と説明されたのである。強毒は『涅槃経』巻九如来性品所説の毒鼓の縁[6]に由来する。但行礼拝は単なる任運の毒鼓縁教化ではないゆえに、あえて意を強めて強毒と表現されたのである。

妙楽大師は『法華文句記』巻第十上（釈常不軽菩薩品）に「其無二善因一不レ謗亦堕。因レ謗堕レ悪必由得レ益。如二人倒レ地還従レ地起一。故以二正謗一接二於邪堕[7]一」と釈されている。

善因なき者は誹謗しないでも堕悪し、謗法者はその罪によって悪道に堕落するが謗法を縁として利益を得るとされている。誹謗正法を縁とする得益は逆縁の教化である。

『金剛錍論』には「亦可レ如二不軽喜根而強毒レ之。故首楞厳中聞生レ謗者後終獲レ益。如二人倒レ地還従レ地起[8]一」とあり、地面に倒れた者が地面から立ち上がるように、常不軽菩薩の強毒は謗法者が謗法の罪によって利益を受けることであるとされている。

このように常不軽菩薩の但行礼拝を、天台大師は『涅槃経』の毒鼓縁の法門を依用して本未有善者への強毒と釈し、妙楽大師はこれを受けて謗法堕悪者の得益と釈されたのである。天台大師は能化弘法者、妙楽大師は所化謗法者に意を置いた釈である。

四　日蓮聖人の紹継不軽跡

日蓮聖人は、法理においては天台大師・妙楽大師の解釈に立脚して常不軽菩薩の但行礼拝を受け止めていかれた。しかし、実践門においては両大師とは趣を異にされた。それは不軽菩薩の足跡を紹継していくという宗教的信念と行動である。

『波木井三郎殿御返事』には次のように述べられている。

其上仏不軽品引二自身過去現証一云爾時有二一菩薩一名二常不軽一等云云。又云悪口罵詈等。又云或以二杖木瓦石一而打二擲之一等云云。釈尊引二載我因位所行一勧二励末法始一。不軽菩薩既為二法華経一蒙二杖木一忽登二妙覚極位一。日蓮此経之故現身被二刀杖一二度当二遠流一。当来妙果可レ疑レ之乎[9]。

仏の因行としての不軽菩薩の「悪口罵詈」「杖木瓦石」の値難とその得益をあげて、自身の「刀杖」「二度遠流」体験に引き当て、「当来の妙果これを疑うべしや」と説示されている。値難と得益において、不軽菩薩（釈尊）と自身（日蓮）との共通性を指摘することによって、不軽菩薩の足跡を継承する自身の正統性を示されたものである。

『可責謗法滅罪鈔』には次のように述べられている。

二千余年の間悪王の万人に訾らるる。謀叛の者の諸人にあだまるる等。日蓮が失もなきに高きにも下きにも、罵詈毀辱刀杖瓦礫等ひまなき事二十余年也。唯事にはあらず。過去の不軽菩薩の威音王仏の末に多年の間罵詈せられしに相似たり。而も仏彼の例を引て云、我滅後の末法にも然るべし等と記せられて候に、近は日本、遠は漢土等にも、法華経の故にかゝる事有とは未聞。人は悪で是を云はず。我と是を云はば自讃に似たり。云ずば仏語を空くなす過あり。身を軽して法を重ずるは賢人にて候なれば申す。日蓮は彼の不軽菩薩に似たり。国王の父母を殺すも、民が考妣《ちちはは》を害するも、上下異なれども一因なれば無間におつ。日蓮と不軽菩薩とは位の上下はあれども、同業なれば、彼の不軽菩薩成仏し給はば日蓮が仏果疑ふべきや。彼は二百五十戒の上慢の比丘に罵れたり。日蓮は持戒第一の良観に讒訴せられたり。彼は帰依せしかども千劫阿鼻獄におつ。此は未だ渇仰せず。不知、無数劫をや経ずらん不便也、不便也。(10)

この文においても、自身と不軽菩薩との行軌等を比較し、その共通性をあげることによって自身の法華経修行の意義付けを確認されている。今の自身（日蓮）は釈尊滅後末法において「罵詈毀辱刀杖瓦礫等ひまなき事二十余年」「持戒第一の良観に讒訴せられたり」との状況の中にあり、同じく、過去の不軽菩薩は威音王仏の末において「多年の間罵詈せられし」「二百五十戒の上慢の比丘に罵れたり」という状況であった。今の自身（日蓮）と過去の不軽菩薩に共通するのは法華経弘通上の値難と法華経弘通者としての宗教的宿罪である。ゆえに「同業」であれば「日蓮は彼の不軽菩薩に似たり」「彼の不軽菩薩成仏し給はば日蓮が仏果疑ふべきや」との、得益の確信に繋がるのである。

『聖人知三世事』には次のように述べられている。

> 後五百歳以二誰人一法華経行者可レ知レ之。予未レ信二我智慧一。雖レ然自他返逆侵逼以レ之信二我智一。敢非レ為二他人一。又我弟子等存二知之一。日蓮是法華経行者也。紹二継不軽跡一之故。軽毀人頭破二七分一信者福積二安明一。(11)

末法の法華経の行者についての問いをあげ、「自他返逆侵逼」と「紹継不軽跡」のゆえに「日蓮是法華経行者也」と教示されている。『立正安国論』所述の二難予言とその歴史的現実性、および不軽菩薩と共通した謗法者を対機とした弘法とそれによる値難をもって自身こそまぎれもない末法の法華経の行者であると断定されている。

『撰時抄』には次のように述べられている。

> 今は謗法を用たるだに不思議なるに、まれまれ諫暁する人をかへりてあだをなす。一日二日・一月二月・一年二年ならず数年に及。彼の不軽菩薩の杖木の難に値しにもすぐれ、覚徳比丘の殺害に及しにもこえたり。(12)

数年にわたって降りかかる法難は、「不軽菩薩の杖木」の難、「覚徳比丘の殺害」された難にも勝るとして、自身の値難色読の確信と法華経弘通の正統性を教示されている。

『清澄寺大衆中』には次のように述べられている。

此を申さば必日蓮が命と成べしと存知せしかども、虚空蔵菩薩の御恩をほう（報）ぜんがために、建長五年四月二十八日、安房国東條郷清澄寺道善之房持仏堂の南面にして、浄円房と申者並に少々大衆にこれを申しはじめて、其後二十余年が間退転なく申。或は所を追出され、或は流罪等、昔は聞く不軽菩薩の杖木等。今は見る日蓮が刀剣に当る事を。(13)

身命を捨てる覚悟で立ち上がった建長五年四月二十八日の信念の公表以来、今日に至るまでの「追放」「流罪」「刀剣」等の自身の値難体験をあげ、「昔は聞く不軽菩薩の杖木等」「今は見る日蓮が刀剣に当る事を」と、過去世の不軽菩薩と当世の自身の値難を対にして指摘されている。不軽菩薩の杖木に対し自身は刀剣であることに末法悪世の弘法の熾烈さと法難の過酷さとを暗示されている。

『報恩抄』には次のように述べられている。

其後弥菩提心強盛にして申せば、いよいよ大難かさなる事、大風に大波の起るがごとし。昔の不軽菩薩の杖木のせめも我身につみしられたり。覚徳比丘が歓喜仏の末の大難も、此には及ばじとをぼゆ。(14)

立教開宗以来の忍難弘法の事跡を振り返る中で、「昔の不軽菩薩の杖木のせめ」とそれによる宿罪の自覚、「覚徳比丘が歓喜仏の末」に被った破戒の比丘からの「大難」を例にあげ、末法今時の自身の諸難はそれらの先師を超えているとされている。その認識は前掲の『撰時抄』の文に共通している。

『崇峻天皇御書』には次のように述べられている。

一代の肝心は法華経、法華経の修行の肝心は不軽品にて候なり。不軽菩薩の人を敬しはいかなる事ぞ。教主釈尊の出世の本懐は人の振舞にて候けるぞ[15]。

釈尊ご一代の肝心を法華経に認め、法華経修行の肝心を不軽品に見、不軽菩薩の但行礼拝を「教主釈尊の出世の本懐」たる「人の振舞」であるとされている。不軽菩薩の但行礼拝は人身に仏を見ることである。法華経の教えへの帰入と法華経の弘通とにこそ人として生きることの本質があり、それは一切衆生は仏であると知ることにほかならない。

『種種物御消息』には次のように述べられている。

此法門は当世日本国に一人もしり（知）て候人なし。ただ日蓮一人計にて候へば、此を知て申さずば日蓮無間地獄に堕てうかぶご（期）なかるべし。譬へばむほんの物をしりながら国主へ申さぬとが（失）あり。申せばかたき雨のごとし風のごとし。むほんのもののごとし。海賊山賊ののごとし。かたがたしのびがたき事也。例せば威音王仏の末の不軽菩薩のごとし[16]。

世間の人々の謗法の事実とその人々を救う教えを知る者は当世日本国において「ただ日蓮一人」との自覚の中で、日蓮聖人は自身の心を問い詰められた。言い出せば大難の興起は必然であり、言い出さなければ仏の御意に違背して仏の教えを隠す失により無間地獄に堕落する。その葛藤の中で聖人の胸中に去来したのは不軽菩薩の姿であった。諸難忍受の但行礼拝に生きた不軽菩薩の行軌こそ、末法悪世の謗法逆機を救済する行法であるとの確信に立って日蓮聖人は立ち上がられたのである。

『上野殿御返事』には次のように述べられている。

日蓮は法華経誹謗の国に生て威音王仏の末法の不軽菩薩のごとし。はた又歓喜増益仏の末の覚徳比丘の如し。王もにくみ民もあだむ。衣もうすく食もとぼし。布衣はにしきの如し。くさのはわかんろとをもう。其上、去年の十一月より雪つもりて山里路たえぬ。年返れども鳥の声ならではをとづるゝ人なし。(17)

不軽菩薩出生の時を威音王仏の「末法」と表現することによって、不軽菩薩を、釈尊滅後末法時に出生した自身と符合させ、値難弘法の行軌と共にいっそうその共通性を強調されている。

『四条金吾殿御返事』には次のように述べられている。

末代の法華経の聖人をば何を用てかしるべき。経云能説此経能持此経の人、則如来の使なり。八巻一巻一品一偈の人乃至題目を唱る人、如来の使なり。始中終すてずして大難をとをす人、如来の使なり。日蓮が心は全く如来の使にはあらず、凡夫なる故也。但三類の大怨敵にあだまれて、二度の流難に値へば、如来の御使に似たり。心は三毒ふかく、一身凡夫にて候へども、口に南無妙法蓮華経と申ば如来の使に似たり。過去を尋れば不軽菩薩に似たり。現在をとぶらうに加刀杖瓦石にたがう事なし。未来は当詣道場疑なからん歟(18)。

末代の法華経の聖人について問いをおこし、「能説此経者」「能持此経者」「法華経受持唱題者」「法華経堅持者」「大難値遇者」こそが如来使であると規定されている。そのうえで自身は「凡夫なる故」に如来使ではないが、「三類の大怨敵にあだまれ」「二度の流難に値い」「口に南無妙法蓮華経と申」すゆえに「如来の使に似」るとして、過去の「不軽菩薩に似」ることから「未来は当詣道場疑なからん歟」とその得益を期待されている。

以上のとおり、不軽菩薩と自身との間に、時・機根・値難・行軌・教法などあらゆる面における共通性を認識された日蓮聖人は、自身こそ不軽菩薩の足跡を継承する者であるとの自覚と確信に立って法華経の弘通に挺身されたのである。

五　二十四字と五字

不軽菩薩の行軌は「我深敬汝等。不敢軽慢。所以者何。汝等皆行菩薩道。当得作仏」の二十四字の但行礼拝である。これに対し日蓮聖人は題目五字の弘通に努められた。その両者の関係性について『顕仏未来記』には次のように述べられている。

雖レ爾於二仏滅後一捨二四味三教等邪執一帰二実大乗法華経一諸天善神並地涌千界等菩薩守二護法華行者一。此人得二守護之力一以二本門本尊・妙法蓮華経五字一令四広二宣流三布於閻浮提一歟。例如下威音王仏像法之時不軽菩薩以二我深敬等二十四字一広二宣流三布於彼土一招中一国杖木等大難上也。彼二十四字与二此五字一其語雖レ殊其意同レ之。彼像法末与二是末法初一全同。彼不軽菩薩初随喜人日蓮名字凡夫也。疑云以レ何知レ之汝為二末法之初法華経行者一。答云法華経云況滅度後。又云有二諸無智人一悪口罵詈等及加二刀杖一者。又云数数見二擯出一。又云一切世間多レ怨難レ信。又云杖木瓦石而打二擲之一。又云悪魔魔民諸天龍夜叉鳩槃荼等得二其便一也等云云。付二此明鏡一為レ信二仏語一引二向日本国中王臣四衆面目一自レ予之外一人無レ之。論レ時末法初一定也。然間若無二日蓮一仏語成二虚妄一。難云汝大慢法師過二大天一超二四禅比丘一如何。答云汝蔑二如日蓮一之重罪又過二提婆達多一超二無垢論師一。我言似二大慢一為下扶二仏記一顕中如来実語上也。雖レ然日本国中除二去日蓮一者取二出誰人一為二法華経行者一。汝為レ謗二日蓮一虚二妄仏記一。豈非二大悪人一乎。[19]

不軽菩薩は威音王仏の像法の末に我深敬等の二十四字を弘通して「杖木等の大難を招」いた「初随喜の人」、自身（日蓮）は今末法において題目五字を弘通して法華経所説のとおりの諸難に値遇してい る「名字の凡夫」であるとし、法華経の明鏡に合致する法華経の行者は日蓮をおいて他にはないとされている。とくに「彼の二十四字と此の五字と其の語殊なりと雖も其の意これ同じ」「彼の像法の末と是の末法の初とは全く同じ」と、教法と時期の同一性を指摘することによって、自身の正統性とその功徳の確実性を表明されている。加えて自身の法華経弘通は「仏記を扶け如来の実語を顕さんがためなり」と述べ、自身の法華経弘通は如来の教えの真実性を顕現するためであるとの確信を吐露されている。

『種種御振舞御書』には次のように述べられている。

檀王は阿私仙人にせめられて法華経の功徳を得給き。不軽菩薩は上慢の比丘等の杖にあたりて一乗の行者といはれ給ふ。今日蓮は末法に生て妙法蓮華経の五字を弘てかゝるせめ（責）にあへり。仏滅度後二千二百余年が間、恐は天台智者大師も一切世間多怨難信の経文をば行じ給はず。数数見擯出の明文は但日蓮一人也。一句一偈我皆与授記は我也。阿耨多羅三藐三菩提は疑なし。[20]

過去の世において、須頭檀王は阿私仙人に千歳の間精勤給仕し、不軽菩薩は増上慢の比丘等の杖木の難に値遇したことによって「一乗の行者」となられた。今末法の世においては、日蓮が「妙法蓮華経の五字」を弘めて責めに遇う。過去の先師との値難弘法における共通性をあげて自身の五字弘通の正統性を教示し、加えて「一切世間多怨難信」「数数見擯出」の経文色読の事実をもって自身の超勝性を示し、法華経の救いは疑いないとされている。

以上のとおり、日蓮聖人は、威音王仏の像法末と釈迦牟尼仏の末法という時、杖木等と擯出等という値難体験、初随喜人と名字凡夫という弘法者の行位、そして二十四字と五字という能弘の法をあげ、不軽菩薩と自身との類似性を指摘することによって、自身の信仰実践の正統性と功徳の確実性とを教示されている。

六　三世説法の儀式

日蓮聖人は法華経弘通の先師として釈尊の前世因行たる不軽菩薩の行軌を範とし、その継承者として法華仏教史上に自身を位置付けられた。同時に、自身は釈尊滅後末法時に出現して題目五字七字を弘通すべき役割を担った法華経の行者としての自覚と確信をも持たれていた。末法の行者は勧持品所説のごとく三類の強敵による数々の迫害に耐えなければならない。『寺泊御書』には次のように述べられている。

勧持品云、有二諸無智人一悪口罵詈等云云。日蓮当二此経文一。汝等何不レ入二此経文一。及加刀杖者等云云。日蓮読二此経文一。汝等何不レ読二此経文一。常在大衆中欲毀我等過等云云。向国王大臣婆羅門居士等云云。悪口而顰蹙数数見擯出。数々者度々也。日蓮擯出衆度。流罪二度也。法華経三世説法儀式也。過去不軽品今勧持品。今勧持品過去不軽品也。今勧持品未来可レ為二不軽品一。其時日蓮即可レ為二不軽菩薩一。一部八巻二十八品天竺御経布二一須臾一承。定可レ有二数品一。今漢土日本二十八品略之中要也。正宗置レ之。至二流通一宝塔品三箇勅宣令レ被二霊山虚空大衆一。勧持品二万・八万・八十万億等大菩薩御誓言不レ及二日蓮浅智一但恐怖悪世中経文指二末法始一也。此恐怖悪世中次下安楽行品等云於末世等云云。同本異訳正法華経云然後末世。又云然後来末世。添品法華経云恐怖悪世中等云云。当時当世三類敵人有レ之但八十万億那由他諸菩薩不レ見二一人一如二乾潮不レ満月虧不レ

満。清レ水浮レ月植レ木棲レ鳥。日蓮八十万億那由他諸菩薩為二代官一申レ之。彼諸菩薩請二加被一者也[21]。

過去の世において不軽菩薩は「悪口罵詈」「杖木瓦石」の諸難に値遇しながらもこれに耐えて二十四字の逆縁教化を遂行された。この事実を受けて、末法恐怖悪世に生を受けた日蓮は「有諸無智人悪口罵詈」「及加刀杖者」「常在大衆中欲毀我等過」「向国王大臣婆羅門居士」「悪口而顰蹙数数見擯出」等の勧持品の文を身に当たって読んだとして、そこに三世にわたる「説法の儀式」をご覧になった。過去世の不軽菩薩による但行礼拝二十四字の不軽品色読と、現在世の日蓮による値難題目五字七字の勧持品色読とを照合すれば、過去世の不軽品は現在世の勧持品となり、現在世の勧持品は過去世の不軽品となる。そうであれば必然的に現在世の勧持品は未来世においては不軽品となるのである。三世にわたる法華経説法の儀式は値難色読の歴史である。値難色読によってこそ法華経は真に読まれたことになる。法華経が真に読まれたとは法華経が真に説かれたことにほかならない。この色読の事実において、不軽品と勧持品は三世常住説法の教えとなり、不軽菩薩と末法の行者日蓮聖人とは同体となるのである。

七　常不軽菩薩と上行菩薩

日蓮聖人が本化上行菩薩の自覚を対外的に明確に表明されたのは文永八年（一二七一）以降のことである。日蓮聖人は二度にわたる流罪体験を経ることによって、自身こそ虚空会上において三仏から、滅後に要法五字七字を弘通すべき任を蒙った本化菩薩であるとの自覚と確信を不動のものとされていった。そのような信認識の中で不軽菩薩の跡を継承する自身に本化上行菩薩の役割を重ねていかれた。『高橋入道殿御返事』には次のように述べられている。

其時上行菩薩出現して妙法蓮華経の五字を一閻浮提の一切衆生にさづくべし。其時一切衆生此の菩薩をかたきとせん。所謂さる（猨）のいぬ（犬）をみるがごとく、鬼神の人をあだむがごとく、過去の不軽菩薩の一切衆生にの（罵）り、あだまれしのみならず、杖木瓦礫にせめられし、覚徳比丘が殺害に及がごとくなるべし。[22]

上行菩薩が末法の世に出現して題目五字を弘通し一切衆生を導利することは、法華経に説き示された必然の歴史である。その事実に立脚すれば過去世に不軽菩薩が値難弘通に挺身されたごとくに、今末法時において本化上行菩薩が出現して題目五字を弘通して大難に遭うことは必然の道理である。このように、日蓮聖人は不軽菩薩の行軌を継承すると同時に、本化上行菩薩の自覚に立って、別して蒙った付属の大事を実現していかれたのである。

八　法華経信仰と生命の尊厳

日蓮聖人は生命の尊さを繰り返し教示されている。その基本理念は言うまでもなく法華経信仰に立脚するものであった。『可延定業御書』には次のように述べられている。

命と申物は一身第一の珍宝也。一日なりともこれをのぶるならば千万両の金にもすぎたり。法華経の一代の聖教に超過していみじきと申は寿量品のゆへぞかし。閻浮第一の太子なれども短命なれば草よりもかろし。日輪のごとくなる智者なれども夭死あれば生犬に劣。[23]

命は「一身第一の珍宝」であり一日でも延命することは「千万両の金にも」勝るとされている。その教えを法華経の寿量品との関係で教示されているところに、本門法華経信仰に立脚した聖人の生命観を垣間見ることができる。寿量品所説の久遠実成の仏の開顕に、日蓮聖人は真実の命を見ておられたのである。

『妙密上人御消息』には次のように述べられている。

夫五戒の始は不殺生戒、六波羅蜜の始は檀波羅蜜也。十善戒・二百五十戒・十重禁戒等の一切の諸戒の始は皆不殺生戒也。上大聖より下蚊虻に至るまで命を財とせざるはなし。これを奪へば又第一の重罪也。如来世に出給ては生をあわれむを本とす。生をあわれむしるしには命を奪はず、施食を修するが第一の戒にて候也。[24]

万物は「命を財」としており、命を奪うことは「第一の重罪」であるとされている。命の重要性をとおして、その命を保持する「施食」の重要性を明かし、供養の功徳について教示されている。

『事理供養御書』には次のように述べられている。

人は食によて生あり、食を財とす。いのちと申物は一切の財の中に第一の財なり。遍満三千界無有直身命ととかれて、三千大千世界にみて、候財をいのちにはかへぬ事に候なり。さればいのちはともしび（燈）のごとし。食はあぶら（油）のごとし。あぶらつくればともしびきへぬ。食なければいのちたへぬ。[25]

命と食との必然の関係をとおして食供養の功徳を教示されている。命は尊いゆえにその命を繫ぐ食もまた大切なものである。したがって食を供養することは命を守ることである。法華経に身命を捧げて生きておられる日蓮聖人に食を施すことは法華経の命を守ることを意味する。

『崇峻天皇御書』には次のように述べられている。

人身は受がたし、爪上の土。人身は持がたし、草の上の露。百二十まで持て名をくたし（腐）て死せんよりは、生きて一日なりとも名をあげん事こそ大切なれ。[26]

人身は受けがたく持ちがたい。ひとたび人間として生を受けたからには、その尊い命を大切に生きなければならない。ただし単にながく生きることばかりが人として生きることではない。使命を自覚し使命を果たしてこそ人として生きることの意味がある。「一日なりとも名をあげん」とは自身に与えられた使命に生きることを意味する。日蓮聖人にとって、法華経に身命を賭して生きることこそが真に生きることの意味であった。

日蓮聖人が法華経に生きることを人生最大の価値とされていたことは『慈覚大師事』の次の文からも知ることができる。

なによりも難受人身、難値仏法に値て候に、五尺の身に一尺の面あり。其面の中三寸の眼二あり。自一歳及六十で多の物を見る中に、悦事は法華最第一の経文なり。(27)

「受けがたい人身」を受け、ましてや「値いがたい仏法」に会うことは何にもまして今生の果報である。中においても釈尊出世の本懐たる法華経に出会い、法華経の妙文を拝見することはこの上ない法悦である。それは、法華経にこそ生きることの価値と喜びがあるからにほかならない。

日蓮聖人が法華経信仰の重要性を教示されている事例は数多いがその一例をあげれば次のとおりである。『法華証明鈔』には次のように述べられている。

この上野の七郎次郎は末代の凡夫、武士の家に生て悪人とは申べけれども、心は善人なり。其の故は日蓮が法門をば上一人より下万民まで信給はざる上、たまたま信人あれば、或は所領或は田畠等にわづらひをなし、結句は命に及人々もあり。信がたきにちゝ故上野殿信まいらせ候ぬ。又此者嫡子となりて、人もすゝめぬに心中より信まいらせて、上下万人にあるひはいさめ、或をどし候つるに、ついに捨る心なくて候へば、すでに仏になるべしと見へ候へば、天魔外道が病をつけてをどさんと心み候か。命はかぎりある事なり。すこしもをどろく事なかれ。(28)

法華経信仰を堅持する南条時光を称賛し、諸人の迫害にも耐え信仰を貫徹すれば成仏も疑いなく、現身の病気も恐れることはない、と教示されている。生きることに病死等の苦悩が生じることは必然である。しかしながら法華経信仰はそれらの諸苦をも超越し永遠の救いを実現して魂の充実と歓喜とをもたらす。確信に満ちた日蓮聖人の教示を受けて、南条時光は大いに感動し病魔を恐れずに生きていくことのできる力を受得したのである。

法華経に生きることは法華経に捨身することである。『事理供養御書』には次のように述べられている。

　一切のかみ仏をうやまいたてまつる始の句には、南無と申文字ををき候なり。南無と申はいかなる事ぞと申に、南無と申は天竺のことばにて候。漢土・日本には帰命と申。帰命と申は我が命を仏に奉と申事なり。我が身には分に随て妻子・眷属・所領・金銀等もてる人々もあり、又財なき人々もあり。財あるも財なきも、命と申財にすぎて候財は候はず。さればいにしへの聖人賢人と申は、命を仏にまいらせて仏にはなり候なり。いわゆる雪山童子と申せし人は、身を鬼にまかせて八字をならへり。薬王菩薩と申せし人は、臂をやいて法華経に奉る。我朝にも聖徳太子と申せし人は、手のかわをはいで法華経をかき奉り、天智天皇と申せし国王は、無名指と申ゆびをたいて釈迦仏に奉る。此等は賢人聖人の事なれば我等は叶がたき事にて候。たゞし仏になり候事は、凡夫は志ざしと申文字を心へて仏になり候なり。志ざしと申はなに事ぞと、委細にかんがへて候へば、観心の法門なり。観心の法門と申はなに事ぞとたづね候へば、たゞ一きて候衣を法華経にまいらせ候が、身のかわをはぐにて候ぞ。うへ（飢）たるよ（世）に、これはなしては、けう（今日）の命をつぐべき物もなきに、たゞひとつ候ごれう（御料）を仏にまいらせ候が、身命を仏にまいらせ候にて候ぞ。これは薬王のひぢをやき、雪山童子の身を鬼にたびて候にもあいをとらぬ功徳にて候へば、聖人の御ためには事供やう（養）、凡夫のためには理くやう。止観の第七の観心の檀ばら蜜と申法門なり。[29]

南無とは帰命、帰命とは「我が命を仏に奉」ることであるとして、捨身の供養・弘法を実践された過去の聖人賢人の事例をあげ、この「志ざし」こそが「観心の法門」であるとされている。すなわち「観心の法門」とは身命の布施であるとされるのである。身命の布施は法華経に身命を捧げることであることから、捨身の信に生きることを意味する。

『上野殿御返事』には次のように述べられている。

御信用あつくをはするならば、人のためにあらず。我故父の御ため、人は我をやの後世にはかはるべからず。子なれば我こそ故をやの後世をばとぶらふべけれ。郷一郷知るならば、半郷は父のため、半郷は妻子眷属をやしなふべし。我命は事出きたらば上にまいらせ候べしと、ひとへにおもひきりて、何事につけても言をやわらげて、法華経の信をうすくなさんずるやうをたばかる人出来せば、我が信心をこゝろむるかとおぼして、各々これを御けうくんあるはうれしき事也。ただし、御身のけうくんせさせ給へ。上の御信用なき事はこれにもしりて候を、上をもておどさせ給こそをかしく候へ。参てけうくん申とおもひ候つるに、うわて（上手）うたれまいらせて候。閻魔王に、我身といとをしとおぼす御め（妻）と子とをひつぱられん時は、時光に手をやすらせ給候はんずらんと、にくげにうちいひておはすべし。にいた（新田）殿の事、まことにてや候らん。をきつ（沖津）の事、きこへて候。殿もびんぎ候はば、其義にて候べし。かまへておほきならん人申いだしたるらんは、あはれ法華経のよきかたきよ。優曇華か、盲亀の浮木かとおぼしめして、したたかに御返事あるべし。千丁万丁しる人も、わづかの事にたちまちに命をすて所領をめさるる人もあり。今度法華経のために命をすつる事ならば、なにはをしかるべき。薬王菩薩は身を千二百歳が間やきつくして仏になり給、檀王は千歳が間身をゆか（牀）となして今の釈迦仏といわれさせ給ぞかし。(30)

「法華経の信」とは「法華経のために命をすつる事」であるとし、薬王菩薩や須頭檀王の先例をあげて信仰の功徳を説き、南条時光を励まされている。

『下山御消息』には次のように述べられている。

当御時に成て或は身に疵をかふり、或は弟子を殺れ、或は所々を追、或はやどをせめしかば、一日片時も地上に栖べき便りなし。是に付ても、仏は一切世間多怨難信と説置給、諸菩薩は我不愛身命但惜無上道と誓へり。加刀杖瓦石数数見擯出の文に任て流罪せられ、刀のさきにかゝりなば、法華経一部よみまいらせたるにこそとおもひきりて、わざと不軽菩薩の如く、覚徳比丘の様に、龍樹菩薩・提婆菩薩・仏陀密多・師子尊者の如く弥強盛に申しはる。今度法華経の大怨敵を見て、経文の如く父母師匠朝敵宿世の敵の如く、散々に責るならば、定て万民もいかり、国主も讒言を収て、流罪し頚にも及ばんずらん。其時仏前にして誓状せし梵・釈・日月・四天の願をもはたさせたてまつり、法華経の行者をあだまんものを須臾ものがさじと、起請せしを身にあてて心みん。釈迦・多宝・十方分身諸仏の或は共に宿し、或は衣を覆はれ、或は守護せんと、ねんごろに説せ給しをも、実歟虚言歟と知て信心をも増長せんと退転なくはげみし程に、案にたがはず、去文永八年九月十二日に都て一分の科もなくして佐土国へ流罪せらる。外には遠流と聞しかども、内には頚を切と定ぬ。余又兼て此事を推せし故に弟子に向て云、我願既に遂ぬ。悦身に余れり。人身は受がたくして破れやすし。過去遠々劫より由なき事には失しかども、法華経のために命をすてたる事はなし。我頚を刎られて師子尊者が絶たる跡を継ぎ、天台・伝教の功にも超へ、付法蔵の二十五人に一を加て二十六人となり、不軽菩薩の行にも越て、釈迦・多宝・十方の諸仏にいかがせんとなげかせまいらせんと思し故に、言をもおしまず已前にありし事、後に有べき事の様を平金吾に申含ぬ。此語しげければ委細にはかかず[31]。

日蓮聖人は、仏法弘通に身命を捧げられた先師を偲びつつ、自身の死身弘法・呵責謗法・値難色読の足跡を振り返り、その心境を吐露されている。「我頚を刎られて」先師に連なり先師をも超えんとの決意と覚悟が表明されている。そこに日蓮聖人の「我願既に遂ぬ。悦身に余れり」との法悦があるのである。

九　むすび

日蓮聖人は法華経信仰に「生命の尊重」と「生命の証」と「生命の実現」とをご覧になった。日蓮聖人の法華経信仰とは題目に生きることである。不軽菩薩の行軌を範とし、本化の自覚に立って、不信謗法の逆機に対し、諸難を忍受しつつ、題目五字七字の弘通に身命を捧げられた。そのことは聖人自身の命の実現であると同時に謗法の人々の救いでもあった。日蓮聖人は値難色読によって法華経の行者としての証を得、宿罪を滅し、三仏との約束を成就された。それは日蓮聖人にとっての成仏にほかならない。人々は謗法によって罪を背負い堕悪するが、その謗法行為を縁としてやがて仏果を受得する。逆縁教化は一切の衆生を普く救い取る法門である。法華経はいかなる人々をも救いの手から漏らすことはない。ここに法華経信仰における絶対的な生命の肯定と尊重がある。

日蓮聖人は法華経の本門思想に立脚して生命の本質を覚知し、具体的には不軽菩薩の但行礼拝の行軌を範としつつ、大いなる仏の命を生きられたのである。

註

（1）『昭定』七〇六頁。

（2）『正蔵』第九巻五〇頁c。

(3)『正蔵』第九巻五一頁a。
(4)『正蔵』第九巻五一頁b。
(5)『正蔵』第三四巻一四一頁a～b。『天全』第四巻二〇四〇頁。
(6)『正蔵』第一二巻四二〇頁a。
(7)『正蔵』第三四巻三四九頁b～c。『天全』第五巻二五一九頁。
(8)『正蔵』第三六巻七八六頁a。
(9)『昭定』七四六～七四七頁。
(10)『昭定』七八五～七八六頁。
(11)『昭定』八四三頁。
(12)『昭定』一〇四六～一〇四七頁。
(13)『昭定』一一三四頁。
(14)『昭定』一二三七頁。
(15)『昭定』一三九七頁。
(16)『昭定』一五三〇～一五三一頁。
(17)『昭定』一六二一頁。
(18)『昭定』一六六八頁。
(19)『昭定』七四〇～七四一頁。
(20)『昭定』九七一頁。
(21)『昭定』五一四～五一五頁。
(22)『昭定』一〇八五頁。
(23)『昭定』八六二～八六三頁。

(24)『昭定』一一六二頁。
(25)『昭定』一二六一頁。
(26)『昭定』一三九五頁。
(27)『昭定』一七四一頁。
(28)『昭定』一九一一〜一九一二頁。
(29)『昭定』一二六一〜一二六三頁。
(30)『昭定』一三〇九〜一三一一頁。
(31)『昭定』一三三一〜一三三二頁。

第八章　日蓮聖人の門弟教育

第一節　講会・談義を中心として

一　はじめに

日蓮聖人（一二二二〜一二八二）の宗教は他経典・他宗との関連性の中で展開していく。それは日蓮聖人が所依の経典とされた法華経が能開会の教えであることによる。能開会とは、教・理・行・証はもとより仏法のすべてにおいて能動的に開顕会入することをいう。そのために法華仏教は本来的に教相性を帯びている。

天台大師智顗（五三八〜五九七）は『法華玄義』に「若し余経を弘むに教相を明かさざれども義において傷むことなし。若し法華を弘むには教を明かさずんば文義闕くることあり」[1]、妙楽大師湛然（七一一〜七八二）は『法華玄義釈籤』に「若し法華を弘むには須らく一期五時の教相を弁えて仏の本意を説くべし(2)」と述べている。

日蓮聖人は『諸宗問答鈔』に、伝教大師最澄（七六七～八二二）の『法華秀句(3)』と天台大師の『法華玄義』の文をあげて、「天台法華の法門は教相を以て諸仏の御本意を宣べられたり。若し教相に闇して法華の法門をいへば法華経を讃《ほ》むと雖も還て法華の心を死《ころ》すとて、法華の心を殺すと云う事にて候。其の上、若し余経を弘むに教相を明かさざれども義において傷むことなし。若し法華を弘むには教を明かさずんば文義闕くることありと釈せられて、殊更教相を本として天台の法門は建立せられ候(4)」と述べ、法華仏教の教相性について説示されている。

また、『守護国家論』に「悪人・愚人を扶くること、また教の浅深に依る(5)」、『開目抄』に「教の浅深をしらざれば理の浅深弁うものなし(6)」、『神国王御書』に「此の法華経を一字も一句も説く人は必ず一代聖教の浅深と次第とを能く能く弁へたらむ人の説べき事に候(7)」、『兄弟鈔』に「仏法漢土に渡りて五百余年、南北の十師、智は日月に斉く、徳は四海に響きしかども、いまだ一代聖教の浅深・勝劣・前後・次第には迷惑してこそ候しが、智者大師再び仏教をあきらめさせ給のみならず、妙法蓮華経の五字の蔵の中より一念三千の如意宝珠を取り出して、三国の一切衆生に普く与へ給へり(8)」と述べられている。「教相を弁える」「教の浅深を知る」とは「一代聖教の勝劣(9)」を明らかにし、釈尊の真意を明確にすることを意味する。

このように、日蓮聖人の宗教は「教の浅深」を明らかにすること、すなわち教相を重視することに特徴がある。教相を明らかにするためには、法華経はもとより諸経・諸宗についての理解が必要となる。

日蓮聖人の出家の動機には種々の要素が考えられているが、その中に「釈尊のご本意の究明」が指摘されている。[10]『曾谷入道殿許御書』に「此の大法を弘通せしめるの法は必ず一代之聖教を安置し、八宗之章疏を習学すべし[11]」と教示されているのはまさにその意である。日蓮聖人は一二歳にして清澄寺登山、一六歳の出家から三二歳の立教開宗に至るまでの間、諸国の諸寺をめぐって修学に精励され、その後も生涯にわたって学問研鑽を続けられた。

したがって、日蓮聖人にとって門弟教育は、釈尊の真意顕彰と慧命相続のためには必然的に重要な課題であったのである。

日蓮聖人が門下に常に法門を教示されていたことは、講会・談義などについての指示や執行の様子を伝える日蓮聖人の手紙、日蓮聖人の講談を聴聞した門下の筆録、日蓮聖人が法門教示のために記述されたと思われる『一代五時図』などの図録類、経論疏を抜き書きした数々の要文類、門下による日蓮聖人の文章の書写などによって知ることができる。

日蓮聖人と行動を共にしていた門弟は、常に日蓮聖人の教示に浴していたものと思われる。各地に居住していた門下には、日蓮聖人は著書や手紙などを通して法門を教示されていた。また各地域には日蓮聖人から教えを受けた門弟がいて、折りに触れて門下や有縁の人々に教えを伝えていた。日蓮聖人に随身給仕していた門弟においても、日蓮聖人の動向や社会的状況によって、それぞれの地域に留まって活動をしていたこともあった。したがって日蓮聖人に随身していた者と別の地域で弘教活動をしていた者とは隔絶した存在ではなく、状況に応じて融通し役割を担っていたのである。

『富城殿女房尼御前御返事』には、富木尼に対し、「いよ（伊予）房は学生《がくしょう》になりて候ぞ。つねに法門きかせ給候へ(12)」と、尼の子息である伊予房日頂の学問研鑽を称賛されている。日頂は日蓮聖人のもとに出家し、師の日蓮聖人の膝下にあって修学に励んでいたのである。

『妙一尼御返事』には「弁殿は今年は鎌倉に住し衆生を教化する歟(13)」とあり、日蓮聖人が佐渡に流されていたおり、鎌倉では弁阿闍梨日昭が布教活動を展開していたことが分かる。

『弁殿御消息』には「ちくご房・三位・そつ等をばいとまあらばいそぎ来べし。大事の法門申すべしとかたらせ給へ(14)」とあり、筑後房日朗・三位房・帥公日高などに、「大事の法門」を申し伝えるので急いで身延に来るようにと指示されている。この手紙が記された建治二年（一二七六）七月二一日は、恩師道善御房追悼の趣旨をもって執筆された『報恩抄』が脱稿された日である。「大事の法門」と『報恩抄』との間に関連性が推測される。(15) いずれにしても、身延山中においても、日蓮聖人は重要法門を門弟に教示されていたのである。

これらの記述から、門弟の中には、日蓮聖人に随身しながらも必要に応じて各地に赴き弘教活動を展開していた者や、日蓮聖人とは離れた地域で活動していた者などがいたことが分かる。

また、建長三年（一二五一）一一月二四日に京都に遊学中の蓮長法師（後の日蓮聖人）は、覚鑁の『五輪九字明秘密釈』を書写されているが、この書の表紙には「常忍」と書き入れがされている。[16] また、日蓮聖人が文永初期頃に筆録されたとされている『天台肝要文集』にも「主常忍」との記載が見られる。[17] このことから、両書面は富木常忍のもとに届けられたものと考えられている。日蓮聖人と富木常忍との間には早くから交流があり、かつ富木常忍は当初から学問についての見識を有していたことが推測されるのである。

日蓮聖人が身延に入山されたのは文永一一年（一二七四）五月のことであるが、檀越の富木常忍は建治三年（一二七七）三月、弁公日昭を通して日蓮聖人に法門の教示を仰いでいる。富木常忍が弁公日昭に送った書面には「愚身、仏法を信ずといえども、師匠に遠離し奉るによつて、聞くところの法門皆以て忘失せしめ了ぬ。恩顔に親近し奉るがごとくならず。常に法門を耳に触るる者は解了すること能わずといえども罪業を消さざらんや。（略）速やかに世事を捨てて蘭室に入りて親近給侍し奉らんと欲す[18]」と、曾ては日蓮聖人から親しく法門を聴聞していたが、日蓮聖人の佐渡配流やこの度の身延入山により、それがかなわなくなったことを嘆き、日蓮聖人の近くで給仕の生活を送りたいと述べている。富木常忍のこのような願いに応えて、日蓮聖人が筆を執られたのが同年四月の『四信五品鈔』であると考えられている。

このような、富木常忍の書状と日蓮聖人の返書は、日蓮聖人が門下に対し常に法門を教示し、信仰の道を唱導しておられたことを物語っている。

日蓮聖人は、門下のことを「一門」「門弟」「門家」「弟子」「檀那」などと称されている。原則的には出家者は「弟子」「法師」「聖人」「上人」「阿闍梨」「御房」「公」等と称されている。在家者は「檀那」「檀越」等と呼ばれ、書面の宛名には「殿」「入道」「御前」「女房」「尼」等と記されることが多い。しかし、在家者にも「弟子」「聖人」「上人」等と呼称されている場合があり、出家者と在家者に対する呼称の区別は厳密なものではなかったようである。したがって日蓮聖人にとって「門弟」の呼称は出家弟子や在家である檀越をも含んだ総称としての意味合いが強い。

弟子の日興は『白蓮弟子分与申御筆御本尊目録』[19]において「弟子」と「俗弟子」の区分をしているが、弟子の中にも妻帯僧（豊前房）がいるなど、出家と在家の境界はそれほど厳密ではなかったようである。

二　先行研究の概要

日蓮聖人の門弟教育に関する主な先行研究として次の論攷がある。

1、宮崎英修稿「日蓮聖人の門下教育」『印度学仏教学研究』第二巻第一号所収。昭和二八年（一九五三）。

日蓮聖人の門下教育について、①日本天台宗の思想的特色と日蓮聖人の教学、②日蓮聖人の門下教育と五時判、③問答対論の重視などについて論述されている。
2、林是幹稿「身延山における檀林教育について」『日本佛教学会年報』第三六号。『仏教と教育の諸問題』所収。昭和四六年（一九七一）。
身延山における日蓮聖人の教育について、①日蓮聖人の在山時代、②西谷檀林「善学院」の開創、③西谷檀林の変遷などについて論述されている。
3、渡辺宝陽稿「日蓮聖人の門弟教育と教学の継承」『日本佛教学会年報』第三六号。『仏教と教育の諸問題』所収。昭和四六年（一九七一）。『日蓮宗信行論の研究』一一二〇頁、収録。
日蓮聖人の門弟教育について、①八講・大師講、②一代五時図、③身延山における講述と門下の記録、④門下による日蓮聖人遺文の閲読、⑤門弟による教学の継承などについて論述されている。
4、本間俊文稿「初期日蓮教団における学問研鑽について」『大崎学報』第一七二号所収。平成二八年（二〇一六）。
初期日蓮教団における学問研鑽について、①日蓮聖人の学問研鑽と門下教育、②門下の教学継承と学問研鑽、③日興門流における学問研鑽などについて論述されている。

以上、いずれの論攷も日蓮聖人の門弟教育や学問研鑽について基本的事項を取り上げて論述されており、示唆に富んでいる。

三　講会・談義による門弟教育

講会は主に経典を講説する法会をいう。日本における講会は中国仏教から伝来したものである。講会は経典の教えを研鑽することと同時に、その功徳によって国家の安泰を祈り死者の霊を追善廻向するためなどの趣旨をもって修された。

談義は経論釈の教義を説き示すことをいう。伝統的な「論義」と同様に法門を論談して相互に研鑽を積み、その功徳を廻らすのである。

日蓮聖人の時代においては、地震や天候異変、さらに武士団の台頭による社会の混乱、蒙古国襲来の脅威などが重なり、日本国全体が不安定な状態にあった。そのような状況下にあって、日蓮聖人は社会の平安と人々の安穏を祈り、「立正安国」を標榜して、法華経弘通に立ち上がられた。日蓮聖人とその門下による講会や談義の執行には、学問研鑽・門下教育と共にそのような祈りが込められていたのである。

1　法華八講

(1)法華八講の意味と目的

法華八講は、法華経八巻を八回にわたって講説する講会をいう。開経と結経を含めて法華三部経を十回にわたって講説する講会を法華十講、三十座で講説する場合は法華三十講という。

日本における法華経の講会は、推古天皇一四年（六〇六）に、聖徳太子が岡本宮《おかもとのみや》で講じたことに始まるとされている。天平一八年（七四六）には良弁《ろうべん》が東大寺で法華経を講じ、以来、東大寺では勅会として毎年の恒例となっていった。

八座で営む法華八講は延暦一五年（七九六）に勤操が岩淵寺で講じたことが最初とされている。

法華八講は、朝座と夕座とに分かれて一日に二回おこない、四日間にわたり営むことが通例とされた。開経と結経を含めて十講を営む場合は五日間十座である。四日間八座の八講、五日間十座の十講以外にも、一日八講、二日間八講、八日間八講、百日間八講などの事例が見られ、必ずしも日数が限定されていたわけではなかった。

宮中では天暦九年（九五五）に弘徽殿《こきでん》でおこなわれ、各寺院においても興福寺・円宗寺《えんしゅうじ》・最勝光院・法性寺・円教寺・尊勝寺などで継続的に営まれた。

比叡山では延暦一七年（七九八）一一月に、伝教大師が天台大師の忌日に法華十講を修したことが始まりとされており、この講会は霜月会十講とも称されている。

講会は御願寺《ごがんじ》などの大寺を中心に営まれるようになり、大規模で華美なものとなっていった。一般的には、論題提示者を問者、それに答える者を答者というが、専門的には、論題提示者（問者）は「探題」、答者は「立義」「竪義《りゅうぎ》」「広学」「広学竪義」「竪者《りっしゃ》」などと呼ばれた。その判定は論題提示者

（問者）である「探題」がつとめ、寺院・教団における権威のある長老がつとめた。時代の推移と共に講会は次第に形式化し、堂達《どうたつ》の進行によって、読師《どくし》が経題を唱え、講師が経文を解釈し、問者が質問し、講者が答え、精義《しょうぎ》（証義）が判定するという法要儀礼となっていった。儀礼化が進むと世俗的な要素も加わり、権威のある講会に招かれたり「広学竪義」に選ばれることが僧侶の世界における栄誉となっていった。

鎌倉時代においても、法華経の講会は南都（奈良）・北嶺（比叡山）や京都の諸寺院において盛んにおこなわれた。講会の開催は権門の勢力誇示や寺院の名声宣揚と経営基盤の安定などの意味をも含んでいた。(20)

（2）日蓮聖人遺文に見る「日本天台宗における法華八講」の起源

①図録二一『和漢王代記』

延暦二十年、叡山八講を始め、南京の十人を請す。延暦二十一年正月十九日、高雄に於て南京の十四人と最澄宗論あり。同二十九日、六宗の十四人、謝表を桓武聖主に奉る。(21)

『和漢王代記』には、伝教大師が延暦二〇年に比叡山で南都の僧を招いて初めて法華八講を修したと記載されている。延暦一七年始講のほかに延暦二〇年始講説があったことが知られる。

（3）日蓮聖人とその門下の執行

①一三『武蔵殿御消息』

摂論三巻は給候へども、釈論等の各疏候はざるあひだ事ゆかず候。をなじくは給候てみあわすべく候。見参之事、いつにてか候べき。仰をかほり候はん。八講はいつにて候やらん。[22]

武蔵殿御房に法華八講の開催日について問い合わせておられる。武蔵殿御房については未詳である。武蔵公御房に宛てられた正元元年（一二五九）一〇月一四日付けの『十住毘婆沙論尋出御書』[23]との関係から、日蓮聖人が鎌倉におもむいて間もなくの頃に知り合った天台僧ではないかと推測されている。そうであれば、鎌倉において天台宗の法華八講が営まれており、日蓮聖人が強い関心を寄せておられたことを物語るものである。

あるいは武蔵殿御房は、建治三年（一二七七）に系年される『兵衛志殿御返事』に見られる武蔵坊円日[24]と同一人物であろうか。もし同一人物であれば、早くから日蓮聖人に帰依した門弟で、建治頃には檀越の池上氏とも交流をもっていたことになる。そうであれば、正元元年（一二五九）の頃には、日蓮聖人の門下の中で法華八講が行われていたことになる。またこのことは、この頃すでに日蓮聖人のもとに、ある程度の法華経信仰者集団が形成されていたことを意味する。

日蓮聖人遺文中、「八講」の名称をあげての記述は本遺文のみである。ただし、他の遺文中に多く見られる法華経の読誦や談義の中には、実際は法華八講であった場合もあるのではないかと思われる。

2　八日講

（1）八日講の意味と目的

釈尊の徳を讃え追慕し、釈尊御降誕の聖日である四月八日を記念して営む講会。毎月八日に執行する。

（2）日蓮聖人とその門下の執行

①四二四『四条金吾殿御返事』

満月のごとくなるもちゐ（餅）二十・かんろ（甘露）のごとくなるせいす（清酒）一つつ給候了。春のはじめの御悦は月のみつるがごとく、しを（潮）のさすがごとく、草のかこむが如く、雨のふるが如しと思食べし。抑八日は各各御父釈迦仏の生させ給候し日也。彼日に三十二のふしぎあり。一には一切の草木に花さきみなる。二には大地より一切の宝わきいづ。三には一切のでんばた（田畠）に雨ふらずして水わきいづ。四にはよるへんじてひるの如し。五には三千世界に歎のこゑなし。如是吉瑞の相のみにて候し。是より已来今にいたるまで二千二百三十余年が間、吉事には八日をつかひ給候也。然るに日本国皆釈迦仏を捨させ給て候に、いかなる過去の善根にてや法華経と釈迦仏とを御信心ありて、各々あつまらせ給て八日をくやう申させ給のみならず、山中の日蓮に華かう（香）ををくらせ候やらん。たうとし、たうとし。(25)

鎌倉において、四条金吾を中心とする檀越集団が八日講を営み、合わせて身延の日蓮聖人のもとに供養の品々を捧げたことに対する礼状である。この手紙は「八日講御書」とも称されている。この文面から、鎌倉における信仰者集団の中で四条金吾は中心的役割を果たしていたことが知られる。「八日講」について記述されている遺文はこの手紙のみである。法華八講と同様に、他の遺文中に多く見られる法華経の読誦や談義などの記述の中には、八日講として営まれていたものもあるのではないかと思われる。

3 天台大師講

(1) 天台大師講の意味と目的

天台大師智顗の遺徳を慶讃し、命日に当たる一一月二四日におこなう法会。天台大師会・霜月会とも称する。前述のとおり、日本天台宗では、延暦一七年（七九八）一一月に伝教大師最澄が比叡山で法華十講をおこなったことを起源とする。延暦二〇年（八〇一）一一月にも南都の僧一〇人を招いて営まれた。

『立正安国論』によると、日蓮聖人の時代には、念仏の盛行と共に天台大師講は次第に廃れ、善導講などにとって代わられていたことが分かる。

日蓮聖人は早い時期から天台大師講を営み、門下の信仰と修学を深め、同信者集団の団結と求心力を高めていかれた。

法要・講会のご宝前には天台大師の御影を奉安し、天台大師の威徳を称揚・讃嘆する法要を修し、国土・万民の安穏を祈り、法華経及び天台教籍が講説された。日蓮聖人は天台教籍の中でもとくに『摩訶止観』巻五を中心に講説されていたようである。遺文によれば、日蓮聖人は、霜月（一一月）に関わらず、毎月二四日に開催されていた。

講者や法要の執行は日蓮聖人及び各地域の弟子が主導し、講会開催の段取りや会場設営などは日蓮聖人の指示を受けた門弟が交代で担当したものと思われる。

会場は日蓮聖人の草庵および弟子の坊舎、檀越の住居、お堂（持仏堂・法華堂）などであったであろう。これらの場所が、後に法華経の道場として充実発展し、やがて本化の教えを受持し護持・弘通する寺院となっていったのである。

天台大師講の実修は日蓮聖人とその門下における天台大師観及び天台教学の受容に大きな影響を与えたものと思われる。天台大師への尊崇、天台教学を基礎とした教学の研鑽について、自然と深い自覚を促すものとなったことであろう。(26)

(2) 日蓮聖人遺文に見る「日本における天台大師講」の衰退

①二四『立正安国論』

或は釈迦の手指を切りて弥陀の印相を結び、或は東方如来の鴈宇を改めて西土教主の鵝王を居え、或は四百余回の如法経を止めて西方浄土の三部経となし、或は天台大師の講を停めて善導の講となす。かくのごとき群類、それ誠に尽し難し[27]。

②二七九『立正安国論』（広本）

或は釈迦の手指を切りて弥陀の印相を結び、或は東方如来の鴈宇を改めて西土教主の鵝王を居え、或は四百余回の如法経を止めて西方浄土の三部経となし、或は天台大師の講を停めて善導の講となす。かくのごとき群類、それ誠に尽し難し[28]。

『立正安国論』には、浄土教の興隆とともに天台大師講が衰退し善導講にとってかわっていったことが記されている。このような状況に対する憂いが、日蓮聖人とその門下における天台大師講開催と法華堂開設の思いを増強させていったのではないかと思われる。

（3）日蓮聖人とその門下における天台大師講の執行

①六七『富木殿御消息』

大師講事。今月明性房にて候が此月はさしあい候。余人之中せん（為）と候人候はば申せ給と候。貴辺如何蒙仰候はん。又御指合にて候わば他処へ申べく候[29]。

遺文中において大師講についての記述がみられる最初である。本遺文によると、鎌倉において、門下の人々と共に、毎月、天台大師講を営んでおられたことがわかる。明性房が都合が悪いので、その担当を富木氏に打診されている。会場の担当・設営のことと思われ、弟子・信徒を問わず交代で担当していたことが分かる。

明性房については、建治二年（一二七六）七月二一日の『弁殿御消息』に「伊東の八郎ざゑもん、今はしなの（信濃）のかみ（守）はげん（現）にしに（死）たりしを、いのりいけ（活）て、念仏者等になるまじきよし明性房にをくりたりしが、かへりて念仏者真言師になりて無間地獄に堕ぬ[30]」とあることから、伊東八郎左衛門と関係を持っていたことが分かるが、委細は未詳である。

②七三『金吾殿御返事』

止観五、正月一日よりよみ候て、現世安穏後生善処と祈請仕候。便宜に給べく候。本末は失て候しかども、これにすり（修理）させて候。多本入べきに申候。大師講鵝目五連給候了。此大師講三四年に始て候が、今年は第一にて候つるに候[31]。

天台大師講において、『摩訶止観』巻五が読まれていたことがわかる。その目的は世間・国家の安寧の為とされている。また、大師講は文永三、四年頃から始め[32]、今年は最も盛況であると述べられている。

次下に「抑此の法門之事、勘文の有無に依りて弘まるべきか、これ弘まらざる歟。去年方々に申て候しかども、いなせ（否応）の返事候はず候。今年十一月之比、方々へ申て候へば少々返事あるかたも候。をほかた人の心もやわらぎて、さもやとをぼしたりげに候。又上のけさん（見参）にも入て候やらむ」とあり、文永五年（一二六八）の蒙古国書到来により『立正安国論』の趣旨が現実化したために、各所に書面を送付したとされている。このような国内の様相を背景に、大師講が特に盛大に営まれたのではないかと思われる。

③一二九『弁殿尼御前御書』

弁殿に申。大師講をこなうべし。大師と（取）てまいらせて候。三郎左衛門尉殿に候文のなかに涅槃経後分二巻・文句五本末・授決集抄の上巻等、御随身あるべし。(33)

佐渡から弁阿闍梨日昭に大師講の執行について指示を出しておられる。「大師と（取）てまいらせて候」とは天台大師の御影を準備するようにとの指示であると思われる。(34)

④三八九『富木殿御返事』

鵞目一結、天台大師の御宝前を荘厳し候い了んぬ。経に云く、法華最第一なりと。また云く、よくこの経典を受持することあらん者も、またまたかくのごとし。一切衆生の中において、またこれ第一なりと。また云く、その福、また彼に過ぎん。(35)

富木氏が、天台大師講にあたり鵞目一結を供養したことに対する謝礼の手紙である。「天台大師の御宝前を荘厳」とあることから、天台大師の御影が祀られていたと思われる。前掲の『弁殿尼御前御書』の記述と関連して勘案すると、御影は画像であったと推察される。(36)

⑤四一三『富城入道殿御返事』

予既に六十に及び候へば、天台大師御恩報奉と仕候あひだ、みぐるしげに候房をひきつくろい候ときに、さくれう（作料）におろ（下）して候なり。銭四貫をもちて、一閻浮提第一の法華堂造た

りと、霊山浄土に御参候はん時は申あげさせ給べし。(37)

身延山の庵室の改築を「法華堂造たり」と表現し、天台大師への「御恩に報じ奉」るとされている。次の『地引御書』の記述と同じで、庵室落成の行事が一一月二四日の天台大師講に合わせておこなわれたことが分かる。

⑥四一六『地引御書』

坊は十間四面に、またひさしさしてつくりあげ、二十四日に大師講並延年、心のごとくつかまつりて、二十四日の戌亥の時、御所にすゐ（集会）して、三十余人をもつて一日経かき（書）まいらせ、並申酉の刻に御供養すこしも事ゆへなし。(38)

身延山中の庵室の改築にあたり、天台大師の命日に当たる二四日に祝賀の行事がおこなわれている。大師講に合わせて庵室改築の落成祝事を執り行われたものである。身延山の庵室の改築は、天台大師へのご報恩の意味があったことが分かる。

以上のとおり、日蓮聖人は天台大師講を、鎌倉における弘教の当初から身延在山の晩年に至るまで継続して営まれていた。その目的は、天台大師の遺徳顕揚・報恩追慕はもとより、国土の安泰と万民の安穏を祈請し、ひいては教学研鑽、門弟教育、信仰の深化、信仰者集団の連帯をはかることにあったと考えられる。日蓮聖人とその門弟は弘教の当初から数々の法難に値遇していたことから、集会による信仰の確認と結束は、信仰の相続において重要な意味を持っていたのである。

4 『摩訶止観』の講談

(1)『摩訶止観』講談の意味と目的

遺文中には、『摩訶止観』を「読む」「談ずる」という表現が見られる。おそらく法華八講や天台大師講のような形で、日常的に『摩訶止観』を講談されていたのではないかと思われる。したがって、『摩訶止観』の講談についての事例は、実際は八日講・法華八講・天台大師講などであった場合も考えられる。

(2)日蓮聖人とその門下の執行

①七三『金吾殿御返事』 ＊大師講と重複引用

止観五、正月一日よりよみ候て、現世安穏後生善処と祈請仕候。便宜に給べく候。本末は失て候しかども、これにすり(修理)させて候。多本入べきに申候。大師講鵞目五連給候了。此大師講三四年に始て候が、今年は第一にて候つるに候。(39)

天台大師講では主に『摩訶止観』の談義がおこなわれていたことが分かる。『摩訶止観』のなかでもとくに巻五を中心に講談されていた。『摩訶止観』講談の目的は世間と天下の安寧のためとされている。『摩訶止観』巻五の法門は、章安大師が「説己心中所行法門」、妙楽大師が「終窮究竟の極説」と称賛されたように、天台大師証得の重要法門である。ここには法華経の極理である一念三千の法門が説き明かされていることから、十界互具によって論証される一切衆生の成仏と、三種世間によって論証される国土の成仏を祈念されたものであろうか。

②七四『上野殿母尼御前御書』

母尼ごぜんにはことに法華経の御信心のふかくましまし候なる事、悦候と申せ給候へ。止観第五之事。正月一日辰時此をよみはじめ候。明年は世間怱々なるべきよし皆人申あひだ、一向後生のためにに十五日まで止観を談とし候が、文あまた候はず候。御計候べきか。白米一斗御志申つくしがたう候。鎌倉は世間かつ(渇)して候。僧はあまたをはします。過去の餓鬼道苦をばつくのわせ候ひぬるか(40)。

明年は、正月元旦の辰時(午前八時頃)から『摩訶止観』巻五を読み始め、「世間怱々なるべきよし」の風評があるために、一五日まで講談したいと述べられている。蒙古国からの襲撃の風評が流れ、穏やかならぬ情況の中で、世間の安泰と後生のために『摩訶止観』巻五の講談が予定されたことが分かる。

③八一『十章鈔』

この文を止観よみあげさせ給て後、ふみのざ(文座)の人にひろめてわたらせ給べし。止観よみあげさせ給はば、すみやかに御わたり候へ(41)。

この手紙は、弟子の三位房が京都で『摩訶止観』の講義をしたことに対し、日蓮聖人が三位房に留意すべきことを申し送られたものである。門弟が講談するほど、日蓮聖人が主導する信仰者集団においては、『摩訶止観』についての研鑽が進んでいたことがうかがわれる。

④三三六『松野殿女房御返事』

我が身は釈迦仏にあらず、天台大師にてはなけれども、まかるまかる昼夜に法華経をよみ、朝暮に摩訶止観を談ずれば、霊山浄土にも相似たり、天台山にも異ならず。但し有待《うだい》の依身《えしん》なれば著ざれば風身にしみ、食ざれば命持がたし。燈に油をつがず、火に薪を加へざるが如し。命いかでかつぐべきやらん。命続がたく、つぐべき力絶ては、或は一日乃至五日、既に法華経読誦の音も絶ぬべし、止観のまど（窻）の前には草しげりなん。(42)

法華経の読誦と『摩訶止観』の講談が同時におこなわれている。その講談の場所は、釈尊が法華経を説かれた霊山浄土に似、天台大師が法華経を講説された天台山に異ならないとされている。さらに、我が身は「有待《うだい》の依身《えしん》(43)」であることから衣食がなければ身命を保つことができず、法華経の講説や『摩訶止観』の講談もできないと述べ、松野殿女房に対し布施供養についての感謝の気持ちを伝えられている。

以上のとおり、日蓮聖人は『摩訶止観』を日常的に講談されていた。なかでも、正修止観章が説かれる巻五が重点的に読まれ講談されていたことが分かる。天台大師講においてはもとより、講筵においては法華経と共に『摩訶止観』が中心であったことは、『摩訶止観』に天下の安寧と万民の安穏の意義が認識されていたことを意味する。

教学上では、天台大師の法華仏教は像法時の迹面本裏と位置付けられるが、日蓮聖人は、天台大師を尊崇礼拝の対象たる偉大な先師として実感的に受け止めておられた。この思念が天台大師講を継続的に実修せしめる原動力となっていたのではないかと思われる。(44)

5　談義

(1)　談義の意味と目的

談義とは経論釈の教義を説き明かすことをいう。日蓮聖人遺文に見られる事例では、法華経や『摩訶止観』などの天台典籍の講談、及び法門の議論などを意味する。

学問研鑽においては、歴史上、「論義」という伝統法会がある。論義には、問者《もんじゃ》と講師（答者《たっしゃ》）によって質疑応答する講経論義と、問者と答者が相互に研鑽する番論義《つがい》とがある。また、目的によって祈願論義・追善論義（修忌論義）・興学論義などに区分される。

論義は僧侶の階梯試験の意味合いをもっても営まれ、合格することによって僧侶の地位の向上につながり、より高名な講会に招かれることが多かった。問答試験の論義の講師は竪義《りゅうぎ》・広学竪義などと呼ばれた。問答論義においては、その様態は法華経の講会と同様である。

論義は白雉三年（六五二）に、孝徳天皇の勅命により、入唐僧の恵隠が内裏において『無量寿経』を講じたことが最初とされている。弘仁四年（八一三）に宮中の御斎会《ごさいえ》で修されてからは恒例の行事となった。東寺や長谷寺などの諸寺でも定期的に営まれた。鎌倉幕府が鶴岡八幡宮で修してからは幕府論義として定着していった(45)。

日蓮聖人遺文中における論義についての記述は、『八幡宮造営事』に「此法門申候事すでに廿九年なり。日々論義、月々難、両度流罪身つかれ、心いたみ候し故にや、此七八年が間、年々に衰病をこり候つれども、なのめにて候つるが、今年は正月より其気分出来して、既一期をわりになりぬべし。其上、齢既六十みちぬ(46)」とあるが、遺文の信頼性の問題から、日蓮聖人における論義執行の事実を確定することはできない。

日蓮聖人とその門下においては、諸寺院における論義とは性格を異にしながらも、このような歴史的伝統を踏まえた形で談義が営まれていたものと思われる。

(2) 日蓮聖人とその門下の執行

①二『富木殿御返事』

よろこびて御とのひと給りて候。ひるはみぐるしう候へば、よるまいり候はんと存候。ゆうさりとりのときばかりに給べく候。又御はた（渡）り候て法門をも御だんぎあるべく候(47)。

檀越の富木氏に談義に来るように伝えられている。談義について触れられている最初の遺文である。「ひるはみぐるしう候へば」とあることから、日中を避ける理由があったように見受けられる。「とりのとき」は午後六時頃であるため、一二月の頃はあたりが暗かった。

このように、建長五年（一二五三）頃には談義が行われていた。日蓮聖人を中心とする信仰者の集団が形成され、法門談義などの活動が展開されていたことが分かる。(48)

②一二七『波木井三郎殿御返事』

鎌倉に筑後房・弁阿闍梨・大進阿闍梨と申す小僧等これあり。これを召して御尊びあるべし。御談義あるべし。大事の法門等ほぼ申す。彼等は日本にいまだ流布せざる大法少々これを有す。随て御学問注し申すべきなり。(49)

日蓮聖人が佐渡から檀越の波木井三郎に、筑後房日朗・弁阿闍梨日昭・大進阿闍梨を呼んで談義をするようにと指示されている。日蓮聖人の弟子が檀越に談義をしていたことが分かる。このことは門弟間の研鑽と弟子による檀越教化を示すものである。

③二一二『忘持経事』

しかる後、深洞《じんどう》に尋ね入りて一庵室を見る。法華読誦の音、青天に響き、一乗談義の言、山中に聞こゆ。(50)

この手紙文は、下総から身延に詣でた富木常忍が日蓮聖人の住される草庵にたどり着いた時の様子を述べられたものである。日蓮聖人が晩年を過ごされた身延山では、法華経の読誦と一乗法門の談義が常に行われていたことが分かる。

④二三二『道場神守護事』

鷲目五貫文、慥かに送り給び候い了んぬ。かつ知食《しろしめ》すがごとく、この所は里中を離れたる深山なり。衣食乏少の間、読経の声続きがたく、談義の勤め廃しつべし。この託宣は十羅刹の御計らいにて檀那の功を致さしむるか。(51)

衣食の欠乏により「読経の声も続かず、談義の勤めもできない」とある。このように衣食に窮しているなかに、富木氏から銭五貫文の供養が捧げられたことに対する感謝の手紙である。身延山では読誦と談義が常に行われていたことがわかる。「談義の勤」と述べられていることから、談義が日常の勤行のように行われていたことも考えられる。

以上のとおり、日蓮聖人は鎌倉期から身延期にかけて、継続して講会・談義を営んでおられた。日蓮聖人における、諸宗との対論志向や文章中に見られる「問うて曰く」「答えて曰く」という問答形式の論述展開は、このような講会・談義における論談形式と関係するのではないかとも思われる。

四　むすび

講会に関する日蓮聖人遺文中の記述は、法華経講談と天台大師講に関するものが多い。日蓮聖人によって唱導されたお題目の信仰者集団は、法華経や『摩訶止観』を中心とする講談を通して法門を頂受し信仰を深めていったものと思われる。

講会・談義の営みは、日蓮聖人滅後も門下によって継承されていった。日蓮聖人ご入滅後、門弟を中心とした学問所が各地に創設された。

身延山では、日蓮聖人滅後においても、門下において、行学研鑽の道場としての機能を維持・発展せしめる必要性が認識されていたものと思われる。護持・運営の責任者たる住持と共に学頭が当初からおかれた。身延山の初代学頭には日向が就任している。おそらく、日蓮聖人在山時のごとく講会・談義が執行されていったものと思われる。

日興は身延離山後、重須に談所（重須談所）を設置し門下教育の道場とした。伊予阿闍梨日頂の俗弟とされる寂仙房日澄がその初代学頭であったとされている。(52)

南北朝時代には身延山第七世の上行院日叡が身延談所、室町時代には日願が平賀談所、円明院日澄が鎌倉妙法寺に学室、慶林房日隆が尼崎本興寺に学室を開設している。また、中老僧日源によって天台宗から改宗した武州法華寺の碑文谷談所においても盛んに講会が執行されていた。その様子は、身延文庫所蔵の文安二（一四四五）と寛正二年（一四六一）の講談の記録によって伺うことができる。(53)

身延山においては、室町期に行学院日朝が次のような論義を執行していた。毎月、三日は日向《にこう》の命日に修す三日講《みつがんこう》、一三日は日蓮聖人の命日に修す例講問答《れいこうもんどう》、二八日は立教開宗日に修す立正会問答《りっしょうえもんどう》である。日朝は多くの論題を作成しており、これに基づいて問者と答者（講師）による論義が展開された。

これらの談所（学問所・学室）では、法華経・天台典籍・日蓮聖人遺文（「御書」）などが盛んに講説され、法門の研鑽がなされたのである。

門下の居宅や持仏堂などが次第に信仰活動の場所として機能するようになり、これが法華堂として整備されていった。こうして信仰活動専用の場所が確保されることによって、より活発に布教活動も展開された。法華堂を中心とした信仰活動はやがて寺院の創設へと発展し、その数もしだいに増加していった。

各地における布教拠点の確保は門下の教線拡張を助け、さらにいっそう法華堂・談所（学問所・学室）の創設や寺院・檀林の建立・設置を促進していった。ここから多くの人材が輩出し、門流の発展伸張と相俟って、全国的に教団が形成されていったのである。

談義は、法門の講説であることから、寺院における出家者を中心とした修行研鑽の儀式であるが、法会には僧俗を問わず参詣聴聞がなされた(54)。

さらに、このような法会に加えて、日蓮聖人を信奉する檀越を主体とする信行の法会が営まれていった。日蓮聖人のご命日である十三日や逮夜に当たる十二日に営む追慕報恩の講会である。これが日蓮聖人門下における法華講・題目講・十三日講・お逮夜講などの始まりである。これらの講会においては、門下によって日蓮聖人の「御書」が講談され、その教えが広く伝えられていったのである。

このような、講会・談義、一代五時に立脚した修学の傾向が門下の法門継承の内容であったことから、門下の聞書や著述などに見られるように、教義内容が諸宗との勝劣を判ずる権実論に傾斜していったことが考えられる。門下が盛んにおこなった申状進上の諫暁活動もこの線上（権実論）に位置している。

日蓮聖人が特に佐渡期以降盛んに強調された本化の観心法門は門下にどのように継承されていったのであろうか。この点は不明な部分が多い。日蓮聖人滅後まもなく興起した門下の分派はこの問題と深い関わりをもつものではないかと思われる。

註

(1)『正蔵』第三三巻八〇〇頁a。原漢文。

(2)『正蔵』第三三巻九四八頁b。原漢文。

(3)『伝全』第三巻二五二頁。

(4)『昭定』二三頁・日代写本。

(5)『昭定』一〇九頁・曾。

(6)『昭定』五八八頁・曾。

(7)『昭定』八八六頁・断。

(8)『昭定』九三一頁・真。

(9)『開目抄』『昭定』五八八頁・曾。『撰時抄』『昭定』一〇三六頁・真。『報恩抄』『昭定』一一九四・一二一一頁・断・曾。

(10) 日蓮聖人の出家の動機については、諸先師によって、真理の探究、無常感、諸宗乱立への疑問、報恩などが指摘されている。清澄寺の虚空蔵菩薩に「日本第一の智者となし給へ」(『清澄寺大衆中』『昭定』一一三三頁・

曾）と立願したり、諸国の諸寺院を廻って修学し（『本尊問答鈔』『昭定』一五八〇頁・日興写本・日源写本）、『涅槃経』所説の依法不依人の教説に立脚して仏法を求めていかれたことを勘案すると、日蓮聖人の宗教は「釈尊の真実を求める」という叡智的・理知的な面が強い。

(11)『昭定』九一〇頁・真。原漢文。

(12)三五二『富城殿女房尼御前御返事』『昭定』一七一〇頁・真。弘安二年（一二七九）。

(13)一二〇『妙一尼御返事』『昭定』七二二頁・真。文永一〇年（一二七三）四月二六日。

(14)二二二『弁殿御消息』『昭定』一一九一頁・真。建治二年（一二七六）七月二一日。

(15)『報恩抄』所述の三大秘法を具体的に門弟に教示するためであろうか。

(16)『日蓮大聖人御真蹟対照録』下巻一頁。

(17)『日蓮大聖人御真蹟対照録』下巻一九五頁。

(18)『宗全』第一巻一八〇～一八一頁。原漢文。

(19)『白蓮弟子分与申御筆御本尊目録』『宗全』第二巻一一六頁。

(20)鎌倉時代における法華経の講会については、小峯和明稿「中世の法華講会」『解釈と鑑賞』第六二巻第三号参照。

(21)『昭定』二三五三頁・断。原漢文。五四歳　建治二年（一二七六）。

(22)『昭定』八七頁・曾。三八歳　正元元年（一二五九）七月一七日　対告者：武蔵殿御房。

(23)『昭定』八七頁・延山録外。

(24)『昭定』一三七〇頁・真。

(25)『昭定』一九〇六頁・断。六一歳　弘安五年（一二八二）正月七日。

(26)日蓮聖人の門下教育に関連してとくに天台大師講については、岡元錬城稿「日蓮聖人の教導（門下教育）」（『日蓮聖人大事典』）において叙述されている。また、日蓮聖人における天台大師講の実修および富士門流における天台大師講の継承と展開については、長倉信祐稿「初期日蓮教団における天台大師講をめぐる諸問題」（『天台学報』第五五号）において論述されている。
(27)『昭定』二二三頁・真・写。原漢文。三九歳　文応元年（一二六〇）。
(28)『昭定』一四七一頁・真・写。原漢文。五七歳　弘安元年（一二七八）。
(29)『昭定』四四〇頁・真。四八歳　文永六年（一二六九）。
(30)二二二『弁殿御消息』『昭定』一一九〇〜一一九一頁・真。
(31)『昭定』四五八頁・断・日澄写本。四九歳　文永七年（一二七〇）一一月二八日　対告者：大田氏。肉倉本勇稿「日蓮聖人における檀越教化の一研究―富木尼を中心として―」（『大崎学報』第一七二号）は系年を文永六年と推定している。戸頃重基・高木豊校注『日蓮』は対告者を富木氏としている。
(32)大師講の開始について、「文永三、四年頃から始めた」と「三、四年前から始めた」とする解釈がある。
(33)『昭定』七五二頁・真。五二歳　文永一〇年（一二七三）著作地：佐渡一谷。
(34)「四条金吾のもとにある天台大師の像を取り寄せて」との解釈（『日蓮聖人全集』第五巻二五五頁）もあるが、本文からは必ずしも「四条金吾のもとから取り寄せる」の意味とは断定できない。日昭の「譲与本尊聖教事」には、「大師御影五鋪並聖人御影一鋪」（『宗全』第一巻一一頁）とあり、編者が頭注に「五恐一」と記している。日昭が天台大師の御影を所蔵（奉安）していたことも考えられる。
(35)『昭定』一八一八頁・真。原漢文。五九歳　弘安三年（一二八〇）著作地：身延。
(36)富木日常の『常修院本尊聖教事』に「天台大師御影　一鋪」（『昭定』二七二九頁）とあることからも、「天台大師の御宝前」には「天台大師の御影」が奉安されていた可能性がある。
(37)『昭定』一八八八頁・門下代筆・自署花押真。六〇歳　弘安四年（一二八一）著作地：身延。
(38)『昭定』一八九四頁・曾。六〇歳　弘安四年（一二八一）著作地：身延。
(39)『昭定』四五八頁・断・日澄写本。四九歳　文永七年（一二七〇）一一月二八日。

(40)『昭定』四五九～四六〇頁・真。四九歳　文永七年（一二七〇）。
(41)『昭定』四九二頁・断。五〇歳　文永八年（一二七一）対告者：三位房。
(42)『昭定』一六五一頁・断。五八歳　弘安二年（一二七九）著作地：身延。
(43) 飲食や衣服によって維持されている身体。檀越の布施供養によって修行している出家者。
(44) 日蓮聖人における『摩訶止観』の受容については、茂田井教亨稿「『観心本尊抄』における『摩訶止観』―特に一念三千の受容について―」（『止観の研究』）、北川前肇稿「日蓮聖人の『摩訶止観』受容」（『日本佛教学会年報』第四五号、『仏教における修行の論理的根拠』）、奥野本勇稿「日蓮聖人における『摩訶止観』受容の問題」（『宗教研究』第三六二号）、中村宣悠稿「日蓮聖人における『摩訶止観』の引用」（『大崎学報』第一六九号）などの論述がある。
(45) 法華経の論義については、蓑輪顕量稿「『法華経』論義の世界」『解釈と鑑賞』第六二巻第三号、同著『日本仏教の教理形成』、同著『日本仏教史』、寺井良宣稿「天台の修行と論義の形態」『問答と論争の仏教』参照。
(46)『昭定』一八六七頁・延山録外。
(47)『昭定』一五頁・真。三二歳　建長五年（一二五三）一二月九日　対告者：富木氏　著作地：鎌倉か。
(48)『富木殿御返事』の系年については諸説がある。『昭定』は建長五年（一二五三）とするが、建長五年の段階では日蓮聖人はまだ清澄寺にいたとする説（高木豊『日蓮巧』一〇一～一〇三頁）、下総の守護所にいたとする説（中尾堯稿「『富木殿御返事』と日蓮聖人伝の検討」『日蓮教団の諸問題』所収。二八五頁）などが提示されている。中尾説に基づけば、この出来事は下総国の守護所付近でのこととなり、高木説に基づけば手紙の系年が建長六年以降ということになる。いずれにしても建長五～六年の頃のことであり、日蓮聖人の活動の初期である。
(49)『昭定』七四五頁・日興写本。原漢文。五二歳　文永一〇年（一二七三）八月三日　著作地：佐渡一谷。
(50)『昭定』一一五一頁・真。原漢文。五五歳　建治二年（一二七六）対告者：富木氏　著作地：身延。

(51)『昭定』一二七四頁・真。原漢文。五五歳　建治二年（一二七六）対告者：富木氏　著作地：身延。

(52)重須談所については、丹治智義稿「重須談所の教育史的考察」（『日蓮とその教団』所収）、初期日興門流における学問研鑽については、本間俊文稿「初期日蓮教団における学問研鑽について―日興門流の事例を中心に―」（『大崎学報』一七二号）に論述されている。

(53)『身延文庫典籍目録』中五一八・五二六・五二七頁。下三三四頁。『日源上人とゆかりの寺院』九二～九三頁。

(54)日蓮聖人が営まれていた談義には聴衆が僧俗を問わず参集していた。その形態はその後も維持されていった。元禄年間に記された『日乗上人日記』によると、水戸久昌寺で執行された談義に少将公（水戸綱條）も聴聞している。望月真澄稿「『日乗上人日記』にみられる信仰関係記述」『印度学仏教学研究』第六五巻第一号。

第二節　読誦・書写等を中心として

一　はじめに

日蓮聖人には多くの門弟がいたことが知られている。日蓮聖人はそれらの門弟を、時々の情況に応じ種々の方法によって教導された。日蓮聖人の門弟に対する教導を、ここでは日蓮聖人の門弟教育と捉え、その特色について考察したい。

日蓮聖人の生涯は鎌倉期・佐渡期・身延期に大別されるが、各時期において生活環境が大きく異なり、それに応じて教育内容や方法にも相異が見られる。日蓮聖人は鎌倉期からすでに門弟に対する教育をされていたが、もっとも充実した時期は身延期であった。

教育の内容や手段は、日蓮聖人が主体である場合もあれば、門弟同士が相互に研鑽を積む場合もあった。

教育の手段としては、講会、談義、経典読誦、経文書写、日蓮聖人の著書・手紙の書写や学修、日蓮聖人筆の図録・要文・写本の書写や学修、日蓮聖人筆の大曼荼羅の書写や学修、日蓮聖人による講談とその筆録、法華堂における信行活動、日蓮聖人による書籍の蒐集とその研鑽等多岐にわたる。

ここでは、このような事例をとおして、日蓮聖人における門弟教育の概要について見ていきたい。

二　法華経読誦と門弟教育

（1）法華経読誦の意味と目的

仏教における読誦は、基本的には経典を読み誦すことをいう。読経は経文を見て読むこと、誦経は暗記して読むことである。読誦は黙読もあるが基本は声に出して読むことである。経典の読誦によって功徳を廻らし、諸仏を讃歎したり、祈りを捧げ、死者を供養したりする。

読誦は五種法師行の一としてあげられる。五種法師行は受持読誦解説書写をいい、受持は総行、読誦解説書写は別行である。

日蓮聖人は、法華経の読誦について、通常の読誦はもとより色心二法にわたる読誦について教示されている。(1) ここでは門弟教育に視点を当て、通常の読誦についてその事例をあげたい。

（2）日蓮聖人とその門下の執行

①一七五『法蓮鈔』

今、法蓮上人の送り給へる諷誦の状に云く、慈父幽霊《ゆうりょう》第十三年の忌辰に相当り、一乗妙法蓮華経五部を転読し奉る等云云。（略）彼の諷誦に云く、慈父閉眼の朝《あした》より、第十三年の忌辰に至るまで、釈迦如来の御前において自ら自我偈一巻を読誦し奉りて聖霊に回向す等云云。（略）今の施主十三年の間、毎朝読誦せらるる自我偈の功徳は、唯仏与仏乃能究尽なるべし。夫れ法華経は一代聖教の骨髄なり。自我偈は二十八品のたましひなり。三世の諸仏は寿量品を命とし、十方の菩薩も自我偈を眼目とす。自我偈の功徳をば私に申すべからず。次下に分別功徳品に載せられたり。此の自我偈を聴聞して仏になりたる人人の数をあげて候には、小千・大千・三千世界の微塵の数をこそあげて候へ。（略）これを以てこれを案ずるに、法蓮法師は毎朝、口より金色の文字を出現す。此の文字の数は五百十字也。一一の文字変じて日輪となり、日輪変じて釈迦如来となり、大光明を放つて大地をつきとをし、三悪道・無間大城を照し、乃至、東西南北、上方に向つては非想非非想へものぼり、いかなる処にも、過去聖霊のおはすらん処まで尋ね行き給ひて、彼の聖霊に語り給ふらん。我をば誰とか思食す。我は是れ汝が子息、法蓮が毎朝誦する所の法華経の自我偈の文字なり。此の文字は汝が眼とならん、耳とならん、足とならん、手とならんとこそ、ねんごろに語らせ給ふらめ。其の時過去聖霊は我が子息法蓮は子にあらず、善知識なりとて、娑婆世界に向つておがませ給ふらん。是れこそ実《まこと》の孝養にては候なれ。(2)

曾谷法蓮が、慈父の追善供養のために自我偈を読誦したことに対し、日蓮聖人が称賛の手紙を送られている。日蓮聖人による門弟教育の事例ではないが、門下の法華経読誦を日蓮聖人が讃歎し功徳の意義を教示されている。

②一七六『種種御振舞御書』

其夜は十三日、兵士ども数十人坊の辺り並に大庭になみゐ（並居）て候き。九月十三日の夜なれば月大にはれてありしに、夜中に大庭に立出でて月に向ひ奉て、自我偈少少よみ奉り、諸宗の勝劣、法華経の文あらあら申て、抑今の月天は法華経の御座に列りまします名月天子ぞかし。(3)

この事例は門弟教育の為の法華経読誦ではない。日蓮聖人が幕府によって捕縛された文永八年（一二七一）九月一二日の夜の出来事である。自我偈の読誦は月天子への諫暁と祈請である。「諸宗の勝劣、法華経の文あらあら申て」とは諸宗法門の談義と法華経の講説であろうか。

③一九五『御衣並単衣御書』

この衣をつくりて、かたびらをきそい（著添）て、法華経をよみて候わば、日蓮は無戒の比丘なり、法華経は正直の金言なり。毒蛇の珠をはき、伊蘭の栴檀をいだすがごとし。(4)

下総の富木尼から身延の日蓮聖人のもとに衣類が供養されたことに対する礼状である。無戒の比丘である日蓮がこの衣を着て法華経を読み奉ることは「毒蛇が珠を吐き、伊蘭から栴檀が生じるようなものである」と述べて、その功徳を廻向されている。

④二一二『忘持経事』＊談義と重複引用

しかる後、深洞《じんどう》に尋ね入りて一庵室を見る。法華読誦の音、青天に響き、一乗談義の言、山中に聞こゆ。(5)

身延山における法華経読誦の様子が知られる。身延山においては常に法華経が読誦されていたと思われる。

⑤二二〇『四条金吾釈迦仏供養事』

これまで山中にして法華経をよみまいらせ候は、たれがたすけぞ、ひとへにとのの御たすけなり。(6)

この手紙は、四条金吾が釈迦仏の開眼供養について日蓮聖人に書面を送ったことに対する返書である。日蓮聖人は「この身延山中で法華経を読む事ができるのは、ひとへに貴方の支援があってのことである」と述べられている。日蓮聖人が、檀越への感謝の思いの中で日々を過ごされていたことが理解される。

⑥二三二『道場神守護事』＊談義と重複引用

鵞目五貫文、慥かに送り給び候い了んぬ。かつ知食《しろしめ》すがごとく、この所は里中を離れたる深山なり。衣食乏少の間、読経の声続きがたく、談義の勤め廃しつべし。この託宣は十羅刹の御計らいにて檀那の功を致さしむるか。(7)

富木常忍から、道場の守護神である十羅刹の託宣を受けたとの報告を受けた日蓮聖人が、託宣の意味と法華経信仰の大切さについて教示されたものである。富木常忍が十羅刹を信仰していたことは、某氏に宛てた書面に「ヒトヘニ十羅刹ノ仰トセサセサセ給候」(8)とあることや、『常修院本尊聖教事』に「十羅刹一鋪」(9)とあることから知られる。日蓮聖人は、「衣食乏少」の深山に供養を届けられたことは、この度の「託宣」は「十羅刹の御計らい」によって檀那に功徳を積ませられたものか、と述べられている。生活環境の厳しい身延山中において、法華経の読誦と談義が常におこなわれていたことが分かる。

⑦二四七『下山御消息』

去年之春の末へ夏の始より、阿弥陀経を止て一向に法華経の内、自我偈読誦し候。又同ば一部を読奉らむとはげみ候。これ又偏に現当の御祈祷の為也(10)。

日蓮聖人の教化を受けた因幡房日永が、『阿弥陀経』読誦を止めて自我偈を読誦し、ひいては法華経一部を読誦せんと励んでいることを称賛されている。日永は、念仏を信仰する父親下山兵庫との間に対立があった。日蓮聖人は日永に代わって本書を作成し、下山兵庫に対し法華経信仰の正当性を説示されたのである。

⑧三三六『松野殿女房御返事』＊『摩訶止観』の講説と重複引用

我が身は釈迦仏にあらず、天台大師にてはなけれども、まかるまかる昼夜に法華経をよみ、朝暮に摩訶止観を談ずれば、霊山浄土にも相似たり、天台山にも異ならず。但し有待《うだい》の依身《えしん》なれば著ざれば風身にしみ、食ざれば命持がたし。燈に油をつがず、火に薪を加へざるが如し。命いかでかつぐべきやらん。命続がたく、つぐべき力絶ては、或は一日乃至五日、既に法華経読誦の音も絶ぬべし、止観のまど（窻）の前には草しげりなん(11)。

駿河の松野殿女房から供養の品々が届けられたことに対する礼状の一節である。読経と講談に明け暮れる身延山中の生活を吐露し、女房の供養の功徳を称賛して感謝の思いを叙述されている。身延山中における法華経信仰の様子が実感的に表明されている。

⑨三九八『法衣書』

日蓮は無戒の比丘、邪見の者なり。故に天これをにくませ給て食衣ともしき身にて候。しかりといえども法華経を口に誦し、ときどきこれをとく。譬へば大蛇の珠を含、いらん（伊蘭）よりせんだん（栴檀）を生ずるがごとし。いらんをすて、せんだんまいらせ候。蛇形をかくして珠を授たてまつる。(12)

某氏からの衣類の供養に対する礼状である。衣類の供養の功徳を明かし、「無戒の比丘、邪見の者」にして「食衣ともしき身」である日蓮であるが、法華経を読誦し講説することは伊蘭から栴檀を生ずることと同じであるとして、譬えをあげて女人成仏を教示されている。身延山中における法華経の読誦と講説の功徳を、衣類供養の女性檀越に回向されたものである。

三　写経と門弟教育

(1) 写経の意味と目的

写経は経典を書写することで、五種法師行の一にあげられている。経典は仏の音声（言葉）であり御意であることから、仏そのものとして尊崇される。日本では、天武二年（六七三）に川原寺《かわはらでら》で一切経の書写がおこなわれたことが最初とされている。奈良時代には主要寺院に写経所が設置され写経生《しゃきょうしょう》が配置されていた。平安時代には法華経の文化が隆盛し、盛んに法華経が書写された。写経には目的や形式によって、如法経《にょほうぎょう》(13)、頓写経、一筆経(14)、装飾経などがあった。写経は、功徳を廻らす法会のみではなく、修行・教育・教義研鑽の意義を有している。

日蓮聖人遺文には、写経の実修については、それほど多くの事例は見られない。

(2) 日蓮聖人とその門下の執行

①四一六『地引御書』 ＊大師講と重複引用

坊は十間四面に、またひさしさしてつくりあげ、二十四日に大師講並延年、心のごとくつかまつりて、二十四日の戌亥の時、御所にすゑ(集会)して、三十余人をもつて一日経かき(書)まいらせ、並申酉の刻に御供養すこしも事ゆへなし。(略)ただし一日経は供養しさして候。其故は御所念の叶せ給て候ならば供養しはて候はん。(15)

一日経が身延山における庵室改築の落成行事としておこなわれている。一日経は経典を一日で書写しその功徳を回向する法会である。書写の基本は三日で一巻、三〇日で十巻を完成させた。一日経は少人数でおこなえば頓写、大勢でおこなえば通常の写経になる。

身延の庵室改築の落成行事では、「戌亥の時」(午後九時頃)に集会し「三十余人をもつて」写経されている。ご供養はすでに「申酉の刻」(午後五時頃)に修せられているので、遅い時刻の法会である。ところが、南部六郎殿の御祈念が叶えられないようなので一日経の供養は途中でとりやめたと記されている。一日経は南部六郎の祈念成就の目的もあって営まれたようである。

四　日蓮聖人の著書・手紙と門弟教育

日蓮聖人は多くの文章を認められた。そのうち今日に伝えられているものは著書や手紙の類だけでもおよそ数百点にのぼる[16]。著書は主に法門の論述を目的としたもの、手紙は個人やその関係者及び地域の信徒に宛てられたものである。執筆の目的は様々であり、その内容は法門教示のほかに門下の家庭的な問題や社会的事件への対応など多岐にわたっている。時には同日に複数の手紙が書かれたりしている[17]。

著書と手紙については、区別できるものとそうではないものとがあり、明確に判別することは難しい。長文であることも日蓮聖人の手紙の特徴である。

日蓮聖人は各地域に弟子を遣して書面を届けさせた。書面を持参した弟子等はその書面を読み聞かせて日蓮聖人の教えを聴聞者に伝えたのである。派遣された弟子は日蓮聖人から法門を伝授された行学兼備の有識者であった。日蓮聖人から書面を受け取った者はこれを大切に保存し、ことあるごとに家族や地域の集団において繰り返し読み信仰に励んだのである。

（1）著 書

著書は、対告者はもとより広く門下に教示されたものと考えられる。著書の中にはそのことを明示されたものや『副状』に記されているものもある。日蓮聖人は、各地域に、書面を所持した弟子を派遣し、読ませたり説明させたりされている。

文永九年（一二七二）二月に脱稿された『開目抄』には、法門の教示を「我一門の者のためにしるす」[18]と述べられている。また、前年の龍口における法難を述懐して、「日蓮といゐし者は去年九月十二日子丑の時に頚はねられぬ。此は魂魄佐土の国にいたりて、返年の二月雪中にしるして、有縁の弟子へをくれば、をそろしくてをそろしからず。みん人いかにをぢずらむ。此は釈迦・多宝・十方の諸仏の未来日本国当世をうつし給明鏡なり。かたみともみるべし」[19]と述べられ、本書は「有縁の弟子」へおくる魂魄日蓮の「かたみ」であるとされている。文永九年（一二七二）四月、佐渡に鵞目の供養を届けた富木氏に対する礼状に「法門之事、先度四条三郎左衛門尉殿に書持せしむ。其の書、能く能く御覧あるべし」[20]とあることから、『開目抄』は四条金吾に与えられたと考えられている。このことから、四条金吾を通して鎌倉在住の弟子をはじめ、広くは聖人に心を寄せる門下に対し教示されたものであることが分かる。

文永一〇年（一二七三）四月に記された『観心本尊抄副状』には、「この事、日蓮当身の大事なり。これを秘して、無二の志を見ば、これを開祏せらるべきか。この書は難多くして答へ少なし。未聞の事なれば、人の耳目これを驚動すべきか。設い他見に及ぶとも、三人四人座を並べてこれを読むこと勿《なか》れ」[21]とあり、「当身の大事」である「観心法門」を顕説した『観心本尊抄』の閲読には厳重な注意を与えておられる。このことは「無二の志」を有した門弟の披見が期待されていたことを意味している。すなわち、『観心本尊抄』は、送付された相手である富木氏・曾谷氏・大田氏に限らず、信心堅固な門下に教示されたものと考えられるのである。

(2) 手　紙

手紙もまた法門教示の重要な媒体である。手紙は主に個人に宛てられるものであるが、日蓮聖人の手紙は広く当該地域や関係者の披見を意図されていたものが多くある。

佐渡から富木氏に宛てられた手紙である『真言諸宗違目』には次のように記されている。

①此の書を以て諸人に触れ示して残恨を残すこと勿れ。[22]

②空に読覚《よみおぼ》へよ。老人等は具に聞き奉れ。[23]

①は追伸、②は端書である。①には「この書を諸人に触れ示す」ように指示し、②では「何度もよんで暗記し、老人等は詳しく聞くように」と念を押しておられる。

身延から安房国の清澄寺大衆に送られた『清澄寺大衆中』の端書には次のようにある。

③このふみは、さど（佐渡）殿とすけあさり（助阿闍梨）御房と虚空蔵の御前にして大衆ごとによみ

きかせ給へ。[24]

この書面を、虚空蔵菩薩の御宝前において佐渡殿（日向）と助阿闍梨御房とが大衆ごとに読み聞かせるようにと指示されている。

身延から発信された池上宗長宛ての手紙である『兵衛志殿御返事』の追伸には次のように見える。

④此文は別は兵衛の志殿へ。総は我一門人々御覧有べし。[25]

父親との信仰上の葛藤に苦しむ池上兄弟を教示するなかで、日蓮聖人は、とくに心が揺れる弟の宗長に対し法華経信仰の堅持を勧奨し、父親を法華経信仰に導いたことの功徳を称賛して、このことを広く門下に周知せしめるようにと指示されている。

身延から安房国の信徒光日房に宛てられた手紙である『光日房御書』には次のようにある。

⑤これよりそれへわたり候三位房・佐渡公等に、たびごとにこのふみ（文）をよませてきこしめすべし。又、この御文をば明慧房にあづけ（預）させ給べし。[26]

子息を先立たせて悲嘆にくれる安房国の信徒光日房に対し、三位房・佐渡公日向等を読み手として聞くようにと述べられている。書簡を携えて地方の信徒のもとにおもむいた弟子が、書面を読み聞かせ、日蓮聖人のお心と教えを伝えたのである。師の教えに通達した門下でなければなしえない役目であったと思われる。

身延から武蔵国の池上宗長に宛てた手紙である『孝子御書』には次のようにある。

⑥大夫志殿の御文にくはしくかきて候。きこしめすべし[27]。

兄弟で父親を法華経信仰に導いたことの功徳を称賛し、詳細は兄の「大夫志殿（池上宗仲）の御文」を見るようにと伝えられている。

身延から大田入道に宛てられた手紙である『慈覚大師事』には次のようにある。

⑦法門事、秋元太郎兵衛尉殿の御返事に少々注して候。御覧有るべく候[28]。

大田入道に対して、法門の事を秋元太郎兵衛尉殿への手紙に記したので読むようにと伝えられている。両者が地理的に近くに居住し、共に信仰に励んでいた様子がうかがわれる。

同じく身延から駿河国の上野尼に宛てられた手紙である『上野尼御前御返事』には次のようにある。

⑧此由をはわきどのよみきかせまいらせさせ給候へ。事々そうそうにてくはしく申ず候[29]。

このことは伯耆房日興が読み聞かせるとして、「事々そうそうにてくはしく申ず候」と結ばれている。使者が詳しく説明することを前提にして書面が認められていることが分かる。

また、複数の対告者に宛てられた手紙は、その地域の信仰者集団に対する教化の意味が込められていたものと思われる。複数の対告者に宛てられた主な手紙をあげると次のとおりである。

「三人御中」‥六六『問注得意鈔』

「義浄房　浄顕房」‥七六『善無畏三蔵鈔』

「五人御中」‥八八『五人土籠御書』

「土木殿等人々御中」…一〇六『真言諸宗違目』の「上書」
「大田左衛門尉殿　蘇谷入道殿　金原法橋御房」…八九『転重軽受法門』
「河野辺殿等中　大和阿闍梨御房等中　一切我弟子等中　三郎左衛門尉殿　富木殿」…一四〇『法華行者値難事』の「上書」
「清澄山浄顕房義城房」…一二二三『報恩抄』
「諸人御返事」…二八〇『諸人御返事』
「聖人等御返事」…三四六『変毒為薬御書』
「両人御中」…三八五『両人御中御書』
「人々御中」…三四三『聖人御難事』
「人々御返事」…四二四『四条金吾殿御返事』
「伯耆殿並諸人御中」…四三八『伯耆殿並諸人御書』

複数の対告者を意図して記された手紙は、受け取った者をはじめ関係者が集会して読んだり、順次に回覧したりしたものと思われる。

門弟間の読み聞きや研鑽についての指示は、上記に掲げた手紙の中でも『法華行者値難事』は特に念がいっている。本文後の日付・署名の次に「一切諸人これを見聞し志有ん人々は互にこれを語れ」(30)と念記し、さらに追伸に「富木三郎左衛門尉　河野辺等　大和阿闍梨等殿原御房達、各々互に読み聞きまいらせさせ給へ。か丶る浮世には互につねにいゐあわせてひま（間）もなく後世ねがわせ給候へ[31]」と氏名をあげて相互の研鑽を指示されている。

以上のとおり、日蓮聖人の手紙には複数の人々を対象としたものが多く、その文面は布教教化を意図した内容が多い[32]。

五　日蓮聖人の図録・要文・写本と門弟教育

（1）図録・要文・写本の意味と目的

図録や要文・写本は、日蓮聖人の学修および門弟教育のために著されたと考えられる。図録は要点を理解することにおいて簡便であり、要文は目的に応じて経論疏を容易に確認することができる。写本は典籍を蒐集し手元におくためには必須のものであったと思われる。

（2）日蓮聖人における図録・要文

現存する主な図録・要文は次のとおりである。

①図録一『六因四縁事』『昭定』二二二一頁・真。＊日蓮聖人の修学の為か

祖寿：三二歳　系年：建長五年（一二五三）

②図録二『戒之事』『昭定』二二二二頁・真。＊日蓮聖人の修学の為か

祖寿：三三歳　系年：建長六年（一二五四）
③図録三『三八教』『昭定』一二三三頁・真。＊日蓮聖人の修学の為か
祖寿：三六歳　系年：正嘉元年（一二五七）
④図録八『像法決疑経等要文』『昭定』二二七三頁・真。＊日蓮聖人の修学の為か
祖寿：三九歳　系年：正元二年（一二六〇）
⑤図録九『一代五時図』『昭定』二二八一頁・真。
祖寿：三九歳　系年：文応元年（一二六〇）
⑥図録一三『一代五時図』『昭定』二二九九頁・真。
祖寿：四七歳　系年：文永五年（一二六八）
⑦図録一四『日月之事』『昭定』二三〇四頁・真。
祖寿：四七歳　系年：文永五年（一二六八）
⑧図録一五『浄土九品之事』『昭定』二三〇六頁・真。
祖寿：四八歳　系年：文永六年（一二六九）
⑨図録一七『小乗小仏要文』『昭定』二三一九頁・真。
祖寿：四九歳　系年：文永七年（一二七〇）
⑩図録一八『下方他方旧住菩薩事』『昭定』二三二三頁・真。

祖寿：五一歳　系年：文永九年（一二七二）
⑪図録二〇『一代五時鶏図』『昭定』二三三三頁・真。
祖寿：五四歳　系年：建治元年（一二七五）
⑫図録二一『和漢王代記』『昭定』二三四三頁・真。
祖寿：五五歳　系年：建治二年（一二七六）
⑬図録二二『一代五時鶏図』『昭定』二三五五頁・真。
祖寿：五五歳　系年：建治二年（一二七六）
⑭図録二三『秀句十勝鈔』『昭定』二三五九頁・真。
祖寿：五七歳　系年：弘安元年（一二七八）
⑮図録二四『一代五時鶏図』『昭定』二三八四頁・真。
祖寿：五八歳　系年：弘安二年（一二七九）
⑯図録二五『一代五時鶏図』『昭定』二三八八頁・真。
祖寿：五九歳　系年：弘安三年（一二八〇）
⑰図録二六『十宗事』『昭定』二三九一頁・真。
系年：未詳

ここでは真蹟が現存しているもののみをあげた。これらは概して図式や要文などが混合して記載されている。

建長・正嘉・正元頃のものは日蓮聖人の学修の為に作成された可能性もある。文応頃からのものは門弟教育を意図された可能性もある。とくに『一代五時図』『一代五時鶏図』は繰り返し作成されていることから、門弟教育の為であったと思われる。[33] 門弟の聞書類のほとんどが一代五時に立脚した叙述であることもこのことを裏付けている。[34]

(3) 日蓮聖人の写本

現存する主な日蓮聖人の写本は次のとおりである。

①『授決円多羅義集唐決』
②『五輪九字明秘密釈』
③『顕戒論縁起』
④『一乗要決』
⑤『浄土宗要決』
⑥『貞観政要』

これらの中には日蓮聖人の求道期の写本もある。聖人自身の学問研鑽と共に門弟の教育にも資されたものと思われる。

六　日蓮聖人の大曼荼羅の図顕と門弟教育

(1) 大曼荼羅図顕の意味と目的

日蓮聖人の大曼荼羅は、久遠釈尊による法華経の世界を文字で図顕したものである。末法の大法である題目を中心に法華経の諸仏諸天が参集し永遠の救いとその浄土を表象する。日蓮聖人は信仰的感応においてこれを図顕し、信心篤き門弟に授与された。門弟にとって、大曼荼羅本尊を授かることは久遠の釈尊に懐かれることであり成仏の保証でもあった。

(2) 日蓮聖人における大曼荼羅の図顕

文永八年（一二七一）一〇月九日、依智の本間氏の館において図顕
文永一〇年（一二七三）七月八日、始顕本尊
身延在山中まで、現存合計：一二七幅＋数幅(35)

(3) 門弟への大曼荼羅授与

大曼荼羅が授与された門弟
文永一一年（一二七四）：天目

建治元年（一二七五）：経一丸
建治二年（一二七六）：日照・日与・亀若・亀姫
弘安元年（一二七八）：日門・日賢・日専・藤大夫日長
弘安二年（一二七九）：日目・日弁・日法・妙心・日田・日符尼・日仰・日徳・日安・日久
弘安三年（一二八〇）：日昭・日華・乗蓮・日重・日目・源日教・日頼・藤原清正・日仏・某氏・妙識・日安女・日実尼・某氏・日妙・日厳尼・藤原広宗・日円・日肝・藤原国貞
弘安四年（一二八一）日春・藤原日生・資光・日大・真広・持円尼・時淳尼・摩尼女・日常・守綱・守常・真永・近吉・一妙尼
弘安五年（一二八二）安妙・日専・藤三郎・日金

『白蓮弟子分与申御筆御本尊目録』によると、日興は僧侶一六人、信徒四八人の合計六四人に日蓮聖人筆の大曼荼羅本尊を授与している。(36)

日蓮聖人が大曼荼羅を授与された相手は、出家者・信徒、農民・武士、入道・尼、男性・女性を問わず広範囲におよんでいる。日蓮聖人における門弟の人数、地域、職種などが次第に増加し拡大していったことが分かる。(37)

七　門弟による日蓮聖人の講談の筆録

門下の主な聞書

(1) 日　昭

①『我師御法門聞書[38]』

②『御法門聴聞記[39]』

(2) 日　興

①『安国論問答[40]』

②伝日興『御義口伝[41]』

(3) 日　向

①『金綱集[42]』

②伝日向『御講聞書[43]』

（4）日　法

①『御法門御聞書[44]』

②『連々御聴書』（上巻内題：聖人御法門聴聞分集）（日法①の古写本[45]）

これらの聞書については、諸先師の研究によって、諸宗と法華宗との異目を論じることが主点となっていることが指摘されている。すなわち論点が権実論にあり、本化教学についての叙述が寡少である。[46]

八　門弟による日蓮聖人の文章の書写

日蓮聖人の文章を書写している主な門弟は次の通りである。

（1）日朗：『一代五時図[47]』

（2）日興：二四『立正安国論』一一八『観心本尊抄』『一代五時鶏図』他

（3）日澄：二四『立正安国論』七三『金吾殿御返事』一七〇『曾谷入道殿許御書』他

（4）日目：一〇『一代聖教大意』二四一『四信五品鈔』

（5）日法：二四『立正安国論』一八一『撰時抄』二四七『下山御消息』他

（6）日春：一五六『顕立正意抄』他

（7）日源：二四『立正安国論』三〇七『本尊問答抄』

門弟による書写の時期については、日蓮聖人御在世の文永・建治・弘安の頃から見られ、日蓮聖人滅後においては、いっそう多くの文章が書写されている。書写の主たる目的は日蓮聖人が教示された法門を修学するためであったと思われる(48)。

九　法華堂と門弟教育

(1) 法華堂の意味と目的

法華堂は、本来、法華三昧を修すお堂をいう。日本では伝教大師最澄が弘仁三年(八一二)に比叡山の東塔に建立したことが最初とされている。比叡山では後に西塔と横川にも建立された。法華三昧は四種三昧の一で三七日間にわたって法華経を読誦し諸仏を礼拝して懺悔滅罪する。『智妙房御返事』に「なによりも故右大将家の御廟と故権の太夫殿の御墓とのやけて候由承てなげき候へば、又八幡大菩薩並若宮のやけさせ給事、いかんが人のなげき候らむ(49)」とある「故右大将家の御廟」は、源頼朝の菩提を弔う法華堂を指している。

時代が推移すると、法華堂は法華三昧を修すだけではなく、広く法華経信仰の修行の道場として位置付けられていった。

『一谷入道御書(50)』、『下山御消息(51)』などによると、当時、浄土教の隆盛により各地に阿弥陀堂が建立されていたことが知られる。また、『種種御振舞御書(52)』、『報恩抄(53)』には、鎌倉では加賀法印定清が阿弥陀堂で念仏を盛行したことについて述べられている。このような阿弥陀堂に対抗する形で、日蓮聖人とその門下においては法華堂の建立が意識されていたのではないかと考えられる。

（2）日蓮聖人と法華堂

①四一三『富城入道殿御返事』　＊天台大師講と重複引用

予既及六十候へば、天台大師御恩報奉と仕候あひだ、みぐるしげに候房をひきつくろい候ときに、さくれう（作料）におろ（下）して候なり。銭四貫をもちて、一閻浮提第一の法華堂造たりと、霊山浄土に御参候はん時は申あげさせ給べし。(54)

身延山の改修された庵室を「一閻浮提第一の法華堂造たりと」と表現されている。

なお、『両人御中御書』には「大国阿闍梨・ゑもんのたいう志殿等に申。故大進阿闍梨の坊は各々の御計に有べきかと存候に、今に人も住せずなんど候なるは、いかなる事ぞ。ゆづり状のなくばこそ、人々も計候はめ。くはしくうけ給候へば、べん（弁）の阿闍梨にゆづられて候よしうけ給候き。又いぎ（違義）あるべしともをぼへず候。それに御用なきは別の子細の候か。其子細なくば大国阿闍梨・大夫殿の御計として弁阿闍梨の坊へこぼ（毀）ちわたさせ給候へ。心けん（賢）なる人に候へば、いかがとこそをもい候らめ。弁の阿闍梨の坊をすり（修理）して、ひろ（広）く、もら（漏）ずば、諸人の御ために御たからにてこそ候はんずらむめ。ふゆはせうまう（焼亡）しげし。もしやけ（焼）なばそむ（損）と申、人もわらいなん。このふみ（文書）ついて両三日が内に事切て各々の御返事給候はん[55]」とある。日蓮聖人が、大国阿闍梨日朗と右衛門大夫宗仲に、「故人である大進阿闍梨の坊がそのままになっているので、解体して弁阿闍梨日昭の坊に運び、日昭の坊の修理に役立てるように」と指示されている。大進阿闍梨や弁阿闍梨日昭が住坊を所有していたことが分かる。このことから日蓮聖人の他の門弟の中にも同様に住坊を持っていた者もいたと考えられる。

これらが、講会の会場として使用され、やがて法華堂へと発展していったことも想像に難くない。

（3）門下における法華堂の建立

①日昭

浜土の法華堂→浜土の法華寺→玉沢の妙法華寺

②富木常忍（日常）

若宮の持仏堂→若宮の法華堂→法華寺

③大田乗明・日高

中山の邸宅→中山の法華堂→本妙寺

④比企能本

比企谷の邸宅→比企谷の法華堂→妙本寺

⑤齋藤兼綱《かねつな》
茂原の邸宅→茂原の法華堂→妙光寺（藻原寺）
⑥曾谷氏
平賀の邸宅→平賀の法華堂→本土寺
法華堂には大曼荼羅本尊が奉安され、地域の信徒が定期的に集会して信仰に励んだ。正安三年（一三〇一）五月一三日の日付が記された日高筆の大曼荼羅本尊には「若宮戸持仏堂」と記されている。(56)これは上記②の持仏堂を指す。

一〇 書籍の蒐集

（1） 書籍蒐集の意味と目的

日蓮聖人が書籍の蒐集を進められた理由には、学問研鑽と門弟教育があったことは当然であるが、時期によっては、その背景に日本国を取り巻く諸要因があったものと思われる。そのなかでも特筆すべきことは蒙古国の動向とそれに対処する幕府の施策、および幕府の命令に応じて活発化する諸宗の動きである。

建治二年（一二七六）正月一一日の『清澄寺大衆中』には真言宗関係の書籍の借用を依頼し、その理由として「是の如きは真言師蜂起之故に之を申す」(57)と述べられている。蒙古の襲来に対応すべく幕府が調伏の祈願を真言師に命じたものと考えられる。

また、建治元年（一二七五）の『強仁状御返事』[58]や弘安元年（一二七八）の『諸人御返事』[59]には、公場対決についての記述が見られる。このことから、日蓮聖人は法門の是非を決すことができるとの期待を持たれていたことがうかがわれる。日蓮聖人における書籍の蒐集の背景には、このような諸要因も考えられるのである。

（2）日蓮聖人とその門下における書籍の蒐集

①一一三『武蔵殿御消息』　＊法華八講と重複引用

摂論三巻は給候へども、釈論等の各疏候はざるあひだ事ゆかず候。をなじくは給候てみあわすべく候。見参之事、いつにてか候べき。仰をかほり候はん。八講はいつにて候やらん。[60]

武蔵殿に、摂論三巻は受け取ったけれども、「釈論等の各疏」が無いので困っているとして蒐集を依頼されている。摂論とは『摂大乗論』のことである。釈論は『大智度論』[61]を指すことが多いが、『釈摩訶衍論』[62]、または『摂大乗論釈論』[63]を指すこともある。[64]

②六五『弁殿御消息』

千観内供の五味義・盂蘭経之疏・玄義六の本末、御随身有るべく候。文句十少輔殿御借用有るべし。[65]

「千観内供」は内供奉に叙せられた天台僧の千観《せんかん》（九一九〜九八四）をいう。『五味義』は千観の著した著書であるが現存しない。題名から『涅槃経』の五味に立脚した書物であると思われる。千観は源信と同様に天台宗に念仏信仰を融合させた人物であることから、日蓮聖人は浄土教の研鑽に関連してこの書を必要とされたのではないかと思われる。

「盂蘭経の疏」とは、『盂蘭経』の注釈書のことである。吉蔵、慧浄、恵沼、宗密等の書があることからいずれの注釈書を指すかは不明である。「玄義六の本末」は『法華玄義』巻六とその注釈書である『法華玄義釈籤』巻六、「文句十」は『法華文句』の巻一〇を指す。

③七三『金吾殿御返事』　＊大師講と重複引用

止観五、正月一日よりよみ候て、現世安穏後生善処と祈請仕候。便宜に給べく候。本末は失て候しかども、これにすり（修理）させて候。多本入べきに申候。大師講鵝目五連給候了。此大師講三四年に始て候が、今年は第一にて候つるに候。(66)

『摩訶止観』の本末の欠落などはこちらで修理させる、とにかく書籍が多く必要であると訴えておられる。本末とは、天台大師の『摩訶止観』とその注釈書である妙楽大師の『摩訶止観輔行伝弘決』を指す。

④七四『上野殿母尼御前御書』　＊『摩訶止観』の講談と重複引用

止観第五之事。正月一日辰時此をよみはじめ候。明年は世間怱々なるべきよし皆人申あひだ、一向後生のために十五日まで止観を談とし候が、文あまた候はず候。御計候べきか。白米一斗御志申つくしがたう候。鎌倉は世間かつ（渇）して候。僧はあまたをはします。過去の餓鬼道苦をばつくのわせ候ひぬるか[67]。

明年は、正月一日辰時（午前八時頃）から『摩訶止観』第五を読み始め、「一向後生のため」に一五日に至るまで講談したいが、書籍が少ないために困っているとして、上野殿母尼御前に書籍の蒐集についての配慮を依頼されている。

⑤一二九『弁殿尼御前御書』　＊大師講と重複引用

弁殿に申。大師講をおこなうべし。大師と（取）てまいらせて候。三郎左衛門尉殿に候文のなかに涅槃経後分二巻・文句五本末・授決集抄の上巻等、御随身あるべし[68]。

弁殿尼御前宛ての手紙に弁公日昭への用件を記されている。四条金吾の元にある書籍を届けるようにとの依頼である。「涅槃経後分《ごぶん》二巻」とは『大般涅槃経後分』、「文句五本末」とは『法華文句』巻五とその注釈書である『法華文句記』巻五を指す。「授決集抄の上巻」は円珍著『授決集』か、または『授決集』の抜書かと考えられている。弁公日昭と四条金吾との間に交流があり、両者の居住地も地理的に近かったと思われる。

⑥一七〇『曾谷入道殿許御書』

この大法を弘通せしむるの法には必ず一代の聖教を安置し八宗の章疏を習学すべし。しかればすなわち予所持の聖教多々これ有りき。しかりといえども両度の御勘気衆度の大難の時、あるいは一巻二巻散失し、あるいは一字二字脱落し、あるいは魚魯《ぎょろ》の謬悞《あやまり》、あるいは一部二部損朽す。もし黙止して一期を過ぐるの後には弟子等定んで謬乱《びゅうらん》出来の基なり。ここをもつて愚身老耄《ろうもう》已前にこれを糾調《きゅうちょう》せんと欲す。しかるに風聞《ふうぶん》のごとくんば貴辺ならびに大田金吾殿、越中の御所領の内ならびに近辺の寺々に数多の聖教あり等云云。両人共に大檀那たり。所願を成ぜしめたまえ。(69)

本書は下総の曾谷入道と大田金吾に宛てて、五義の法門について詳述されたものである。両人は文永一〇年（一二七三）に、富木入道と共に日蓮聖人から「当身の大事」たる『観心本尊抄』を送られた檀越である。本書における法門教示も格調高い文章で筆を進められている。曾谷入道と大田金吾は越中に所領を有していたことから、生活範囲が広範で地域との交流や情報も豊富であったと思われる。そのような両人に対し、日蓮聖人は大きな期待を込めて書籍蒐集を依頼されている。

⑦二〇五『清澄寺大衆中』

新春の慶賀自他幸甚幸甚。去年来たらず如何。定めて子細有らん歟。抑も参詣を企ての候ば伊勢公御房に十住心論・秘蔵宝鑰・二教論等の真言の疏を借用候へ。是の如きは真言師蜂起之故に之を申す。又止観の第一第二御随身候へ。東春・輔正記なんどや候らん。円智房の御弟子に観智房の持て候なる宗要集かし（貸）たび候へ。それのみならず、ふみ（文）の候由も人々申し候し也。早々に返すべきのよし申させ給へ。今年は殊に仏法の邪正たださるべき年歟。(70)

身延から安房国の清澄寺大衆に宛てられたものである。清澄寺の住僧と思われる伊勢公御房からの「十住心論・秘蔵宝鑰・二教論等の真言の疏」の借用を依頼されている。『十住心論』『秘蔵宝鑰』『二教論』は共に弘法大師空海の著書である。『摩訶止観』『東春《とうじゅん》』（『天台法華疏義纘』）『法華文句輔正記』はいずれも天台法華宗の書籍である。「円智房の弟子である観智房の持っている宗要集」については定かではない。宗要集は一般的には宗義の要点を収録した書物の意味である。各宗の主要な寺院では論義がおこなわれたことから、そのための題算（論題）が作成された。これを討議する中で論義項目や論義内容が整則していった。それを纏めたものが宗要論義で、良源（九一二～九八五）の『宗要九十題』はその代表的なものである。

⑧二二二『弁殿御消息』

ちくご房・三位・そつ等をばいとまあらばいそぎ来べし。大事の法門申べしとかたらせ給。十住毘婆沙等の要文を大帖にて候と、真言の表のせうそくの裏にさど房のかきて候と、そう（総）じてせゝとかきつけ（書付）て候もの、かろきとりてたび候へ。紙なくして一紙に多人の事を申なり[71]。

身延から鎌倉の弁阿闍梨日昭に宛てられた手紙である。『十住毘婆沙論』等の要文を記載した大帖、真言関係の文章を手紙の裏に佐渡公日向が記載したもの、その他いろいろと書き付けた文章の中から軽い物を送るようにとの依頼である。

⑨三七一『千日尼御返事』

かずの聖教をば日記のごとくたんば（丹波）房にいそぎいそぎつかわすべし。山伏房をばこれより申にしたがいて、これへはわたすべし。山伏ふびんにあたられ候事悦入て候[72]。

身延から佐渡の千日尼宛の手紙である。多くの聖教を書面のとおりに丹波房日秀に急いで渡すようにと依頼されている。丹波房日秀が聖教を預かり身延の日蓮聖人に届けることになっているとの意であろうと思われる。

以上のとおり、日蓮聖人は、鎌倉期・佐渡期・身延期にわたり書籍の蒐集を各地の門弟に依頼されている。

鎌倉期には多くの依頼文が見られる。武蔵殿には「摂論三巻は受け取ったけれども、釈論等の各疏が無いので不自由をしている。ぜひ同じように届けていただきたい」、弁殿には「千観内供五味義・盂蘭経之疏・玄義六本末を持参していただきたい。また文句十を少輔殿から借用してください」、大田金吾殿には「止観の本末はこちらで修理します、書籍が多く必要です」と書籍欠乏の窮状を訴え、上野殿母尼御前には「書籍が不足しているのでご配慮いただきたい」と述べられている。

佐渡期には、弁殿尼御前に「四條金吾のもとにある涅槃経後分二巻・文句五本末・授決集抄の上巻等を持参していただきたい」と依頼されている。鎌倉の四條金吾の元には書籍が保管されていたもののようである。

身延期にも複数の依頼文が見られる。曾谷入道と大田金吾には「この偉大な法を弘めるためには一代聖教を保持し、八宗の典籍を修学しなければなりません。多くの聖教を所持していたが数々の大難により散逸し欠落してしまいました。このまま放置すれば弟子たちが誤解をするもとにもなるので対応が必要です。両人は越中に所領を持ち、その付近の寺院には多くの聖教があると聞きます。なんとか願いを叶えていただきたい」と懇請されている。清澄寺の大衆には「伊勢公御房から十住心論・秘蔵宝鑰・二教論等の真言の疏を借用していただきたい。真言師が蜂起するとの風聞があるためにお願いするのです。止観の第一第二も持参してください。東春・輔正記などがあるでしょうか。円智房の御弟子の観智房が所持している宗要集を貸していただいてください」、弁殿には「十住毘婆沙等の要文の大帖になっている書物と、真言の表のせうそくの裏に佐渡房が書いたものと、総じていろいろと書付たものを持参してください」、千日尼には「種々の聖教を書面のとおり丹波房に急いで遣わしてください」と依頼しておられる。

日蓮聖人が蒐集を依頼された書籍は経典類から各宗の典籍など多岐にわたっている。とくに建治二年（一二七六）には真言宗の書籍を指定されているのは、文永一一年（一二七四）の蒙古軍襲来の翌年に、幕府が蒙古の使者を龍口で斬首したことによる社会の不安を反映したものであったと思われる。蒙古の再襲来の危機から免れるために幕府が真言師に調伏の祈祷を命じたことを受けて、日蓮聖人はこの機における対論を予期されたものと考えられる。

また、日蓮聖人が書籍蒐集を依頼された相手と日蓮聖人の元に届ける者との関係性、蒐集を依頼された者と所蔵者との関係など、日蓮聖人を取り巻く人間関係をも垣間見ることができる。日蓮聖人遺文に見られる書籍類は極めて多岐に及んでいる。『私集最要文注法華経』には二一〇六に及ぶ経論釈の要文が記載されている。日蓮聖人が披見・引用・注記された書籍類は膨大な数である。その一部をあげると次のようである。

経典：法華経・涅槃経・華厳経・大日経・金光明経・仁王経・般若経・他
論書：大智度論・百論・他
中国天台教籍：摩訶止観・法華玄義・法華文句・摩訶止観弘決・法華玄義釈籤・法華文句記・他
日本天台教籍：法華秀句・依憑天台集・他
伝記書：法華伝記・高僧伝・続高僧伝・宋高僧伝・仏祖統紀・他
漢書：論語・孝経・荘子・韓非子・列子・礼記・他
中国歴史書：史記・漢書・後漢書・蒙求・他
日本歴史書：日本書紀・扶桑略記・他
日記：明月記・他
説話：宝物集・他
軍記：平家物語・他(73)

日朗は、日蓮聖人滅後、比企谷に住し池上を兼ねていた。正和元年（一三一二）三月の備後殿（肥後房日像）に宛てた書状には鎌倉の大火で比企谷の坊舎が類焼し聖教も焼失したことを報告している。

おもひかけ候ずかまくら焼け候て、御処もやけ候て経論聖教も皆焼失、おもふばかりもなく存候。(74)

日朗の住していた鎌倉比企谷の坊舎には経論・聖教が保管されていたことが分かる。

鎌倉には幕府の要人が多く居住していたが、その中には多くの書類や書籍を保管する文庫を所有していた者もいた。(75)日朗の坊舎はそれとは様相を異にするが、それなりの書籍を保管する施設を保持していたのではないかと思われる。

日蓮聖人の学問重視と聖教蒐集の熱意に触れていた檀越の富木常忍は、日蓮聖人入滅後、聖教の蒐集護持につとめ、聖教の目録（『常修院本尊聖教事』）を作成し、「置文」を制して将来を期した。

一一　身延入山と門弟教育

日蓮聖人は、身延入山の理由について著書や手紙のなかで縷々叙述されている。その主な遺文は『種種御振舞御書』(76)『光日房御書』(77)『報恩抄』(78)『下山御消息』(79)などである。これらの叙述に立脚して先師は、三度に及ぶ国家諫暁が容れられなかったため、隠居のため、末法万年の広宣流布のため、門弟教育のため、蒙古襲来に備えて疎開のため、三国の三師にならったため、沙羅樹林で入涅槃された釈尊にならったため、などの諸説を提示されている。(80)

法の盛衰は人による。法を担う人材の育成は法の未来を左右する。日蓮聖人は「令法久住」「無令断絶」の仏勅を我が身に受け止めて法華経の弘通に邁進された。門弟の育成はその延長線上にあるものである。日蓮聖人はそのような自覚と認識の中で日々を過ごされていたと思われる。身延入山は日蓮聖人にとってその目的を実行する重要な機会となったのである。日蓮聖人は、膝下にある門弟はもとより、遠く離れた地域に居住する門弟に対しても精力的に教導につとめられた。生涯にわたって記された多くの文章はその実態を物語っている。また、身延山中で記載された『一代五時鶏図』も数点見られ、日蓮聖人の教導の様子を今日に伝えている。

一二　日蓮聖人の門弟

1　人数

(1) 鎌倉期

①七四『上野殿母尼御前御書』　＊『摩訶止観』の講説と重複引用

止観第五之事。正月一日辰時此をよみはじめ候。明年は世間怱々なるべきよし皆人申あひだ、一向後生のために十五日まで止観を談とし候が、文あまた候はず候。御計候べきか。白米一斗御志申つくしがたう候。鎌倉は世間かつ(渇)して候。僧はあまたをはします。過去の餓鬼道苦をばつくのわせ候ひぬるか。(81)

「僧はあまたをはします」とあることから、鎌倉の草庵に居住する日蓮聖人の周りにはかなりの人数がいたものと思われる。

(2) 佐渡期

①一七八『一谷入道御書』

文永九年の夏の比、佐渡国石田郷一谷と云し処に有しに、預たる名主等は公と云ひ、私と云ひ、父母の敵よりも宿世の敵よりも悪げにありしに、宿の入道といゐ、めといゐ、つかうものと云ひ、始はおぢをそれしかども先世の事にやありけん、内ゝ不便と思ふ心付ぬ。預りよりあづかる食は少し。付る弟子は多くありしに、僅の飯の二口三口ありしを、或はおしきに分け、或は手に入て食しに、宅主内々心あて、外にはをそるる様なれども内には不便げにありし事、何の世にかわすれん。我を生ておはせし父母よりも、当時は大事とこそ思しか。何なる恩をもはげむべし。まして約束せし事たがうべしや。(82)

佐渡期の居住地は、当初は塚原であったが、文永九年(一二七二)四月頃石田郷一谷に転居となった。一谷の住居は念仏信者であった一谷入道の館である。「預りよりあづかる食は少し。付る弟子は多くありしに、僅の飯の二口三口ありしを、或はおしきに分け、或は手に入て食しに」とあることから、わずかな食糧を弟子と分け合って食されたことが分かる。このことから、ある程度の人数がいたことが推測される。

(3) 身延期

1) 身延入山時

①一四四『富木殿御書』

けかち（飢渇）申ばかりなし。米一合もうらず。がし（餓死）しぬべし。此御房たちもみなかへして但一人候べし。このよしを御房たちにもかたらせ給。(83)

食糧がないので「此御房たちもみなかへして但一人候べし」と述べられている。

2) 身延山中の人数

①三一八『兵衛志殿御返事』

兄弟と申、右近尉の事と申、食もあいついて候。人はなき時は四十人、ある時は六十人、いかにせき候へども、これにある人々のあにとて出来し、舎弟とてさしいで、しきゐ候ぬれば、かゝはやさに、いかにとも申シへず。心にはしづかにあじちむすびて、小法師《こほつし》と我身計リ御経よみまいらせんとこそ存て候に、かゝるわづらわしき事候はず。又としあけ候わば、いづくへもにげんと存候ぞ。かゝるわづらわしき事候はず。(84)

「人はなき時は四十人、ある時は六十人」とあることから、この頃、身延山に相当な人数がいたものと思われる。このうちの弟子・檀越の内訳などは定かではない。

身延山では聴聞者を制限されていたことが『下山御消息』の次の文章から知られる。

此日比日本国に聞へさせ給日蓮聖人、去文永十一年の夏の比、同甲州飯野御牧、波木井の郷の内、身延の嶺と申す深山に御隠居せさせ給候へば、さるべき人々御法門可承之由候へども御制止ありて入られず。おぼろげの強縁ならではかなひがたく候しに、有人見参の候と申候しかば、信じまいらせ候はんれう（料）には参候はず、ものの様をも見候はんために、閑所より忍て参り御庵室の後に隠れ、人々の御不審に付てあらあら御法門とかせ給候き。(85)

本状は、日蓮聖人が因幡房日永に代わって認め、下山兵庫に提出された弁明書である。文中には「さるべき人々が、高名な日蓮聖人の法門を聴聞したいと願ったが制止されたために、日永は、特別なことがなければ聴聞できないと思い庵室の後ろの物陰から講説を聞いた」と記されている。

身延山中にはよほどの人々が詰めかけ日蓮聖人の教えを聴聞しようとしたようである。山々に囲まれた狭い場所にこれだけの人々が参集していたとすれば、衣食住の確保はかなり大掛かりなものにならざるをえなかったであろう。日蓮聖人が、諸檀越への手紙に山中の窮状を訴えておられるのも、このような状況を承けてのことと考えられる。門弟の多くは草庵の周辺に住舎を設け、わずかな土地を耕作して食糧の足しにしていたのではないかと想像される。(86)

2　日蓮聖人を師として出家した門弟

日朗・日頂・日高・他

3　天台宗僧から改衣した門弟

日昭・日向・日興・日持（日興の弟子。後に日興から離反）・日源・他

4　門弟による弘教の地域性

日昭：鎌倉
日朗：鎌倉
日興：甲斐国・駿河国・伊豆国
日向：上総国・甲斐国
日頂：下総国
富木常忍（日常）：下総国

日蓮聖人が佐渡に流罪されたり身延に入山されるにいたり、各門弟の地域性はより強固なものとなっていった。このことが後の地域的特性に立脚した門流の形成に繋がっていった。

5　日蓮聖人に随身給仕していた主な門弟

（1）鎌倉期

日昭・日朗・日興・日向・他

（2）佐渡期

日興・日頂[87]・学乗房・豊後房・他

（3）身延期

日昭・日向・日朗・日興・日持・日頂・他

門弟の中には身延山と有縁の教化地とを往来していた者もいたと考えられる。

6　特定の地域で布教活動をしていた主な門弟

明性房：鎌倉

武蔵房円日：相模国鎌倉・武蔵国池上

学乗房：佐渡国

豊後房：佐渡国・北陸

明慧房：安房国天津
7　特定の他宗寺院にあって布教活動をしていた主な門弟
熱原瀧泉寺：日秀・日弁・日禅・頼円
岩本実相寺：日仲・肥後房・筑前房・豊前房日源
8　信徒から出家した門弟
富木日常（日蓮聖人滅後出家）
9　他宗の信徒であったが出家した門弟
阿仏房日得：元は念仏宗の信徒
学乗房：元は真言宗の信徒
10　六老僧に指名された門弟
日昭・日朗・日興・日向・日持・日頂

11　阿闍梨号のある門弟

阿闍梨は弟子を教授する高徳の僧を指すが、僧位の一つとしても用いられた。日蓮聖人の門弟の中で、阿闍梨号を有するのは出家の弟子に限られていた。日蓮聖人から指名を受けた六老僧はいずれも阿闍梨の称号を有していた。

弁阿闍梨日昭・大国阿闍梨日朗・白蓮阿闍梨日興・佐渡阿闍梨日向（民部阿闍梨とも）・蓮華阿闍梨日持・伊予阿闍梨日頂。

その他、次のような阿闍梨号を有する門弟がいた。

帥阿闍梨日高：二二二『弁殿御消息』『昭定』一一九一頁・真。

大進阿闍梨：八八『五人土籠御書』『昭定』五〇六頁・真。三三九『曾谷殿御返事』『昭定』一六六四頁（参考）。三四〇『四条金吾殿御返事』『昭定』一六六八頁・曾。

大和阿闍梨《だいわあじゃり》：一四〇『法華行者値難事』『昭定』七九九頁・真。

助阿闍梨《すけのあじゃり》：一六四『新尼御前御返事』『昭定』八六九頁・断。二〇五『清澄寺大衆中』一一三六頁・曾。

12　『宗祖御遷化記録』に見られる門弟

『宗祖御遷化記録』は西山本門寺蔵・池田本覚寺蔵・池上本門寺蔵の三本が知られている。西山本門寺本は日蓮聖人の生涯を略記した後に、「定　一弟子六人事　不次第」と本弟子の定めを記し、続いて「一御葬送次第」「一御所持仏教事」「墓所可守番帳事」について記載されている。池田本覚寺本は表紙に「大聖人御葬送日記並御番帳次第」とあり、「甲斐国波木井郷身延山久遠寺大聖人御遷化次第」として臨終時の様相を略記し、続いて「御葬送次第」「御遺物配分事」について記載されている。池上本門寺本は「御遺物配分帳」「身延山久遠寺番帳」から成る。三本それぞれ多少の相異が見られる。ここでは西山本門寺本の「御葬送次第」「墓所可守番帳事」と池上本門寺本の「御遺物配分帳」に見られる門弟についてあげる。

(1)「御葬送次第」（西山本門寺本）

二郎三郎　四郎次郎　四条左衛門尉　四条衛門大夫　冨木五郎入道
大田左衛門入道　南条七郎次郎　大学允　富田四郎太郎　大学三郎
源内三郎　御所御中間　大国阿闍梨　侍従公　治部公　下野公
蓮華阿闍梨　出羽公　和泉公　但馬公　郷公　弁阿闍梨　信乃公
伊賀公　摂津公　白蓮阿闍梨　丹波公　大夫公　筑前公　帥公
大田三郎左衛門尉　兵衛志　椎地四郎　亀王童　瀧王童。(88)

（2）「墓所可守番帳事」（西山本門寺本）

弁阿闍梨　大国阿闍梨　越前公　淡路公　伊予公　蓮華闍梨　越後公

下野公　伊賀公　筑前公　和泉公　治部公　白蓮阿闍　但馬公　郷公

佐土公　丹波公　寂日房(89)

（3）「御遺物配分帳」（池上本門寺本）

淡路公　寂日房　信乃公　出羽公　帥公　越後公　但馬公　下野公

讃岐公　妙法房　冨田四郎　冨田太郎　源内三郎　椎路四郎　四郎二郎

瀧王丸　安房国新大夫入道　かうし後家尼　安房国浄顕房　同国義成房

同国藤平(90)

13　門弟の法論・弘教

（1）三位房の法論

建治三年（一二七七）六月、天台僧龍象房が鎌倉の桑ヶ谷で説法し、これを聴聞していた日蓮聖人門下の三位房との間で法論となった。その場にいた四条金吾は同僚から主君江馬氏に訴えられた。江馬氏は三ヶ条をもって四条金吾の非を追及し、主君の下知にしたがう旨の起請文の提出を命じた。四条金吾はことの顛末を身延の日蓮聖人に伝え、起請文の提出を拒否するとの意志を伝えた。これに対し、日蓮聖人が四条金吾に代わって認められたのが『頼基陳状』[91]である。この一連の事件は桑ヶ谷問答と称されている。

このことから、日蓮聖人の門弟の中には他宗の僧との間で法論するほどの学識を有していた者もいたことが分かる。

（2）富木常忍の法論

弘安元年（一二七八）九月頃、富木常忍は天台宗真間弘法寺の了性房・思念房と法論し屈服せしめた。富木常忍からこの知らせを受けた日蓮聖人は、末法時に弘通する日蓮の法門は天台大師・妙楽大師・伝教大師の諸先師がいまだ弘めることのなかった「第三の法門」[92]であると教示し、「此より後は下総にては御法門候べからず。了性・思念をつめつる上は他人と御論候わばかへりてあさくなりなん」[93]と注意を与えられた。書状の文面は次のとおりである。

御文粗拝見仕候了。御状云常忍云記九云稟権出界名為虚出云云。了性房云全以無其釈云云。（略）彼了性と思念とは年来日蓮をそしるとうけ給る。彼等程の蚊虻の者が日蓮程の師子王を不聞不見して、うはのそらにそしる程のをこじん（嗚呼人）なり。天台法華宗の者ならば、我は南無妙法蓮華経と唱て、念仏なんど申者をばあれはさる事なんど申だにもきくわいなるべきに、其義なき

上、偶申人をそしるでう、あらふしぎあらふしぎ。(94)

この法論によって面目を失った了性房と思念房は、その後逐電したため、真間弘法寺は富木常忍が支配するところとなった。

(3) 日頂の弘教

日頂は富木常忍の命により真間弘法寺に住して布教につとめた。そのため、日頂は、弘安五年(一二八二)一〇月の日蓮聖人遷化の折り葬儀に不参、かつ弘安六年(一二八三)正月の日蓮聖人百箇日忌の折りにも不参であった。日頂は盛んに布教につとめ、正応四年(一二九一)三月、幕府に申状を呈し、(95)翌五年九月には、浄土宗良実の宗論の申し入れに対し公場対決を要請した。(96)

これらの事例は門下の学識の深さを示している。(97)

一三　むすび

以上のとおり、日蓮聖人は、あらゆる機会において門弟に対し教育しておられた。書籍等の書面に限らず、日蓮聖人の言動は門弟にとって師の大切な教えであったにちがいない。

日蓮聖人が流罪の身となられて遠く流刑の地へおもむかれたり、晩年に身延山にお入りになった折には、門弟は協力し合って日蓮聖人の著書・手紙や図録・要文等を披見して研鑽に励んだ。集会において疑問が生じたり質問が提示された時には、集団の代表者などによって日蓮聖人のもとに報告し、教示を受けた。書面や口頭による往復がさらなる法門理解と信仰増進を促し、信仰の輪が大きく広がっていった。

文永九年（一二七二）に佐渡から弁殿・大進阿闍梨御房・三位殿に宛てられた手紙である『弁殿御消息』には、「不審有らば論難無く書付て至らしむべし。此の書は随分の秘書なり。已前の学文の時もいまだ存ぜられざる事粗之を載す。他人の御聴聞なからん已前に御存知有るべし。惣じてはこれよりぐ（具）していたらん人にはよ（依）りて法門御聴聞有るべし。互に師弟と為らん歟[98]」と、重要な法門であるからよく理解し、互いに師となり弟子となって研鑽にはげみ、疑問があれば書面にして届けるように教示されている。

日蓮聖人が在山されていた身延山は、行学二道にわたる門下教育の道場でもあった。日蓮聖人は各地の門下に書籍の蒐集を依頼されていたことから、日蓮聖人の手元には多くの聖教類が置かれていたものと思われる。日蓮聖人ご在山中から身延山は談所としての機能を有していたのである。

ここでは日蓮聖人の遺文を中心に、日蓮聖人の門弟教育について若干の検討をおこなってきた。教育の体系とその内容など、日蓮聖人の門弟教育の全体像については更なる総合的考察が必要である。

註

（1）八九『転重軽受法門』には「法華経は紙付に音をあげてよめども、彼の経文のごとくふれまう事わかたく候か。（略）今日蓮法華経一部よみて候。一句一偈に猶受記をかほれり。何況一部をやと、いよいよたのもし」（『昭定』五〇八頁・真）、九二『寺泊御書』には「勧持品に云く、諸の無智の人有つて悪口罵詈す等云云。日蓮この経文に当れり。汝等なんぞこの経文に入らざる。及加刀杖者等と云云。日蓮はこの経文を読めり。」（『昭定』五一四頁・真。原漢文）、九七『開目抄』には「末法の始のしるし、恐怖悪世中の金言のあふゆへに、但日蓮一人これをよめり。」（『昭定』五六〇頁・曾）などとある。なお、専持題目と余行については、拙稿「唱題と余行」（『日蓮聖人教学研究』四七四頁）参照。

（2）『昭定』九四三〜九五一頁・断・曾。祖寿：五四歳　系年：建治元年（一二七五）　対告者：曾谷法蓮　著作地：身延。

（3）『昭定』九六九頁・曾。祖寿：五四歳　系年：建治元年（一二七五）著作地：身延。

（4）『昭定』一一一一〜一一一二頁・真。祖寿：五四歳　系年：建治元年（一二七五）　著作地：身延。

（5）『昭定』一一五一頁・真。原漢文。祖寿：五五歳　系年：建治二年（一二七六）三月　対告者：富木氏　著作地：身延。

（6）『昭定』一一八七頁・断・曾。祖寿：五五歳　系年：建治二年（一二七六）三月　著作地：身延。

（7）『昭定』一二七四頁・真。祖寿：五五歳　系年：建治二年（一二七六）対告者：富木氏　著作地：身延。

（8）「与某書」『宗全』第一巻一九〇頁。

（9）『昭定』二七二九頁。

（10）『昭定』一三一二頁・断。祖寿：五六歳　系年：建治三年（一二七七）著作地：身延。

（11）『昭定』一六五一頁・断。祖寿：五八歳　系年：弘安二年（一二七九）著作地：身延。

（12）『昭定』一八五四頁・真。祖寿：五九歳　系年：弘安三年（一二八〇）著作地：身延。

(13) 一定の法式にしたがって書写、供養、埋経する法会。
(14) 経典を一人で書写すること。
(15) 『昭定』一八九四～一八九五頁・曾。祖寿：六〇歳　系年：弘安四年（一二八一）著作地：身延。
(16) 『昭定』の正篇には四四三点、断簡類の部には三九一点が収録されている。
(17) 弘安元年（一二七八）六月二六日には、富木氏・中務左衛門尉殿（四条金吾）・兵衛志殿（池上宗長）のそれぞれ宛てに、弘安二年（一二七九）一一月二五日には富木氏夫妻に別々に手紙を出されている。
(18) 『昭定』五八八頁・曾。
(19) 『昭定』五九〇頁・曾。
(20) 一〇一『富木殿御返事』『昭定』六一九頁・真。原漢文。
(21) 『昭定』七二一頁・真。原漢文。
(22) 一〇六『真言諸宗違目』『昭定』六四一頁・真。原漢文。系年：文永九年（一二七二）五月五日　対告者：富木氏　著作地：佐渡一谷。
(23) 一〇六『真言諸宗違目』『昭定』六三八頁・真。原漢文。系年：文永九年（一二七二）五月五日　対告者：富木氏　著作地：佐渡一谷。
(24) 二〇五『清澄寺大衆中』『昭定』一一三六頁・曾。建治二年（一二七六）正月一一日。
(25) 二六〇『兵衛志殿御返事』『昭定』一三八九頁・断・日興写本。『昭定』は建治三年（一二七七）、『日明目録』は建治二年（一二七六）、『日蓮大聖人御真蹟対照録』は弘安元年（一二七八）、『境妙庵御書目録』は弘安二年（一二七九）に系年する。
(26) 二一三『光日房御書』『昭定』一一六一頁・断・曾。建治二年（一二七六）三月。
(27) 三二八『孝子御書』『昭定』一六二六頁・断。系年：弘安二年（一二七九）二月二八日　対告者：兵衛志　著作地：身延。

(28)三六一『慈覚大師事』『昭定』一七四一頁・真。系年：弘安三年（一二八〇）対告者：大田氏　著作地：身延。
(29)四一五『上野尼御前御返事』『昭定』一八九四頁・真。系年：弘安四年（一二八一）一一月一五日　著作地：身延。
(30)『昭定』七九八頁・真。
(31)『昭定』七九九頁・真。
(32)教化の面を視点とした日蓮聖人遺文の特色については、寺尾英智稿「情報伝達と門弟創出」（佐々木馨編『法華経の行者日蓮』所収）参照。
(33)『一代五時図』『一代五時鶏図』は『昭定』の収録以外にも曾存本の報告がなされている。寺尾英智稿「日蓮『一代五時図』の身延山真蹟曾存本」『身延論叢』第三号。
(34)『一代五時図』『一代五時鶏図』については、森清顕氏の一連の論攷参照。「日蓮聖人撰『一代五時図』の研究」『日蓮教学研究所紀要』第三〇号、「日蓮聖人における『一代五時図』の執筆年代」『日蓮教学研究所紀要』第三二号、「『一代五時図』の伝来について」『仏教学論集』第二六号、「日蓮撰『一代五時鶏図』の題号について」『宗教研究』第三五一号。日蓮聖人が著された著書や書簡類、および日蓮聖人の門弟が記した講記や聞書などとの関係についてはさらに検討が必要である。
(35)山中喜八編『日蓮大聖人御真蹟御本尊集』立正安国会。山中喜八編『御本尊集目録』立正安国会。
(36)『宗全』第二巻一一二頁。
(37)山中喜八編『日蓮大聖人御真蹟御本尊集』立正安国会。山中喜八編『御本尊集目録』立正安国会。
(38)望月歓厚著『日蓮宗学説史』一二二頁。日法上人御所持本調査委員会編『御法門御聞書』一二〇頁。
(39)望月歓厚著『日蓮宗学説史』一二二頁。日法上人御所持本調査委員会編『御法門御聞書』一二〇頁。
(40)『宗全』第二巻六八頁。題号下に「聖人注之坐」とある。

（41）『昭定』二五九七頁。
（42）『宗全』第一三～一四巻。『金綱集』については日進の撰述とする説も提示されている。池田令道稿「『法華問答正義抄』の日蓮遺文をめぐって」『興風』第一八号八一～八二頁。なお、日進より早い時期の成立とする意見もある。堀部正円稿「『金綱集』の「浄土見聞集下」に関する諸問題の検討」『大崎学報』第一六七号。
（43）『昭定』二五四一頁。
（44）日法上人御所持本調査委員会編『御法門御聞書』。宮崎英修著『日蓮とその弟子』（毎日新聞社）一三九～一四〇頁。
（45）『宗全』第一巻九一頁。宮崎英修著『日蓮とその弟子』（毎日新聞社）一三九～一四〇頁。
（46）日蓮門下における法門の聴聞記については、木村中一稿「日蓮教団における法華経注釈書・談義書について」（『日蓮の思想とその展開』所収）において触れられている。
（47）宮崎英修著『日蓮とその弟子』（毎日新聞社）一三八頁。宮崎英修著『日蓮とその弟子』（平楽寺書店）二一一頁。
（48）日蓮聖人遺文の書写については、冠賢一稿「中世における日蓮遺文の書写」『棲神』第六五号、寺尾英智著『日蓮聖人真蹟の形態と伝来』、本間俊文稿「初期日興門流における日蓮遺文の書写について」『大崎学報』第一七一号、同稿「初期日蓮教団における学問研鑽について――日興門流の事例を中心に――」『大崎学報』一七二号などに論述されている。
大石寺所蔵の「日興写本」は最近の研究によって、「同世代頃の別人の筆ではないか」との意見が提示されている。小林正博稿「大石寺日興写本の研究」『東洋哲学研究所紀要』第二四号。坂井法曄稿「日興写本をめぐる諸問題について」『興風』第二一号。
（49）『昭定』一八二六頁・真。
（50）『昭定』九九二頁・断。

(51)『昭定』一三三九頁・断。
(52)『昭定』九八〇～九八一頁・曾。
(53)『昭定』一二三九頁・曾。
(54)『昭定』一八八八頁・門下代筆・自署花押真。祖寿：六〇歳　系年：弘安四年（一二八一）著作地：身延。
(55)『昭定』一八〇二頁・真。
(56)『日蓮聖人と法華の至宝』第一巻一一四頁。
(57)『昭定』一一三二頁・曾。
(58)『昭定』一一二二～一一二三頁・真。
(59)『昭定』一四七九頁・真。
(60)『昭定』八七頁・曾。祖寿：三八歳　系年：正元元年（一二五九）七月一七日。
(61)『大品般若経』の注釈書であることから釈論という。
(62)『大乗起信論』の注釈書であることから釈論という。
(63)『摂大乗論』の注釈書であることから釈論という。
(64)『唱法華題目鈔』に「天親菩薩は先小乗説一切有部の人、倶舎論を造て阿含十二年の経の心を宣て、一向に大乗の義理を明さず。次に十地論・摂大乗論・釈論等を造て四十余年の権大乗の心を宣べ」（『昭定』二〇七頁・日朝写本）とあることから、「釈論」は『摂大乗論釈論』を指す可能性もある。
(65)『昭定』四三八頁・真。祖寿：四八歳　系年：文永六年（一二六九）。
(66)『昭定』四五八頁・真。祖寿：四九歳　系年：文永七年（一二七〇）対告者：大田氏。
(67)『昭定』四六〇頁・真。祖寿：四九歳　系年：文永七年（一二七〇）一二月二二日。或いは建治元年（一二七五）。著作地：鎌倉、或いは身延。
(68)『昭定』七五二頁・真。祖寿：五二歳　系年：文永一〇年（一二七三）著作地：佐渡一谷。

(69)『昭定』九一〇頁・真。原漢文。祖寿：五四歳　系年：文永一二年（一二七五）著作地：身延。

(70)『昭定』一一三二～一一三三頁・曾。祖寿：五五歳　系年：建治二年（一二七六）著作地：身延。

(71)『昭定』一一九一頁・真。祖寿：五五歳　系年：建治二年（一二七六）著作地：身延。

(72)『昭定』一七六六頁・真。祖寿：五九歳　系年：弘安三年（一二八〇）著作地：身延。

(73)日蓮聖人の経論釈引用については次の論攷に詳しく論述されている。小松邦彰稿「日蓮聖人引用経論の研究（一）」『大崎学報』第一二九号。同稿「日蓮聖人遺文注釈書の研究」『近世法華仏教の展開』。同稿「日蓮聖人引用経論の一考察」『日蓮とその教団』第三集。同稿「日蓮聖人引用論疏に関する一考察」『立正大学大学院紀要』第九号。高森大乗稿「日蓮聖人の学問的環境に関する一試論」『日蓮教学研究所紀要』第三二号。

(74)『宗全』第一巻二八頁。

(75)日蓮聖人の時代に鎌倉で典籍や文書を保管していた場所として次の文庫があった。①金沢文庫：北条実時が所領地の金沢に創設した。②名越文庫：問注所執事の三善康信《みよしやすのぶ》が居住していた名越の館の側にあった。③松谷文庫：北条氏一族である佐介《さすけ》氏の祖とされる時盛が佐介谷《さすけがやつ》に創設した。④長井酒掃《ながいしゅそう》文庫：長井酒掃は幕府の引付衆であった。⑤二階堂行藤書庫：二階堂行藤も幕府の引付衆であった。いずれも鎌倉幕府の役人であったことから、行政・司法関係の典籍や文書が多かったと考えられる（川添昭二著『日蓮と鎌倉文化』三〇〇～三〇三頁参照）。これらの典籍は日蓮聖人依用の書籍とは関係がないが、当時このように書籍を保管し管理する施設があったということは、日蓮聖人と門弟における書籍蒐集・保管・管理の認識と共通するものがある。

(76)『昭定』九八二頁・曾。

(77)『昭定』一一五五頁・断。

(78)『昭定』一二三八頁・断。

(79)『昭定』一三三五頁・断。

(80)日蓮聖人の身延入山の理由については、上田本昌稿「日蓮聖人身延入山考」（『日蓮教団の諸問題』所収）に詳しく論述されている。
(81) 『昭定』四六〇頁・真。祖寿：四九歳　系年：文永七年（一二七〇）一二月二二日。或いは建治元年（一二七五）。著作地：鎌倉、或いは身延。
(82) 『昭定』九九四頁・断。祖寿五四歳　建治元年（一二七五）五月八日。著作地：身延。
(83) 『昭定』八〇九頁・真。祖寿五三歳　文永一一年（一二七四）五月一七日。
(84) 『昭定』一六〇六～一六〇七頁・真。祖寿：五七歳　弘安元年（一二七八）一一月二九日。
(85) 二四七『下山御消息』『昭定』一三一二頁・断。祖寿：五六歳　系年：建治三年（一二七七）　著作地：身延。
(86) 身延山中の大勢の人々の住まいについて、林是幹氏は、弟子たちは「周辺に夫々庵室を結んで、給仕、修行、学問に励んだ」とし、これが「今日の山内諸坊の縁由である」とされている。林是幹稿「身延山における檀林教育について」『仏教と教育の諸問題』所収。二〇九頁。
(87) 一二六『富木殿御返事』に「鵞目二貫給候了。太田殿与其二人御心歟。伊与房機量物にて候ぞ。今年留候了。」とある。『昭定』七四三頁・真。
(88) 日興筆。『宗全』第二巻一〇二～一〇五頁。『日蓮聖人と法華の至宝』第二巻一七八～一八〇頁。
(89) 日興筆。『宗全』第二巻一〇六頁。『日蓮聖人と法華の至宝』第二巻一八一頁。
(90) 『宗全』第二巻一〇七～一一〇頁。『日蓮聖人と法華の至宝』第二巻一八六～一八七頁。
(91) 『昭定』一三四六頁・写。
(92) 三一〇『富木入道殿御返事』『昭定』一五八九頁・真。
(93) 三一〇『富木入道殿御返事』『昭定』一五八九頁・真。
(94) 三一〇『富木入道殿御返事』『昭定』一五八八～一五九一頁・真。
(95) 『申状』『宗全』第一巻四〇～四二頁。
(96) 『良実房御返事』『宗全』第一巻四二頁。

(97) 日蓮聖人の門弟については、高木豊著『日蓮とその門弟』、同稿「日蓮の門弟」(『講座日蓮』第二巻『日蓮の生涯と思想』所収)に詳しく論述されている。

(98) 一〇九『弁殿御消息』『昭定』六四九頁・真。祖寿:五一歳　系年:文永九年(一二七二)　著作地:佐渡一谷。

第九章　直弟による日蓮聖人の尊称

一　はじめに

日蓮聖人（一二二二～一二八二）はその生涯のほとんどを法華経信仰に身を浸して生きていった。法華経こそ釈尊の真実の教えであると信受した日蓮聖人は、正直に法華経に身を投じ、如説に法華経に生きることを自身の使命と受けとめたのである。

法華経に身を投じることによって、日蓮聖人は、法華経所説の行者としての証[1]を受得し、自身こそ法華仏教の正統な継承者[2]であるとの自覚を深めていった。これが日蓮聖人の「法華経の行者」の表明であり、さらに本門法華経[3]の説示に立脚すれば「本化地涌菩薩」「本化上行菩薩」としての自覚となるのである。

日蓮聖人にとって、法華経に生きる者は釈尊の真実に生きる者であり、釈尊の生命を生きる者であった。したがって、法華経信仰者には「釈尊を背負って生きる」という深い自覚と責任が要求され、そのことは合わせて「釈尊と共に生きている」という誇りと悦びを保証するものであった。法華経に生きる日蓮聖人は、単なる一個人としての日蓮ではなく、法華経釈尊の実事に生きる法華経の行者としての日蓮であったのである。

この小稿では、法華経における日蓮聖人の位置付けを知るための一環として、日蓮聖人の直弟が師たる日蓮聖人をどのように呼称していたかについて検討してみたい。

二　直弟による日蓮聖人の尊称

日蓮聖人の弟子（一部、檀越を含む）たちが、師の日蓮聖人をどのように呼んでいたのであろうか。直弟の日蓮聖人に対する尊称を通して、教団における日蓮聖人の位置付けを知る手がかりとしたい。そのことは、ひいては法華仏教における日蓮聖人の位置付けを知る手がかりとなると思われるのである。

1　日興の事例

日興（一二四六〜一三三三）の著書・消息・記録・曼荼羅本尊等のなかから、日蓮聖人に対する尊称をあげると次の通りである。(4)

日興上人全集編纂委員会編『日興上人全集』興風談所

正篇　述作・記録の部

一、安国論問答（正本現存）

聖人（三頁）

日蓮聖人（四頁）

九、内外見聞双紙（正本現存、書名は他筆の外題による）

祖師大師（五三～五四頁）

一四、宗祖御遷化記録（正本現存）弘安五年（一二八二）一〇月一六日（祖滅一年）

宗祖（一一一頁）

一七、弟子分本尊目録（正本現存）永仁六年（一二九八）（祖滅一七年）

聖人（一二二・一二三〈四箇所〉・一二三〈三箇所〉・一二六〈三箇所〉・一二七・一二八頁）

一八、日興跡条々事（正本現存、疑義説あり）正慶元年（一三三二）一一月一〇日（祖滅五一年）

日蓮聖人（一三一頁）

二〇、定補師弟並別当職事（正本現存、疑義説あり）元弘二年（一三三二）一〇月一六日（祖滅五一年）

日蓮聖人（一三三頁）

二一、日盛本尊相伝証文（正本現存）元徳四年（一三三二）二月一七日（祖滅五一年）

聖人（一三五頁）

二二、日興置文（正本現存、疑義説あり）乾元《ママ》三年（嘉元三年、一三〇五）八月一三日（祖滅二四年）
　　聖人（一三六頁）

二三、本門寺棟札（正本現存、疑義説あり）永仁六年（一二九八）二月一五日（祖滅一七年）
　　日蓮聖人御影（一三七頁）

正篇　消息の部

二七、西御房御返事（正本現存）七月七日
　　聖人御影（一五五頁）

三〇、西坊主御返事（正本現存）八月一〇日
　　御影（一五九頁）

三一、西坊主御返事（正本現存）一月一四日
　　聖人（一六〇頁）

三二、郷僧御返事（正本現存）正中二年（一三二五）四月二四日（祖滅四四年）
　　聖人（一六一頁）

三三、郷公御返事（正本現存）一一月一三日
　　聖人（一六三頁）

四一、了性御房御返事（正本現存）五月四日

聖人（一七二頁）

四二、了性御房御返事（正本現存）文保二年（一三一八）七月一三日（祖滅三七年）

法華聖人（一七三頁）

五〇、弁阿闍梨御返事（正本現存）

法主聖人（一八二頁）

五一、民部公御房御返事（正本現存）六月一八日

先師御宝前（一八三頁）

五三、民部公御房御返事（正本現存）二月一八日

聖人（一八五頁）

五六、美濃公御返事（正本現存）一二月二九日

聖人（一八八頁）

五八、大貳公御房御返事（正本現存）六月二九日

仏（一九一頁）

六二、曾祢殿御返事（正本現存）八月四日

聖人（一九五頁）

六三、曾祢殿御返事（正本現存）一二月二三日

仏（一九六頁）

六五、曾祢殿御返事（正本現存）九月朔日

仏（一九八頁）

六六、曾祢殿御返事（正本現存、疑義説あり）文保元年（一三一七）八月六日（祖滅三六年）

御経日蓮聖人（一九九頁）

六七、曾祢殿御返事（正本現存）一月一七日

法花聖人（二〇〇頁）

六八、曾祢殿御返事（正本現存）七月二四日

聖人御影（二〇一頁）

六九、曾祢殿御返事（正本現存）八月二日

聖人（二〇二頁）

七〇、曾祢殿御返事（正本現存）八月一七日

聖人（二〇三頁）

七二、曾祢殿御返事（正本現存）九月一二日

法華聖人（二〇五頁）

七六、曾祢殿御返事（正本現存）嘉元三年（一三〇五）閏一二月一四日（祖滅二四年）

聖人（二〇九頁）

七八、六郎入道殿御返事（正本現存）一二月二八日

しやう人（二一一頁）

八〇、ぬくま殿御返事（正本現存）七月一九日

しやう人（二一三頁）

八一、ぬくま殿御返事（正本現存）六月一三日

御きやう（二一四頁）

八二、南条殿御返事（正本現存）七月一三日

ほとけしやう人（二一五頁）

八四、与さへの四郎書（正本現存）一二月二四日

聖人（二一七頁）

八六、佐渡国法花講衆御返事（正本現存）元亨三年（一三二三）六月二一日（祖滅四二年）

しやう人（二二〇・二二一・二二三〈四箇所〉頁）

八七、かたびら御返事（正本現存）元応二年（一三二〇）七月九日（祖滅三九年）

ほくゑしやう人（二二三頁）

八八、白米二斗御返事（正本現存）一月七日

法花しやう人（二二四頁）

八九、白米一斗御返事（正本現存）一月七日

ほつけしやうにん（二二五頁）

九一、白米一駄御返事（正本現存）三月七日

ほくゑ聖人（二二七頁）

九三、わせぐり御返事（正本現存）八月二四日

聖人御影（二二九頁）

九四、御酒御返事（正本現存）一二月二八日

法華聖人（二三〇頁）

九六、七月七日の御返事（正本現存）七月六日

仏（二三二頁）

九九、御節供御返事（正本現存）五月五日

法主聖人（二三五頁）

一〇〇、御しゆ御返事（正本現存）六月八日

ほとけしやう人（二三六頁）

一〇一、ぼんの御返事（正本現存）七月一四日

ほとけしやう人（二三七頁）
一〇七、つぼねの御消息（正本現存）
聖人（二四四頁）
一一〇、妙性尼御前御返事（正本現存）正和三年（一三一四）八月二一日（祖滅三三年）
御ほうせん（二四七頁）
一一三、御酒一具御消息（正本現存）六月二七日
聖人（二五〇頁）
一一四、わらくさ二駄御消息（正本現存）一二月二六日
聖人御影（二五一頁）
続篇　述作・記録の部
一、神天上勘文（日辰写本）正安元年（一二九九）一月一三日（祖滅一八年）
先師日蓮大聖人（二五九頁）
高祖（二六〇頁）
大聖人（二六七頁）
三、引導秘訣（日精写本）
日蓮大聖人（二七五頁）

蓮祖（二七八頁）

高祖大聖人（二七八頁）

四、遺誡置文二十六箇条（日我写本）元弘三年（一三三三）一月一三日（祖滅五二年）

先師（二八二頁〈二箇所〉）

五、三時弘経次第（大石寺蔵写本）

日蓮房（二八七頁、日精写本は日蓮聖人）

日蓮聖人（二八七頁）

六、五人所破事（日代写本）嘉暦三年（一三二八）七月（祖滅四七年）

先師聖人（二八八頁）

先師日蓮（日昭の言葉として記述、二八九頁　日朗の言葉として記述、二八九頁）

日蓮聖人（二九〇〈二箇所〉・二九八頁）

先師（五老僧の言葉として記述、二九一・二九四頁）

聖人（五老僧の言葉として記述、二九一頁）

聖人（二九五・二九七頁）

先師（二九六頁）

先聖（二九七・三〇〇頁）

七、富士一跡門徒存知事（日誉写本）

高祖（二九七頁）

祖師（二九九頁）

日蓮聖人（三〇一・三〇二〈二箇所〉・三〇三頁）

聖人（三〇一・三〇三〈二箇所〉・三〇四〈四箇所〉・三〇五〈五箇所〉・三〇八・三一二頁）

聖人（五老僧の言葉として記述、三〇八頁）

先師日蓮聖人（三〇二頁）

祖師（三〇五・三〇六頁）

先師（三一〇・三一一〈聖人と傍書〉・三一二頁）

大聖（三一〇頁）

八、四十九院申状（日精写本）弘安元年（一二七八）三月（祖寿五七歳）

日蓮聖人（三一六頁）

師匠日蓮聖人（三一六頁）

九、申状（写本京都要法寺蔵）正応二年（一二八九）一月（祖滅八年）

日蓮聖人（三一八・三一九頁）

聖人（三一九頁）

一〇、申状（日辰写本）嘉暦二年（一三二七）八月（祖滅四六年）
日蓮聖人（三二一・三二二頁）
一一、申状（日辰写本）元徳二年（一三三〇）三月（祖滅四九年）
日蓮聖人（三二三・三二四頁）
先師（三二三頁）
一三、日興置状（写本西山本門寺蔵）正中二年（一三二五）一〇月一三日（祖滅四四年）
日蓮聖人（三二六頁）
一五、日興置状（写本西山本門寺蔵）正中二年（一三二五）一一月一三日（祖滅四四年）
日蓮聖人（三二八頁〈二箇所〉）
聖人（三二八頁）
一九、日興置状（写本西山本門寺蔵）元徳四年（一三三二）二月一五日（祖滅五一年）
大聖人（三三三頁）
二〇、日興付属状（写本富士大石寺蔵）正中二年（一三二五）一〇月一三日（祖滅四四年）
日蓮聖人（三三四頁）
二三、与日妙書（写本富士大石寺蔵）元徳二年（一三三〇）二月一五日（祖滅四九年）
日蓮聖人（三三七頁）

二四、日興譲状（稲田海素写本）元徳二年（一三三〇）二月一五日（祖滅四九年）
高祖（三三八頁）
二六、百六箇条奥書（日辰写本）正和元年（一三一二）一〇月一三日（祖滅三一年）
聖人（三四一頁〈二箇所〉）
上人（三四一頁）

続篇　消息之部

二八、美作房御返事（日辰写本）弘安七年（一二八四）一〇月一八日（祖滅三年）
聖人（三四七〈二箇所〉・三四八頁）
本師（三四八頁）
二九、与波木井実長書（日辰写本）正応元年（一二八八）一一月（祖滅七年）
上行菩薩日蓮上人（三五〇頁）
三〇、原殿御返事（日辰写本）正応元年（一二八八）一二月一六日（祖滅七年）
日蓮阿闍梨（三五一〈二箇所〉・三五二頁）
日蓮聖人（三五二・三五四・三五五・三五七頁）
聖人（三五三・三五四〈五箇所〉・三五五〈二箇所〉・三五六・三五七頁）
御影（三五五頁）

本師（三五六頁）

大聖人（三五七頁）

三一、与平左衛門入道奉行所（日精写本）弘安二年（一二七九）一〇月（祖寿五八歳）

日蓮聖人（三五九頁）

三二、与由比氏書（底本、日蓮宗学全書）

仏聖人（三六〇頁）

大曼荼羅御本尊

日興上人御本尊集編纂委員会編『日興上人御本尊集』興風談所

現存・曾存の部（大曼荼羅御本尊）

四、正応三年（一二九〇）一〇月八日（祖滅九年）

日蓮聖人（四四～五頁）

聖人（脇書、四四～五頁）

七、正応五年（一二九二）一〇月一三日（祖滅一一年）

日蓮聖人（五〇～一頁）

八、正応□年（一二八八～一二九三）□月□日（祖滅七～一二年）

日蓮聖人（五二～三頁）

八二、徳治三年（一三〇八）八月彼岸（祖滅二七年）

聖人（脇書、一三八〜九頁）

『日興上人全集』正篇に収録されている述作・記録の部⑤では次の五種の呼称が用いられている（カッコ内は頻度数）。

聖人（一六）

日蓮聖人（三）

祖師大師（一）

宗祖（一）

日蓮聖人御影（一）

このうち、「聖人」の表記が一六で一番多く、続いて「日蓮聖人」が三、「祖師大師」「宗祖」「日蓮聖人御影」が各一回となっている。

正篇収録の消息の部⑥では次の一七種類の呼称が用いられている（カッコ内は頻度数）。

聖人御影（五）

御影（一）

聖人（一二）

しやう人（八）

法華聖人（三）
法花聖人（一）
ほくゑしやう人（一）
法花しやう人（一）
ほくゑ聖人（一）
ほつけしやうにん（一）
法主聖人（二）
先師御宝前（一）
仏（四）
御経日蓮聖人（一）
御きやう（一）
ほとけしやう人（三）
御ほうせん（一）
これらのうち表記上の類似性を考慮して集約するとほぼ次の八種類となる（カッコ内は頻度数）。
聖人（二〇）
法華聖人（八）

法主聖人　(二)

御経・御経日蓮聖人　(二)

御影・聖人御影　(六)

仏・ほとけ聖人　(七)

先師御宝前　(一)

御宝前　(一)

「聖人」の呼称が二〇で一番多く、続いて「法華聖人」の八、「ほとけ聖人」の七、「聖人御影」の六、「法主聖人」「御経日蓮聖人」の各二、「先師御宝前」「御宝前」の各一である。

大曼荼羅本尊における日蓮聖人に対する尊称は次のとおりである。

日蓮聖人　(三)

聖人　(二)

このうち、「日蓮聖人」は曼荼羅本尊の中央題目の下に筆太の文字で記入されており、その下に「御判」の文字のあるものとないものとがある。(7) 日興の曼荼羅本尊は、題目の下に「日蓮」と記入するものが大判で、「日蓮聖人」と記入した例は現存の曼荼羅本尊中では初期の三幅しか見られない。「聖人」はいずれも脇書の表記で、日興が曼荼羅本尊を授与した相手と日蓮聖人との関係を略述したもののようである。

日興は、述作・記録、および大曼荼羅本尊においては「日蓮聖人」「祖師」などの一般的な呼称を用いているが、消息では、「法華聖人」「法主聖人」「御経日蓮聖人」「聖人御影」「ほとけ聖人」「御宝前」などの独特の尊称を用いていることがわかる。信徒にあてた文書では、ことさら、日蓮聖人を高い位置におくことによって、信仰を共感し、信心を深化せしめる意図を込めたものであろうか。

2　日昭の事例

日昭（一二二一〜一三二三）の著書・消息・記録・大曼荼羅本尊等のなかから、[8]日蓮聖人に対する尊称をあげると次のとおりである。

立正大学日蓮教学研究所編『日蓮宗宗学全書』第一巻　山喜房佛書林

経釈秘抄要文（堀之内宗延寺蔵写本、真偽要検討）正応元年（一二八八）九月二八日（祖滅七年）

日蓮正師（六頁）

法主聖人（七頁）

申状（真偽要検討）弘安八年（一二八五）卯月（祖滅四年）

先師日蓮（八頁）

先師（九頁〈二箇所〉）

法華本門円頓戒相承血脈譜　正安二年（一三〇〇）四月八日（祖滅一九年）

日蓮阿闍梨（九頁）

日成譲状　徳治二年（一三〇七）三月二八日（祖滅二六年）
阿闍梨（一〇頁）
聖人（一〇頁〈三箇所〉）
譲与本尊聖教事　文保元年（一三一七）一一月一六日（祖滅三六年）
聖人（一一頁）
先師（一一頁〈二箇所〉）
遺跡之事　文保元年（一三一七）一一月一六日（祖滅三六年）
先師聖人（一二頁）
聖人（一二頁〈三箇所〉）
大曼荼羅御本尊
山中喜八編『御門下御本尊集』立正安国会
一、正応二年（一二八九）六月（祖滅八年）
南無法主聖人
二、永仁三年（一二九五）四月（祖滅一四年）
南無法主聖人
日昭の書は真偽を検討すべきものが多く、よってその事例も確定が難しい。一応、ここにあげた六書と曼荼羅本尊の用例を列挙すると次のとおりである（カッコ内は頻度数）。
日蓮正師　（一）
法主聖人　（三）
先師日蓮　（一）
先師聖人　（一）
先師　（四）
日蓮阿闍梨　（一）
阿闍梨　（一）
聖人　（七）
「聖人」と「先師」の表現が多く、これを複合させた「先師聖人」という表現も見られる。特異な呼称として、「日蓮正師」「法主聖人」「日蓮阿闍梨」などがある。

3　日朗の事例

日朗（一二四五～一三二〇）の著書・消息・記録・曼荼羅本尊等のなかから、(9)日蓮聖人に対する尊称をあげると次のとおりである。
立正大学日蓮教学研究所編『日蓮宗宗学全書』第一巻　山喜房佛書林
身延離出書（真偽要検討）弘安七年（一二八四）八月二一日（祖滅三年）

日蓮聖人（一三〈三箇所〉・一四頁）
本迹見聞（真偽要検討）
今家聖人（一五〈三箇所〉・一六頁）
聖人（一六・一九〈二箇所〉・二〇頁）
今家法主聖人（一六頁）
法主聖人（一六・一七頁）
申状（真偽要検討）弘安八年（一二八五）（祖滅四年）
先師日蓮（二二頁）
譲状　元応元年（一三一九）一〇月一三日（祖滅三八年）
大聖人（二三頁）
与日像御房書　正和二年（一三一三）一二月二日（祖滅三二年）
大聖人（三〇頁）
玄旨本尊添状　元応二年（一三二〇）正月三日（祖滅三九年）
上行化身日蓮（三四頁）
大聖人（三四頁）
大曼荼羅御本尊

日蓮聖人門下歴代大曼荼羅本尊集成刊行会編『日蓮聖人門下歴代大曼荼羅本尊集成』

二三、弘安一〇年（一二八七）卯月八日（祖滅六年）

南無日蓮聖人

二四、徳治三年（一三〇八）七月一三日（祖滅二七年）

南無日蓮聖人

二五、徳治三年（一三〇八）七月一五日（祖滅二七年）

南無日蓮聖人

二六、正和二年（一三一三）正月一五日（祖滅三二年）

南無日蓮聖人

二七、文保二年（一三一八）七月三日（祖滅三七年）

南無日蓮聖人

山中喜八編『御門下御本尊集』立正安国会

四、弘安九年（一二八六）八月一八日（祖滅五年）

南無日蓮聖人

六、正安五年（一二九二）六月一三日（祖滅一一年）

南無日蓮聖人

七、徳治三年（一三〇八）六月二□日（祖滅二七年）
南無日蓮聖人
妙蓮寺刊『大本山妙蓮寺史』
四二、正和二年（一三一三）六月一五日（祖滅三二年）
南無日蓮聖人

真偽を検討すべき書も含んでいるが、これらを集約すると次のとおりである（カッコ内は頻度数）。

日蓮聖人（一〇）
今家聖人（四）
聖人（四）
今家法主聖人（一）
法主聖人（二）
先師日蓮（一）
大聖人（三）
上行化身日蓮（一）

「日蓮聖人」が一番多く、続いて「聖人」「大聖人」などの尊称が用いられている。特異なものとして、「今家聖人」「今家法主聖人」「上行化身日蓮」などがある。

曼荼羅本尊は共通して「南無日蓮聖人」となっている。その記入位置はほとんどが曼荼羅本尊に向かって左下で「南無八幡大菩薩」の外側になっており、日朗の自署・花押は題目の下に書かれている。ただし、弘安九年（一二八六）八月一八日の曼荼羅本尊だけは題目の下に「南無天台大師」と並記して「南無日蓮聖人」とあり、自署・花押は左下に小さく記入されている。

4　日向の事例

日向（一二五三〜一三一四）の消息・曼荼羅本尊等のなかから、(10) 日蓮聖人に対する尊称をあげると次のとおりである。

立正大学日蓮教学研究所編『日蓮宗宗学全書』第一巻　山喜房佛書林

申状（真偽要検討）嘉暦四年（一三二九）正月二九日（祖滅四八年）

日蓮聖人（三六頁〈二箇所〉）

聖人（三七頁）

報日頂入道書（正本現存）六月一一日

聖人（三九頁）

大曼荼羅御本尊

日蓮聖人門下歴代大曼荼羅本尊集成刊行会編『日蓮聖人門下歴代大曼荼羅本尊集成』

二二、永仁四年（一二九六）六月二日（祖滅一五年）

日蓮聖人

真偽を検討すべき書を含むが、用例を集約すると次のとおりである（カッコ内は頻度数）。

日蓮聖人（四）

聖人（二）

日向の場合、提示史料が少ないため比較するほどの事例をあげることはできないが、ここで見る限りでは、「日蓮聖人」「聖人」という一般的な呼称を用いていることがわかる。

曼荼羅本尊では題目の下に「日蓮聖人在御判」とあり、自署花押は日興と同じく左下の端に小さく記入している。

5　日頂の事例

日頂（一二五二〜一三一七）の消息・記録等のなかから、[11]日蓮聖人に対する尊称をあげると次のとおりである。

立正大学日蓮教学研究所編『日蓮宗宗学全書』第一巻　山喜房佛書林

申状（真偽要検討）正応四年（一二九一）三月（祖滅一〇年）

先師日蓮聖人（四一頁）

良実状御返事　正応五年（一二九二）九月（祖滅一一年）

先師（四二頁〈二箇所〉）

日蓮聖人（四三頁）
本尊抄得意抄副書（真偽要検討）徳治三年（一三〇八）九月二八日（祖滅二七年）
我師（四三頁）
聖人（四四頁）
上人（四四頁）
末法本門ノ教主日蓮（四四頁）

真偽を検討すべきものも含むが、これらを集約すると次のようになる（カッコ内は頻度数）。

先師日蓮聖人（一）
先師（二）
日蓮聖人（一）
我師（一）
聖人（一）
上人（一）
末法本門ノ教主日蓮（一）

「先師」「聖人」「日蓮聖人」などの一般的な尊称が用いられている。ただし、『本尊抄得意抄副書』にみられる「末法本門ノ教主日蓮」の表現は、日蓮聖人を教主としており、教学上、注意を要する。(12)

他の直弟に事例を見ない表現であることからも、本書の成立についてはなお検討を必要とすると思われる。

6　日持の事例

日持（一二五〇〜?）の筆跡はほとんど残されていず、池上本門寺の祖師像造立に関する記録がわずかに見られる程度である。

立正大学日蓮教学研究所編『日蓮宗宗学全書』第一巻　山喜房佛書林

池上御影造立之記（直筆現存）正応元年（一二八八）六月八日（祖滅七年）

南無日蓮大師（四六頁）

7　日高の用例

わずかな用例であるため明確にはわからないが、「日蓮大師」の尊称が用いられている。

日高（一二五七〜一三一四）の申状と曼荼羅本尊のなかから、日蓮聖人に対する尊称をあげると次のとおりである。

立正大学日蓮教学研究所編『日蓮宗宗学全書』第一巻　山喜房佛書林

申状（正本現存）正安四年（一三〇二）三月（祖滅二一年）

日蓮聖人（四七頁）

先師日蓮聖人（四七頁）

大曼荼羅御本尊

日蓮聖人門下歴代大曼荼羅本尊集成刊行会編『日蓮聖人門下歴代大曼荼羅本尊集成』

一八、正安三年（一三〇一）五月一三日（祖滅二〇年）

南無法主聖人

一九、乾元二年（一三〇三）三月一三日（祖滅二二年）

南無法主聖人

二〇、嘉元四年（一三〇六）八月一三日（祖滅二五年）

南無法主聖人

二一、正和二年（一三一三）九月四日（祖滅三二年）

南無法主聖人

本法寺文書編纂会編『本法寺文書』一

六、正安四年（一三〇二）九月七日（祖滅二一年）

南無法主聖人

頂妙寺文書編纂会編『頂妙寺文書・京都十六本山会合用書類』一

三、正和元年（一三一二）八月□一日（祖滅三一年）

南無法主聖人

山中喜八編『御門下御本尊集』立正安国会

一四、正安二年（一三〇〇）一二月（祖滅一九年）

南無法主聖人

これらを集約すると次のようになる（カッコ内は頻度数）。

日蓮聖人（二）

先師日蓮聖人（二）

法主聖人（七）

日高は申状では「日蓮聖人」と表記しているが、曼荼羅本尊にはすべて「南無法主聖人」と記述している。曼荼羅本尊は信仰礼拝の対象でもあるため、ことさら意識的に「法主聖人」の尊称を用いたものであろうか。

曼荼羅本尊における「法主聖人」の記入位置はすべて向かって左側で「南無伝教大師」の外側である。日高の自署・花押は「南無法主聖人」の下にあるものと、題目の下に筆太で記入されているものとがある。[13]

8　日位の事例

日位（一二五七〜一三一八）の『大聖人御葬送日記』と曼荼羅本尊には、次のようにある。

立正大学日蓮教学研究所編『日蓮宗宗学全書』第一巻　山喜房佛書林

大聖人御葬送日記（正本現存）弘安五年（一二八二）一〇月（祖滅一年）

大聖人（五三頁〈二箇所〉）

大曼荼羅御本尊

山中喜八編『御門下御本尊集』立正安国会

一九、無記年

南無日蓮聖人

用例が少ないため、明確なことはわからないが『大聖人御葬送日記』では「大聖人」の尊称が用いられている。同じ日蓮聖人入滅時の記録である弘安五年一〇月の日興筆『宗祖御遷化記録』には「宗祖」と記されているのに対し、日位はことさら尊敬の意を強めた表記をしている。

曼荼羅本尊には題目の下に「南無日蓮聖人」とあり、自署花押は向かって右側の下に記されている。

9　日弁の事例

日弁（一二三九～一三一一）著とされている『円極実義抄』下と「訴状」、ならびに曼荼羅本尊の事例(14)をあげると次のとおりである。

立正大学日蓮教学研究所編『日蓮宗宗学全書』第一巻　山喜房佛書林

円極実義抄　下（あるいは天目の著か?）

本師本門大師（七一頁）

本門大聖人（七二・七六〈二箇所〉・七七〈二箇所〉・七八・八五頁）
本門大師（七三〈二箇所〉・七四・七七・七九頁）
大聖（七三頁）
本師聖人（七四頁）
大聖人（七四頁）
本師（七四頁）
本門大聖人地涌千界（七八頁）
高祖（七八・八一〈二箇所〉・八六頁）
本化高祖（七九頁）
高祖大聖人（七九頁）
本化大聖（八四頁）
高祖大聖（八六頁）
本門高祖（八六頁）

訴状（岡宮光長寺蔵写本）永仁元年（一二九三）五月一六日（祖滅一二年）
日蓮聖人（八八〈二箇所〉・九〇頁）
先師（八八頁）

大曼荼羅御本尊
山中喜八編『御門下御本尊集』立正安国会
一七、永仁三年（一二九五）七月三日（祖滅一四年）
南無日蓮聖人
少ない史料ではあるが、その用例を集約すると次のようになる（カッコ内は頻度数）。
本師本門大師（一）
本門大聖人（七）
本門大師（五）
大聖（一）
大師聖人（一）
大聖人（一）
本師（一）
本門大聖人地涌千界（一）
高祖（四）
本化高祖（一）
高祖大聖人（一）

本化大聖（一）
本門高祖（一）
日蓮聖人（四）
先師（一）

『円極実義抄』は日蓮聖人を多種多様な尊称で表現している。頻度数では「本門大聖人」が一番多く、次が「本門大師」「高祖」の順になっている。

日蓮聖人に対し多様な呼称を用いていることについては、日興についで多い。ただし、出典となる史料点数が極端に少ないため単純な比較はできない。一書中における尊称の多様性においては、日弁の事例は群を抜いている。

曼荼羅本尊では向かって右下に「南無日蓮聖人」とあり、自署・花押は題目の下に記入されている。

10　日法の事例

日法（一二五二〜一三四二）の日蓮聖人に対する尊称の事例は次のとおりである。

立正大学日蓮教学研究所編『日蓮宗宗学全書』第一巻　山喜房佛書林

聖人之御法門聴聞分集（岡宮光長寺蔵写本）

聖人（九一頁）

報日像御房書（正本現存）

日蓮聖人（一四七頁）

大曼荼羅御本尊

山中喜八編『御門下御本尊集』立正安国会

二七、元徳三年（一三三一）卯月一八日（祖滅五〇年）

南無日蓮大聖人

少ない事例であるため充分なことは言えないが、「聖人」「日蓮聖人」「日蓮大聖人」の表現が用いられている。

11　天目の事例

天目（一二四五～一三三七）の日蓮聖人に対する尊称の事例[15]は次のとおりである。

立正大学日蓮教学研究所編『日蓮宗宗学全書』第一巻　山喜房佛書林

本迹問答七重義（常寂院日耀著『本迹対論用意抄』所載）

聖人（一四八頁〈二箇所〉）

大聖（一四八頁）

「聖人」「大聖」の用例が見られるが、少ない史料からの検討であるため、明確なことは分からない。

12　日春の事例

日春（一二三〇～一三一一）の日蓮聖人に対する尊称の事例は次のとおりである。

立正大学日蓮教学研究所編『日蓮宗宗学全書』第一巻　山書房佛書林

与光尊御房書（正本現存）六月四日

日蓮聖人（一五〇頁）

「日蓮聖人」の用例が見られるが、少ない史料であるため、明確なことは言えない。

13　日目の事例

日目（一二六〇〜一三三三）の日蓮聖人に対する尊称の事例は次のとおりである。

大曼荼羅御本尊

山中喜八編『御門下御本尊集』立正安国会

二一、正中三年（一三二六）卯月（祖滅四五年）

日蓮聖人

日目の大曼荼羅本尊では題目の下に「日蓮聖人」とあり、自署・花押は向かって左下に記入されている。

14　富木常忍（日常）の事例

富木常忍（一二一六〜一二九九）は日蓮聖人の有力檀越であり、聖人在世中は入道ではあっても出家僧ではなかった。しかし、日蓮聖人入滅後、出家し、常修院日常と名のった。したがって、日蓮聖人と関係の深い重要人物でもあるため考察に加えた。

日常の日蓮聖人に対する尊称の事例(16)は次のとおりである。
立正大学日蓮教学研究所編『日蓮宗宗学全書』第一巻　山喜房佛書林
観心本尊抄私見聞（伝富木常忍）弘安六年（一二八三）卯月五日（祖滅二年）
高祖（一五一頁）
常修院本尊聖教事（正本現存）永仁七年（一二九九）三月六日（祖滅一八年）
聖人（一八四頁〈三箇所〉）
置文（正本現存）永仁七年（一二九九）三月四日（祖滅一八年）
聖人（一八九頁）
大曼荼羅御本尊
日蓮聖人門下歴代大曼荼羅本尊集成刊行会編『日蓮聖人門下歴代大曼荼羅本尊集成』
一六、永仁三年（一二九五）一二月二七日（祖滅一四年）
南無法主大師
一七、永仁五年（一二九七）六月一四日（祖滅一六年）
南無法主聖人
伝常忍とされる『観心本尊抄私見聞』を除き、日常の日蓮聖人に対する尊称を集約すると次のようになる（カッコ内は頻度数）。

聖人　（三）

法主大師　（一）

法主聖人　（一）

日常は記録類等には「聖人」と表記しているが、曼荼羅本尊には「法主大師」「法主聖人」と記述している。文書類と曼荼羅本尊とで日蓮聖人に対する呼称表現を変えているのは日高と同じである。「南無法主大師」「南無法主聖人」の記入位置は曼荼羅本尊に向かって左側で「南無伝教大師」の外側である。曼荼羅本尊中における「南無法主聖人」の記入位置については日高と日常は共通している。

なお、日常の自署・花押は題目の下に記入されている。

15　波木井実長の事例

出家僧ではないが、日蓮聖人の檀越の一人である波木井実長（一二二二～一二九七）の日蓮聖人に対する尊称の事例をあげておきたい。波木井実長は日蓮聖人が晩年に身延在山中、側に仕えていた重要檀越であるため、日蓮聖人に接する機会も多かったことと思われる。

立正大学日蓮教学研究所編『日蓮宗宗学全書』第一巻　山喜房佛書林

身延寄進状　永仁三年（一二九五）一二月一六日　（祖滅一四年）

日蓮聖人（一九三頁）

与白蓮阿闍梨御房書（正本現存〈一部欠損〉）二月一九日

コシヤウ人（一九五頁）

与はわきどのへ書（正本現存）一二月一一日

聖人（一九七頁）

与伯耆阿闍梨御房書（正本現存）六月五日

故シヤウ人（一九九頁）

これらの事例を集約すると次のようになる（カッコ内は頻度数）。

日蓮聖人（二）

コシヤウ人（二）

聖人（二）

故シヤウ人（一）

これを大別すると「日蓮聖人」「故シヤウ人（故聖人）」となる。「故シヤウ人」という表現は、いかにも「入滅された日蓮聖人」という感情が込められており、日蓮聖人を偲ぶ波木井実長の心情が表明されているように思われる。

このような表現は日興の「聖人御影」「御ほうせん」と共通した追慕の念を込めた尊称であると言えよう。

三　直弟の日蓮聖人に対する尊称の特色

主な直弟を中心に日蓮聖人に対する尊称を検討した。

直弟による日蓮聖人の呼称は「日蓮聖人」「聖人」「宗祖」「祖師」「先師」などが一般的で頻度数も多い。しかし、その中でも弟子による特色や史料による異なりが見られる。

もっとも多様な表現をしているのが日興の消息文で、知られるだけでも二〇種類に及ぶ。この中で日興の特異な呼称は「法華聖人（法花聖人・ほくゑしやう人・法花しやう人・ほくゑ聖人・ほつけしやうにん）」「御経日蓮聖人（御きやう）」「聖人御影（御影）」「ほとけしやう人（仏）」「御ほうせん（先師御宝前）」などである。

「法華聖人」は法華経に生きた日蓮聖人の宗教的特色を表明したもので、日興が日蓮聖人を法華経と一体化した聖なる人格として受けとめていたことを物語っている。

「御経日蓮聖人」の「御経」とは法華経を意味するもので、「法華経の日蓮聖人」という意味合いが込められているように思われる。[17] 日興にとって、日蓮聖人は法華経の人格的顕現であったのである。

「ほとけしやう人」や「御ほうせん」は、日蓮聖人をよりいっそう神聖化したもので、明らかに礼拝の対象として日蓮聖人を位置付けている。

「聖人御影」も日興が日蓮聖人の尊像[18]を祀って礼拝追慕していたことを示すものである。日興は日蓮聖人の御影を祀ることによって、生きてましますがごとく日蓮聖人に仕え、日蓮聖人に語りかけていたのである。一連の日興の消息文には「申し上まいらせ」「よみ上まいらせ」「備進」「備見参」「見参に入まひらせ」「見参に申入まいらせ」「見参に申上まいらせ」などの表現がひんぱんに見られる。(19)「法主聖人」の尊称は日興のほかに、日昭・日朗・日高・日常にもみられる。

ただし、日昭の『経釈秘抄要文』と日朗の『本迹見聞』は偽書説があり断定することはできない。確実なものは日興の消息文と日昭・日高・日常の曼荼羅本尊の事例である。

日昭・日高・日常は曼荼羅勧請の諸尊の一部として日蓮聖人を「南無法主聖人」と尊称して記入している。したがって、日昭・日高・日常の曼荼羅本尊では日蓮聖人が十界の諸尊の一部として神格化されていることがわかる。

日昭の曼荼羅本尊は題目の下に署名・花押が見られる。

日高の曼荼羅本尊の自署・花押は、正安二年（一三〇〇）一二月のものは左下に小さく書かれているが、正安三年（一三〇一）五月一三日・正安四年（一三〇二）九月七日・乾元二年（一三〇三）三月一三日の三幅は「南無法主聖人」の下に、それ以降のものは題目の下に筆太の文字で記載されている。

日常の曼荼羅本尊はいずれも題目の下に署名（署名・花押）されているが、とくに永仁三年（一二九五）一二月二七日のものは筆太の文字で記入されている。

これらの事例から日昭・日高・日常の曼荼羅本尊は自身の信仰的主体に立脚した本尊として図顕さ

れているとと思われるのである。[20]

これに対し、日興・日向の曼荼羅本尊では、題目の下に「日蓮聖人」「日蓮聖人御判」「日蓮聖人在御判」と書き、自署・花押を左下の端に小さく記入している。これは日興・日向の曼荼羅本尊が、日蓮聖人の曼荼羅本尊を書写する形で図顕されていることを表わしている。すなわち、日興・日向は自身が曼荼羅本尊を図顕するのではなく、日蓮聖人の曼荼羅本尊に自己の信仰を付与する意図を持って書き顕わしているのではないかと思われるのである。[21]

なお、ちなみに中山法華経寺では、第三世日祐、第四世日尊、第五世日暹、第六世日薩、第七世日有など、歴代の曼荼羅本尊には「南無法主聖人」「南無法主大聖人」などと記されている。中山法華経寺では、初祖日常、第二祖日高以来の伝統であろうか。[22]

いずれにしても「法主聖人」の呼称は日蓮聖人をことさら尊称したもので、日興の「法華聖人」「御経日蓮聖人」「ほとけしやう人」「御ほうせん」「聖人御影」と近似した用例と見ることができよう。日高・日常の場合は曼荼羅本尊のみに用いられる特異な尊称のようである。

「法主」とは、本来、法の主を意味し、仏を指す。転じて法を体得した人や法を説く人の尊称として用いられた。さらに法会の導師や教団の指導者を指すようになり、一般的には、高徳の僧を指す尊称として用いられるようになった。

比叡山東塔功徳院の舜昌（一二五五〜一三三五）撰とされる『法然上人行状絵図』[23]には、「爰《ここに》我大師法主上人、行年四十三より念仏門にいりてあまねくすゝめ、易行道をしめしてひろくおしへたまふに」[24]とあり、法然上人を「法主上人」と尊称している。このような事例からも、日蓮聖人の時代には教団の指導者的立場にある高徳の僧を指す尊称として用いられていたことがわかる。

「日蓮阿闍梨」「阿闍梨」の表記は日興の『原殿御返事[25]』、日昭の『法華本門円頓戒相承血脈譜』『日成譲状』に見える尊称である。

「阿闍梨」とは、古代インドではヴェーダの儀式を弟子に教える師を称したが、仏教では弟子を教授する高徳の出家僧を指すようになった。なかでも小乗の『四分律』では出家・受戒・教授・受経・依止《えじ》の五種を立て、大乗では羯摩と教授の二種を立てる。また、密教では学法灌頂と伝法灌頂の二種がある。日本では平安時代以降、阿闍梨は、勅旨を奉じて法会を執行する一種の官職となり、転じて法会の導師を指すようにもなった。一般的には、弟子を教導し師範となる高徳の僧を意味している。

したがって、「日蓮阿闍梨」は教団の指導者としての日蓮聖人に対する尊称であったと思われる。仏教古来の尊称を用いることによって日蓮聖人を仏教の伝統の中に位置付け、格式のある仏教者として尊敬の思いを寄せる弟子の意識を表明したものといえよう。

なお、日蓮聖人遺文には弟子を阿闍梨号で呼称されている例が多く見られる。とくに六老僧は、日興＝白蓮阿闍梨・伯耆阿闍梨、日昭＝弁阿闍梨、日朗＝大国阿闍梨、日向＝民部阿闍梨・佐渡阿闍梨、日頂＝伊与阿闍梨、日持＝蓮華阿闍梨と称されている。その他に三位阿闍梨、大進阿闍梨、大和阿闍梨、助阿闍梨、帥《そつ》阿闍梨、大弐《だいに》阿闍梨などがある。これらの人々は教団における指導的位置にいたものと思われる。

「今家」の表記は日朗の『本迹見聞』(26)に「今家聖人」「今家法主聖人」とある。「今家」は「われらの宗団」の意で、他宗に対する表現である。ことさら他宗を意識して日蓮聖人の尊高性を表示する意図を込めて呼称したものであろう。この表現は『本迹見聞』以外には見られない特異な例である。

「大聖人」は日朗の『譲状』『与日像御房書』『玄旨本尊添状』、日位の『大聖人御葬送日記』、日弁の『円極実義抄』、日法の曼荼羅本尊に見られるもので、日蓮聖人に対する尊崇の念が一段と高揚した表現である。疑義説のある史料も含まれるため断定はできないが、日蓮聖人の在世かあるいは滅後の早い時期に、門弟の一部の間では「大聖人」の尊称も用いられていたのではないかと思われるのである。

「上行化身日蓮」は日朗の『玄旨本尊添状』のみに見られる特異な例である。日蓮聖人は上行菩薩としての自覚に立って題目の弘通に精進された。しかし、日蓮聖人遺文中には日蓮聖人自身の言葉として自分を上行菩薩であると明言された文章はない(27)。日蓮聖人の弟子がそのような日蓮聖人をどのように受けとめていたかは興味ある問題である。日朗の筆にこのような表記が見られることは、日蓮聖人滅後の早い時期に、弟子の中には日蓮聖人を上行菩薩の化身であると受けとめていた者がいたことを意味している。しかしながら、日朗の他の資料、あるいは他の直弟のなかにこのような表記が見られないのはなぜであろうか。

日蓮聖人を上行菩薩の化身と信受することは、日蓮聖人の宗教における自然な流れのように思われる。そのような信仰的受領は一人日朗に限らず、他の門弟にも共通した信念であったであろうと思われるのである。

「大聖人」「法主聖人」「阿闍梨」等の尊称は仏教信仰の上では一般的呼称である。それに対し、「上行化身」は法華仏教に生きた日蓮聖人を呼称する上では、教義に立脚した信仰的尊称としてより意味が深いと思われるのである。

日弁の『円極実義抄』[28]は一書中における日蓮聖人の呼称がもっとも多い。その中で注目されるのは「本門」と「本化」を冠した用例である。

「本門」は日蓮聖人の宗教を教義上から特色付けるものである。したがって、「本師本門大師」「本門大聖人」「本門大師」「本門高祖」の表記は、「法華聖人」に対比すれば、よりいっそう日蓮聖人の教学的位置付けを明確にしたものと言えよう。

「本化」は久遠釈尊から久遠教化を受けた地涌菩薩を意味する。したがって、本化地涌菩薩としての自覚に生きた日蓮聖人の宗教的内証を考慮すれば、「本化高祖」「本化大聖」は日蓮聖人の法華経における位置付けを明確にとらえたものと言えよう。『円極実義抄』は、日蓮聖人の教義と自覚の世界をより的確にとらえた形で、日蓮聖人に対する尊称を用いていると思われるのである。

教学上の意義付けから考えれば、「法華聖人」「本門大聖人」「本化大聖」「上行化身」の順に日蓮聖人に対する呼称の特殊化・個性化を指摘することができよう。

「上人」は、ここでとり扱った史料のなかでは日頂著と伝える『本尊抄得意抄添書』のみに見られる事例である。『増一阿含経』・『大品般若経』・『釈氏要覧』などによると、「上人」とは「とくに徳行のすぐれた者」の意味であるが、中世以降、僧官の一つとして「法橋上人位」(僧綱位の律師相当位)が設けられてから特別の意味で用いられるようになった。日蓮聖人は、他者の言として自身の尊称を表記する時は必ず「聖人」と書き、「上人」は用いられていない。ちなみに『撰時抄』では「南無日蓮上人」と書いた後、「上」を「聖」に書き改められている。[29] 日蓮聖人にとって「聖人」は特別の意味があり、[30]「上人」との異なりをことさら意識されていたものと思われる。

ただし、日蓮聖人は弟子・信徒については「上人」「聖人」の両方を用いておられ、[31] その場合は一般的尊称として使用されていたように思われる。

以上のとおり、日蓮聖人の直弟は日蓮聖人に対し、多様な尊称を使用していたことがわかる。史料のほとんどが日蓮聖人滅後のものであるため断定することはできないが、おそらく、日蓮聖人在世中もあるいはこれに近い尊称が用いられていたのではないかと思われるのである。[32]

それは、教団の祖師としての一般的尊称、とくに追慕、敬慕の念を表現した尊称、日蓮聖人の宗教的特色をふまえた尊称などに大別される。すなわち、「聖人」「大聖人」「宗祖」「祖師」「先師」「大

師」「大聖」「高祖」「先聖」「本師」「法主聖人」「阿闍梨」などは教団の祖師としての尊称であり、「聖人御影」「ほとけしやう人」「御宝前」「故シヤウ人」などはとくに追慕・敬愛の念を強調した尊称、「法華聖人」「本門大師」「本化高祖」「本化大聖」「上行化身」などは日蓮聖人の宗教的特色をふまえた尊称である。

これらの尊称を通して、門弟は日蓮聖人に触れ、日蓮聖人を仰ぎ、日蓮聖人を慕ったのである。尊称の仕方に差異はあるが、いずれの門弟も、日蓮聖人を心から尊崇し敬愛していた。存命中における日蓮聖人の存在が大きかっただけに、滅後における門弟の渇仰はよりいっそう増幅するいっぽうであったと思われる。門弟にとって、日蓮聖人は永遠の師であるとともに親であり、生命の絆でもあったのである。

四　むすび

日蓮聖人は宗教者としての高い自負心を持って生きておられた。それは釈尊の出世の本懐である法華経に生きる者としての自覚と責任に立脚したものであったことはいうまでもない。至高の教に生きる者は釈尊の真実に生きる者であるとの認識に立って、日蓮聖人は法華経の世界を生きていかれたのである。

日蓮聖人の提唱する題目法華信仰に帰入した人びとは、そのような日蓮聖人に触れることによって、日蓮聖人を尊崇・敬愛していった。数々の迫害を乗り超えていく日蓮聖人の姿は、門下の人びとにとって、まさしく法華経の聖者の現出であったと思われるのである。そのため、門下の人びとは「聖人」「大聖人」「法主聖人」などの尊称で日蓮聖人を敬ったのである。

日蓮聖人滅後にいたると、日蓮聖人に対する尊崇の想いはさらに拡大し、日蓮聖人の人物像はいっそう神格化されていったものと思われる。日蓮聖人への尊崇は追慕の想いによって増幅され、「聖人御影」「ほとけ聖人」「御宝前」などの呼称を生むにいたったと思われるのである。

註

(1) 日蓮聖人は、法華経弘通上に被る数々の迫害を通して、法華経色読の自覚を得た。法華経色読は法華経を如説に行ずることであるから、値難と色読は真実の法華経の行者の証となる。
(2) 三国四師(法華仏教の正しい継承者であるとの自覚と表明)。『顕仏未来記』『昭定』七四二～三頁、『法華行者値難事』『昭定』七九七頁、『報恩抄』『昭定』一二二九・一二四七～八頁等参照。
(3) 本門に立脚した法華経。
(4) 疑義説等は引用書の注記による。
(5) 一部、疑義説のあるものも含む。なお、一覧表には続篇もかかげたが、ここでは正篇のみを考察の対象とした。
(6) 一部、疑義説のある消息をも含む。
(7) 正応五年一〇月一三日の曼荼羅本尊には「御判」とある。

（8）真偽を検討すべきものを含む。疑義説等は引用書の注記による。
（9）右同。
（10）右同。
（11）右同。
（12）富士門流のなかにおける日蓮本仏思想との関連について検討を必要とする。
（13）ただし、正安二年（一三〇〇）一二月の曼荼羅本尊は、左下に小さく自署・花押が記入されている。
（14）真偽等については引用書の注記による。
（15）右同。
（16）右同。
（17）文保元年（一三一七）八月六日の『曾祢殿御返事』には「御経日蓮聖人見参ニ申入まいらせ候ぬ」（『日興上人全集』一九九頁）、六月一三日付の『ぬくま殿御返事』には「御きやうのけさんニいれまいらせて候」（同二一四頁）とあることから、「御経」とは「日蓮聖人」を指すものと思われる。なお、『日興上人全集』の編者は前掲の『曾祢殿御返事』の成立について疑問を提示している（『日興上人全集』一九九頁頭注）。
（18）「聖人御影」がいかなる尊像かは定かではない。日持等が池上本門寺に造立した日蓮聖人尊像は木製の坐像であった。古来、これを「池上御影」と称している。
（19）『日興上人全集』消息の部参照。
（20）日蓮聖人を曼荼羅本尊勧請の諸尊の一部として記載しているのは日朗・日位・日弁・日法なども同じである。
（21）題目の下に「日蓮聖人」と書き、自署・花押を左下の端に小さく記入している例は日目も同じである。なお、菅原関道稿「日興上人本尊の拝考と『日興上人御本尊集』補足」では、日興が日蓮聖人の本尊を書写する形態をとった理由として「一つは、弟子の立場で書写し奉ることで、宗祖は末法の主師親上行菩薩の垂迹であることを鮮明にするため、二つ目は、宗祖滅後も宗祖の魂魄『南無妙法蓮華経　日蓮』を常住させるため」の二点をあげている（『興風』第一一号、三五八頁）。

（22）他に身延山久遠寺第六世日院は「法主日蓮大聖人」、京都本能寺・尼ケ崎本興寺第二世日信は「南無法主日蓮大菩薩」と表記している。いずれにしても曼荼羅本尊中における「南無法主聖人」の表記は中山法華経寺の関係者が圧倒的に多い。『日蓮聖人門下歴代大曼荼羅本尊集成』参照。

（23）『法然上人行状絵図』の成立年代については、文保三年（一三一九）、正中元年（一三二四）以前、正中・嘉暦（一三二四～八）頃、応安六年（一三七三）二月以前、東山時代義政以後、十五世紀後半、南北朝期、元亨元年（一三二一）三月以前、十四世紀半ば頃、元応二年（一三二〇）正月以前などの諸説がある（大橋俊雄著『法然上人伝』下〈法然上人全集別巻二〉三四六～三五一頁参照）。

（24）大橋俊雄著『法然上人伝』下（法然上人全集別巻二）一三三～四頁。

（25）日辰写本現存。正応元年（一二八八）一一月（祖滅七年）。『日興上人全集』三五一頁（二箇所）、三五二頁。

（26）真偽の検討を必要とする。

（27）拙稿「日蓮聖人の上行自覚について」（『大崎学報』第一五三号）参照。

（28）天目の著かとも考えられている。

（29）『撰時抄』真蹟第八紙。『日蓮聖人真蹟集成』第一巻、一八八頁。

（30）『法門可被申様之事』には「いまだ顕レざる後を知るを聖人と申スか。日蓮は聖人の一分にあたれり」（『昭定』四五五頁、真蹟現存）、『撰時抄』には「外典ニ云ク、未萌をしるを聖人という。内典ニ云ク、三世を知ルを聖人という」（『昭定』一〇五三頁、真蹟現存）とある。

（31）大田乗明に対し、「上人」（『乗明上人御返事』『昭定』一六五二頁、真蹟現存）、「聖人」（『乗明聖人御返事』『昭定』一三〇〇頁、真蹟現存）の両用がみられる。また日妙尼には「聖人」（『日妙聖人御書』『昭定』六四七～八頁、真蹟断片現存）、光日尼には「上人」（『光日上人御返事』『昭定』一八八〇頁、真蹟曾存）の尊称を用いられている。さらに、富木常忍に対してはほとんど「入道」の呼称を用いられているが、ときには「上人」

（『忘持経事』『昭定』一一五〇頁、真蹟現存）と表記されている例もある。

（32）「聖人御影」「御宝前」「故聖人」などのように、あきらかに日蓮聖人入滅後しか用いられない尊称もある。

付記

（1）近年、日朗の『玄旨本尊添状』は朗源（一三二六～一三七八）の筆であるとの見解が提示されている。寺尾英智稿「京都妙顕寺所蔵の日蓮真蹟─『強仁状御返事』『三八教』『八宗違目抄』について─」（『仏教思想仏教史論集』所収）、坂井法曄稿「日像上人伝承考」（『興風』第一九号所収）。そうであれば「上行化身日蓮」の表記は朗源によることになる。

（2）近年、『大聖人御葬送日記』の執筆者は、日位ではなく日持であるとの見解が提示されている。中尾堯稿「『日蓮聖人御遷化記録』の書誌的研究」（『宗教社会史研究』Ⅲ所収）、同稿「日蓮聖人遷化の後先─「御遷化記録」をめぐって─」（『法華文化研究』第三三号所収）。

あとがき

日蓮聖人教学を知るためには、その総体についての理解が必要である。日蓮聖人教学を総体的に論じた先駆者として、近世以降では次の先師が著名である。

江戸時代の一妙院日導和上（一七二四〜一七八九）は『祖書綱要』二三巻において、日蓮聖人の教学を組織化した。なかでも「佐前佐後法門異相」はその後の教学研究の常識となっている。『祖書綱要』は後に事成院日寿（一七四一〜一八〇五）等によって刪訂された。これが『祖書綱要刪略』七巻である。

幕末期に出た優陀那院日輝和上（一八〇〇〜一八五九）は『祖書綱要刪略』に注釈を施し、『祖書綱要正議』二巻を著した。『祖書綱要』を宗門史上の「最宝策」であると称賛した日輝和上は、『祖書略要』一三部を公刊して日蓮聖人遺文についての詳細な解釈を示した。日輝和上の論著は『充洽園全集』五編に収められている。日輝和上とその門下は幕末から明治維新にかけて、教学・教育・行政の中枢をになっていった。日輝和上とその門下の教学は金沢立像寺の学室の名を冠して充洽園教学と称されている。

明治・大正・昭和初期にかけて活躍した著名な人物の一人に日蓮主義在家仏教運動を展開した田中智学居士（一八六一～一九三九）の存在がある。田中智学居士が明治三十六年（一九〇三）から三十七年（一九〇四）にかけて大阪立正閣で講じた「本化妙宗式目」は『本化妙宗式目講義録』として纏められ、後に『日蓮主義教学大観』と改題された。本書は日蓮聖人教学を総体的に講述した大著で、その業績は斯界に広く知られている。

田中智学居士講述の『本化妙宗式目講義録』を編纂したのは門下の山川智応博士（一八七九～一九五六）である。山川智応博士は『本化聖典大辞林』三巻の編集をはじめ、『日蓮聖人伝十講』『法華思想史上の日蓮聖人』『日蓮聖人研究』『本門本尊論』『開目抄講話』『観心本尊抄講話』『日蓮聖人の実現の宗教』『日蓮聖人開宗の真意義』などの多くの大著を公刊し、日蓮聖人教学研究に大きな足跡を残された。

このように、一妙院日導和上は近世日蓮教学の組織化をはかり、優陀那院日輝和上は日導和上を継承して近世日蓮教学を大成し近代への橋渡しをした。田中智学居士と山川智応博士は、社会の大きな変革期のなかにあって、在家者の立場から明治・大正・昭和にわたる近代日蓮教学を先導したのである。

日蓮宗をはじめとする諸教団、身延山大学・立正大学などの教育研究機関、そして多くの研究者は、このような先師の研究成果を継承したり意識するなかで、それぞれの意図する研究課題を追い求めてきたのである。

壮大な歴史のうねりのなかで、今日における日蓮聖人教学研究の在り方も当然問われなければならない。近代的研究方法論の導入や科学技術を応用した研究手段など、新しい研究方法が多く提示されている。そのような動向と研究成果を踏まえながら、新たな日蓮聖人教学の体系化の試みが必要であろう。

筆者は、それら先師先哲の驥尾に付すことさえもできないが、幸いにして日蓮聖人の教えを研鑽させていただくことのできる場に身を置かせていただくことができた。本書は、その謝恩の意を込めたささやかな報告である。

本書には、諸誌に掲載された拙論の中から、日蓮聖人教学における理念と実践に関するものを収録した。
各論文の掲載書名と刊行時期は次のとおりである。
第一章　日蓮教学研究の課題
「日蓮教学研究の課題」『身延山大学東洋文化研究所所報』第一〇号　身延山大学東洋文化研究所
平成一八年四月
第二章　日蓮聖人における仏弟子の自覚

「日蓮における仏弟子の自覚」『日本佛教学会年報』第七八号　日本佛教学会　平成二五年八月
第三章　日蓮聖人における上行自覚の表明
「日蓮聖人の上行自覚について」『大崎学報』第一五三号　立正大学仏教学会　平成九年三月
第四章　日蓮聖人における捨身の誓い
「日蓮聖人における捨身の誓い」『インド仏教史仏教学論集―仲澤浩祐博士古稀記念論文集―』
山喜房佛書林　平成二三年二月
第五章　日蓮聖人における慈悲の実践
「日蓮における慈悲の実践」『日本佛教学会年報』第七二号　日本佛教学会　平成一九年五月
第六章　日蓮聖人の代受苦思想
「日蓮聖人の代受苦思想」『東アジア仏教の諸問題―聖厳博士古稀記念論集―』山喜房佛書林
平成一三年三月
第七章　日蓮聖人における但行礼拝と生命の尊重
「日蓮聖人における但行礼拝と生命の尊重」『日蓮教学教団史論集―冠賢一先生古稀記念論文集―』
山喜房佛書林　平成二二年三月
第八章　日蓮聖人の門弟教育
第一節　講会・論義を中心として

「日蓮聖人の門弟教育　―講会・論義を中心として―」『日蓮教学をめぐる諸問題―北川前肇先生古稀記念論文集―』　山喜房佛書林　平成三〇年三月
第二節　読誦・書写等を中心として
「日蓮聖人の門弟教育―読誦・書写等を中心として―」『大崎学報』第一七三号　立正大学仏教学会　平成二九年三月
第九章　直弟による日蓮聖人の尊称
「直弟による日蓮聖人の尊称」『日蓮とその教団』吉川弘文館　平成一一年三月

この度、一書に纏めるにあたり、部分的に加筆訂正を施した。拙論の転載については、それぞれの出版社・研究機関・学会ならびに関係各位のご理解とご協力をいただいた。

立正大学関係の先生方をはじめ、学恩を蒙った多くの先生方に心より厚くお礼申し上げるしだいである。

本書の出版にあたっては、山喜房佛書林主浅地康平氏、同営業部長吉山利博氏から特段のご配慮をいただいた。校正等の編集業務は弟子庵谷行遠の協力を得た。

平成三十年五月十一日

庵谷行亨

索　　引

1　索引項目は本文中から人名・書名・事項などの主なものを拾い、五十音順に配列した。

2　項目の読みかたは慣例にしたがった。

3　項目は必ずしも具名を用いず、本文中に記載されているままを掲げた。

4　同一項目が同一頁中に複数記載されている場合でも、頁数は一つとした。

あ

秋元太郎兵衛尉……248
悪世の弘経……150
悪人成仏……172
阿私仙人……190
庵室《あじち》……221, 259
庵室改築……243
阿闍梨……209, 278, 333, 337
阿闍梨号……278
悪機充満……155
悪口罵詈……181, 192
熱原瀧泉寺……277
阿難……154
阿鼻地獄……180
阿仏房日得……277
尼崎本興寺……229
阿弥陀経……241
阿弥陀堂……258
安房国……160, 266
安房国天津……277
安国論問答……256, 294
安心……65
安心立命……7
安穏な国土……7
安妙……255
安楽……139
安楽行品……43, 48, 141, 163
家の伝統……13
威音王仏……67, 187, 189
威音王仏の像法時……76
威音王仏の像法末……190
生きがい……12
池上……270
池上兄弟……247
池上氏……214
池上本門寺……278, 280
池上御影造立之記……318
池上宗仲……248
池上宗長……247
池田本覚寺……278
遺骨……13
石田郷一谷……272
伊豆国《いずのくに》……275
イスラム教……8
伊豆流罪……120, 164
遺跡之事……310
伊勢公御房……266
一乗の行者……190
一乗仏教……147
一乗法門の談義……227
一乗法華……112
一代五時……253
一代五時鶏図……252, 257
一代五時図……206, 210, 251, 257
一代聖教大意……257
一代聖教の勝劣先後……126
一大秘法……82
一日経……243
一日八講……212
一念三千の玉……162
一念三千の法門……222
一谷入道……272
一谷入道御書……51, 114, 258, 272
一仏乗……178
一妙尼……255
一妙院日導……18
一門……209
一切衆生……186
一切衆生の異の苦……168
一切衆生の苦……167
一切衆生の成仏……5, 165, 222

一切衆生の同一の苦……………… 168
一切世間多怨難信…………………… 190
一闡提人……………………………… 129
一体…………………………………… 12
一筆経………………………………… 243
一遍聖人……………………………… 160
伊東八郎左衛門……………………… 219
遺徳顕揚……………………………… 221
因幡房日永……………… 89, 241, 274
異の苦………………………………… 168
命……………………………………… 194
遺文解釈……………………………… 16
遺文集………………………………… 16
遺文集の底本………………………… 16
伊予阿闍梨…………………………… 333
伊予阿闍梨日頂……………………… 278
伊予房日頂…………………… 207, 229
伊蘭…………………………………… 242
医療現場……………………………… 12
衣類供養……………………………… 242
岩淵寺………………………………… 212
岩本実相寺…………………………… 277
因果…………………………………… 178
引導秘訣……………………………… 300
因縁生起の理………………………… 139
上野尼………………………………… 248
上野尼御前御返事…………………… 248
上野殿御返事………………… 187, 198
上野殿母尼御前……………… 264, 267
上野殿母尼御前御書…… 223, 263, 271
有縁の弟子…………………………… 245
有待《うだい》の依身《えしん》…………………………… 224
宇宙の平和…………………………… 23
有得国王……………………………… 27
有得（徳）国王……………………… 112
有徳国王……………………………… 27
盂蘭経………………………………… 263
盂蘭経の疏…………………………… 263
永遠の浄土…………………………… 7
永遠の救い…………………… 161, 179
永遠の生命…………………………… 179
永遠の仏……………………………… 179
栄西禅師……………………………… 160
回向…………………………………… 242
会座の大衆…………………………… 31
依止《えじ》…………………………………… 333
恵沼…………………………………… 263
慧浄…………………………………… 263
会通…………………………………… 12
越中…………………………………… 265
壊法者………………………………… 172
依報の国土…………………………… 162
依法不依人…………………………… 59
慧命相続……………………………… 206
右衛門大夫宗仲……………………… 260
縁起…………………………………… 178
円教寺………………………………… 212
円極実義抄…………………………… 321
円宗寺《えんしゅうじ》 ……………………………… 212
円定…………………………………… 154
円智房………………………………… 266
円珍…………………………………… 264
円慧…………………………………… 154
円明院日澄…………………………… 229
応化…………………………………… 181
往詣…………………………………… 174
応生…………………………………… 170
応生眷属……………………………… 170
大田金吾……………………… 265, 267, 268
大田左衛門尉………………………… 249
大田氏………………………………… 246
大田乗明……………………………… 260

大田入道…… 248
太田入道殿御返事…… 174
岡本宮《おかもとのみや》…… 212
置文…… 270, 327
教え…… 19
教えの真実性…… 112, 179
教えの表明…… 20
お逮夜講…… 230
重須…… 229
重須談所…… 229
御義口伝…… 256
御経日蓮聖人…… 330
御講聞書…… 256
御衣並単衣御書…… 239
怨嫉…… 43

か

開会…… 12
開顕…… 194
開顕会入…… 204
開眼供養…… 240
介護…… 12
甲斐国《かいのくに》…… 275
戒之事…… 250
開目抄…29, 46, 48, 49, 50, 58, 70, 71, 97, 112, 122, 128, 143, 145, 148, 149, 150, 151, 163, 165, 169, 172, 173, 174, 205, 245
カウンセリング…… 13
可延定業御書…… 193
科学…… 9
加賀法印定清…… 258
核家族化…… 13
学室…… 229
学術発表…… 20
学乗房…… 276, 277
学頭…… 229
覚徳比丘…… 185, 186
覚鑁…… 208
学法灌頂…… 333
学問研鑽…… 206, 211
学問所…… 229
過去世の罪…… 171
呵責謗法…… 200
呵責謗法滅罪鈔…… 183
迦葉…… 154
迦葉菩薩品…… 150, 167
上総国《かずさのくに》…… 275
家族の崩壊…… 13
片瀬龍口…… 164
かたびら御返事…… 298
かたみ…… 245
学会組織…… 20
月天子…… 239
羯摩…… 333
金原法橋《かなはらほっきょう》…… 249
貨幣価値…… 11
果報受得者…… 180
我本行菩薩道…… 129
鎌倉…… 160, 207, 214, 215, 275, 276
鎌倉期…… 236
鎌倉の草庵…… 272
鎌倉幕府…… 226
鎌倉仏教…… 160
鎌倉妙法寺…… 229
亀姫…… 255
亀若…… 255
カルト教団…… 13
川原寺…… 242
歓喜仏…… 186
諫暁…… 27, 61, 128, 129, 136, 239
環境学…… 9

諫暁活動……………………………… 231
諫暁八幡抄… 131, 132, 149, 150, 152,
167, 168
管区………………………………… 21
願兼於業…………… 149, 150, 169, 170
看護………………………………… 12
願業………………………………… 165
勧持品… 30, 48, 49, 69, 73, 87, 97, 144,
163, 172, 192
勧持品色読………………………… 192
勧持品の文………………………… 192
願生眷属…………………………… 170
観心の法門……………………… 127, 198
観心法門…………………………… 246
観心本尊抄… 36, 71, 72, 73, 87, 88, 97,
99, 143, 172, 179, 246, 257, 265
観心本尊抄私見聞………………… 327
観心本尊抄副状……………… 127, 245
完存遺文…………………………… 15
観智房……………………………… 266
諫勅……………………………… 164, 172
感応………………………………… 59
刊本遺文集………………………… 16
眼目…………………… 59, 60, 135, 152
観門の一念三千…………………… 154
喜………………………………… 139
機………………………………… 162
機関………………………………… 20
祈願論義…………………………… 225
聞書……………………………… 230, 256
起顕竟の法門…………………… 36, 40
喜捨………………………………… 139
祈請………………………………… 239
義浄房……………………………… 248
義城房……………………………… 249
吉蔵………………………………… 263
祈祷鈔……………………………… 166
疑念………………………………… 129
基本理念…………………………… 22
逆縁………………………………… 180
逆縁教化……………… 180, 192, 201
逆縁下種…………………………… 180
逆縁の教化……………………… 180, 181
客観的研究………………………… 10
客観的真実………………………… 6, 19
宮中………………………………… 212
教……………………… 147, 155, 204
行………………………………… 204
教育………………………………… 12
教育カリキュラム………………… 20
教育機関…………………………… 20
教育研究…………………………… 21
教育制度…………………………… 20
教育組織…………………………… 20
教育内容…………………………… 20
教育方針…………………………… 20
経一丸……………………………… 255
教学……………………………… 4, 6
行学院日朝………………………… 229
教学研鑽…………………………… 221
行学兼備…………………………… 244
行学二道…………………………… 283
教学の正当性……………………… 6
教学の体系………………………… 3
教義………………………………… 4
教区………………………………… 21
行化………………………………… 171
教師………………………………… 20
教師育成…………………………… 20
教師育成の理念…………………… 19
教師の育成………………………… 19
教師の資質………………………… 19

行者…………………… 40, 96, 100, 133
経釈秘抄要文………………………… 309
行者自覚………………………… 70, 85
行者守護………………………… 97
行者守護の菩薩…………………… 85
教主……………………………… 35
教授……………………………… 333
教主釈尊………………………… 94, 95
教相……………………………… 205
教相性…………………………… 204
兄弟鈔………………………… 174, 205
教団……………………… 20, 22, 230
教団戒壇論……………………… 77
教団の危機……………………… 13
教団の教学……………………… 3
経典読誦………………………… 236
京都……………… 160, 161, 213, 223
共同研究………………………… 10
共同体社会の解体………………… 13
教の浅深………………………… 205
教法……………………… 35, 82, 164
行法……………………………… 187
経文書写………………………… 236
教門の五時八教………………… 154
経文の預言……………………… 156
経文普合………………………… 48
教益……………………………… 82
キリスト教……………………… 8
儀礼……………………………… 20
儀礼の簡略化…………………… 13
金綱集…………………………… 256
金吾殿御返事… 27, 111, 219, 222, 257, 263
九易……………………………… 42
空理……………………………… 139
九横の大難…………………… 43, 147
久遠教化………………………… 32
久遠教化の人…………………… 35
久遠教化の本弟子……………… 39, 87
久遠下種………………………… 82
久遠実成……………… 162, 179, 194
久遠実成の釈尊………………… 162
久遠釈尊……………………… 5, 68, 155
久遠釈尊の弟子………………… 35
久遠釈尊の法…………………… 35
久遠の父の子…………………… 35
久遠の父の法…………………… 35
久遠の人法……………………… 35
久遠本弟子……………………… 82
久遠本土………………………… 179
久遠本仏………………………… 179
久遠本法………………………… 179
弘経者…………………………… 164
弘経者の徳目…………………… 142
弘教の決断……………………… 56
弘教の誓願……………………… 123
弘教の方軌……………………… 128
旧住の菩薩……………………… 29
久成如来の御使い……………… 90
久成の子………………………… 35
久成の弟子……………………… 82
久成の人………………………… 35
久成の法………………………… 35
久成の菩薩……………………… 73
弘通の決断……………………… 117
弘通の人………………………… 35
苦悩……………………………… 196
弘法者の行位…………………… 190
桑ヶ谷…………………………… 280
桑ヶ谷問答……………………… 281
経済学…………………………… 9
経済原理優先の社会………… 11, 12

系年……………………………… 16
慶林房日隆………………………… 229
化城喩品…………………………… 140
外相承……………………………… 15
結要の大法………………………… 164
結要の別付属……………………… 35, 39
結要付属……………… 35, 73, 87, 152
下方………………………………… 70
下方他方旧住菩薩事… 69, 71, 97, 251
顕戒論縁起………………………… 253
研究員……………………………… 20
研究誌……………………………… 20, 22
研究者育成………………………… 22
研究者調査………………………… 18
研究所……………………………… 21
研究所調査………………………… 18
研究生……………………………… 20
研究成果…………………………… 22
研究専門職者……………………… 20
研究組織の充実…………………… 21
研究費……………………………… 20
現在成仏…………………………… 7
遣使還告…………………………… 39
現実………………………………… 12
玄旨本尊添状……………… 312, 334
研修会……………………………… 22
源信………………………………… 263
眷属妙……………………………… 170
現代社会…………………………… 11
現代社会の価値観………………… 12
建長五年…………………………… 126
建長寺……………………………… 161
顕仏未来記…44, 75, 87, 88, 98, 129, 188
見宝塔品…28, 41, 67, 73, 122, 144, 163, 172
権門《けんもん》……………………………… 213
顕立正意抄………………………… 257
御遺物配分帳……………………… 280
公…………………………………… 209
講会………… 204, 206, 211, 228, 236
講筵………………………………… 224
広学………………………………… 212
広学竪義…………………… 212, 225
興学論義…………………………… 225
講経論義…………………………… 225
強言《ごうげん》………………………………… 112
郷公御返事………………………… 295
講師………………………………… 213
孝子御書…………………………… 247
講者………………………………… 213
業生………………………………… 170
業生眷属…………………………… 170
公場対決…………………… 262, 282
強盛《ごうじょう》の菩提心……………………… 146
更生保護…………………………… 12
高祖………………………………… 337
郷僧御返事………………………… 295
故右大将家の御廟………………… 258
講談……………………… 206, 224, 236
強毒《ごうどく》………………………………… 181
孝徳天皇…………………………… 225
光日房……………………………… 247
光日房御書………………… 247, 270
強仁状御返事……………………… 262
興福寺……………………………… 212
弘法大師空海……………………… 266
高野山金剛峯寺…………………… 161
合理主義…………………………… 11
高齢化……………………… 11, 13
五ヶの鳳詔………………………… 172
御願寺《ごがんじ》……………………………… 212
五義………………………………… 82

弘徽殿《こきでん》…………………………… 212
五義の法門……………………… 265
虚空会上………………… 24, 122, 192
虚空会の説法…………………… 28
虚空蔵菩薩…………………… 124, 247
国王の勘気……………………… 120
国恩……………………………… 114
国際支援………………………… 12
国際的研究組織の設置………… 21
国主……………………………… 27
国土の安泰……………………… 221
国土の成仏……………………… 223
国難……………………………… 128
五五百歳の大導師……………… 90
志《こころ》ざし………………………… 198
心のふるさと…………………… 13
心のより所……………………… 13
御斎会…………………………… 225
其罪畢已………………………… 173, 180
五字……………………… 76, 188, 190
五字受持………………………… 98
五字の付属……………………… 98
五字付属………………………… 79
故シヤウ人……………………… 337
古写本…………………………… 16
御酒一具御消息………………… 300
五重玄義………………………… 82
御しゆ御返事…………………… 299
御酒御返事……………………… 299
五種法師行…………………… 237, 242
御書…………………………… 229, 230
後生……………………………… 223
後生の救い……………………… 150
後生の大楽……………………… 174
五濁悪世………………………… 132
御節供御返事…………………… 299
御葬送次第……………………… 279
国家諫暁……………………… 172, 270
五人所破事……………………… 301
五人土籠御書…………………… 248
個別写本………………………… 16
個別的研究……………………… 10
御房……………………………… 209
御ほうせん……………………… 330
御宝前…………………………… 337
御法門御聞書…………………… 257
御法門聴聞記…………………… 256
小松原法難……………………… 45
五味義…………………………… 263
御門下御本尊集… 313, 320, 321, 323, 325, 326
五輪九字明秘密釈…………… 208, 253
今家……………………………… 334
今家聖人………………………… 334
今家法主聖人…………………… 334
金剛錍論………………………… 181
権実論………………………… 230, 257
今生の果報……………………… 196
今生の受苦……………………… 174
今生の忍難……………………… 150
勤操……………………………… 212
権大乗の教え…………………… 154
魂魄日蓮………………………… 245

さ

在家……………………………… 209
妻子親族の縁…………………… 139
再治本…………………………… 90
最重要法門……………………… 127
最勝光院………………………… 212
在世……………………………… 115
妻帯僧…………………………… 209

最大深秘の正法…………………… 154
西塔……………………………… 258
齋藤兼綱………………………… 261
災難興起由来…………………… 173
災難対治鈔……………………… 173
相模国鎌倉……………………… 276
前執権《さきのしっけん》最明寺入道時頼 ………… 26
数々見擯出……………………… 97
数数見擯出……………………… 190
佐渡………………………… 207, 220
佐渡阿闍梨……………………… 333
佐渡阿闍梨日向………………… 278
佐渡期……………………… 97, 236
佐渡公日向……………… 247, 266
佐渡殿…………………………… 247
佐渡国《さどのくに》…………………………… 276
佐渡国法花講衆御返事………… 298
佐渡配流………………………… 208
佐渡法難………………………… 164
作仏……………………………… 180
三郎左衛門尉…………………… 249
三縁……………………………… 139
三箇の勅宣… 28, 33, 35, 39, 122, 123, 172
懺悔滅罪………………………… 258
三国三師……………………… 58, 76
三国の三師……………………… 127
三三蔵…………………………… 167
三時弘経次第…………………… 301
斬首……………………………… 164
三種世間………………………… 222
三障四魔………………………… 50
三世……………………………… 7
三世常住説法の儀式…………… 192
三世説法の儀式………………… 191
三大師…………………………… 167
三大誓願……………… 60, 123, 163
三大秘法………… 77, 79, 88, 98, 165
三大秘法の宗教………………… 6
三度のかうみやう……………… 172
三度の国家諫暁………… 156, 165, 172
三八教…………………………… 251
三仏…… 33, 60, 92, 122, 154, 192, 201
三仏の付属……………………… 145
三位阿闍梨……………………… 333
三位殿…………………………… 283
三位房………………… 207, 223, 247, 280
三位房龍象問答記……………… 91
三類の強敵…………… 43, 49, 163, 191
師………………………………… 82, 293
慈………………………………… 139
慈哀……………………………… 140
慈愛………………………… 132, 140
寺院………………………… 13, 217, 230
寺院の危機……………………… 13
持円尼…………………………… 255
慈恩……………………………… 140
慈覚大師事………………… 195, 248
自我偈……………………… 238, 241
四月八日………………………… 215
食供養…………………………… 195
色心二法………………………… 237
直弟………………… 292, 293, 330
直弟写本………………………… 16
色読……………………… 40, 164, 192
色読者…………………………… 48
持経者…………………………… 144
四句要法………………………… 39
始顕本尊………………………… 245
地獄……………………………… 113
自己実現………………………… 12
時宗……………………………… 160

四十九院申状…… 302
私集最要文注法華経…… 269
四種三昧…… 258
時淳尼…… 255
慈勝…… 147
四条金吾… 93, 215, 240, 245, 264, 267, 280
四条金吾釈迦仏供養事…… 240
四条金吾殿御返事… 91, 99, 187, 215, 249
四条金吾頼基…… 51, 90, 92
慈心…… 140
死身弘教…… 164
死身弘法…… 200
四信五品鈔…… 208, 257
自然科学…… 9
自然葬…… 13
四禅比丘…… 129
時代…… 11
時代に対応した教学…… 23
時代の要請…… 11
四大菩薩…… 72, 73, 82, 87
自他返逆侵逼…… 184
七月七日の御返事…… 299
十界互具…… 222
悉皆成仏…… 179
十宗事…… 252
十章鈔…… 223
実践…… 23
実践の正統性…… 112
実践門…… 182
実大乗…… 154
私的勘文…… 26
慈念…… 140
思念房…… 281
慈悲…… 48, 139, 140, 151, 155
地引御書…… 221, 243
慈悲行…… 130, 149, 150, 174
慈悲行の実践…… 19, 121
慈悲広大…… 154
慈悲の功徳聚…… 165
慈悲の実践… 129, 130, 136, 139, 144, 146, 149, 152, 164, 174
慈悲の実践者…… 147, 156
慈悲の大法…… 162
慈悲の題目…… 165
持仏堂…… 217, 230
四分律…… 333
四菩薩…67, 70, 72, 73, 74, 75, 82, 97, 98
資本主義社会…… 11
慈愍…… 140
四無量心…… 139
使命…… 114, 195
下総…… 227
下総国《しもうさのくに》…… 275
霜月会…… 216
霜月会十講…… 212
下山御消息…88, 99, 131, 133, 146, 199, 241, 257, 258, 270, 274
下山兵庫…… 241, 274
下山兵庫五郎…… 89
捨…… 139
社会科学…… 9
社会学…… 9
社会福祉…… 12
釈迦如来…… 165
釈迦如来の使い…… 90
釈迦仏…… 181, 240
釈迦仏の末法時…… 76
釈迦牟尼仏…… 180
写経…… 242
写経所…… 243

写経生……………………………… 243
寂仙房日澄………………………… 229
釈尊… 32, 33, 58, 82, 126, 127, 129, 147
釈尊出世の本懐…………………… 196
釈尊所遣の師……………………… 59
釈尊の生命《いのち》…………………… 166, 292
釈尊の因果…………………… 162, 166
釈尊の因行………………………… 131
釈尊の脇士………………………… 73
釈尊の金言………………………… 163
釈尊の久遠開顕…………………… 39
釈尊の現在………………………… 122
釈尊の三徳………………………… 59
釈尊の慈悲…… 61, 130, 131, 133, 166
釈尊の真実………………………… 28
釈尊の代受苦……………………… 168
釈尊の大法………………………… 166
釈尊の勅命……………… 132, 171, 172
釈尊の徳…………………………… 59
釈尊の願い………………………… 123
釈尊の法華経……………………… 181
釈尊の本意………………………… 132
折伏………………………………… 128
釈摩訶衍論………………………… 262
迹面本裏…………………………… 225
捨身…………………… 134, 174, 197
捨身弘法…………………… 61, 136
写真製版…………………………… 18
捨身の供養………………………… 198
捨身の信…………………………… 198
捨身の誓願………………………… 114
捨身の誓い………………………… 109
捨身の願い………………………… 27
迹化付属…………………………… 89
寂光浄土…………………………… 162
娑婆久住…………………………… 82
写本…………………………… 236, 250
写本遺文…………………………… 15
写本遺文集………………………… 17
宗学………………………………… 8
宗教意識…………………………… 13
宗教教団…………………………… 13
宗教的自覚者……………………… 19
宗教的実践者……………………… 114
宗教的宿罪………………………… 184
宗教的内観………………………… 101
宗教的目標………………………… 7
修忌論義…………………………… 225
秀句十勝鈔………………………… 252
重罪………………………………… 180
十三日講…………………………… 230
住持………………………………… 229
充実感……………………………… 12
十住心論…………………………… 266
十住毘婆沙論……………………… 266
十住毘婆沙論尋出御書…………… 214
従地涌出品…………………… 30, 73
集成写本…………………………… 16
宗祖………………………… 330, 336
宗祖御遷化記録……………… 278, 294
宗費研究員………………………… 20
宗費研究生………………………… 20
重病者……………………… 84, 155, 162
修復………………………………… 18
宗宝調査…………………………… 18
住坊………………………………… 260
宗門………………………………… 21
宗門の教育研究…………………… 21
宗門の役割………………………… 21
宗門の理念………………………… 21
宗要九十題………………………… 266
宗要集……………………………… 266

宗要論義…………………………… 266
十羅刹……………………………… 240
宗論………………………………… 282
受戒………………………………… 333
主観的研究………………………… 10
受経………………………………… 333
儒教………………………………… 8
受苦…………………………… 171, 174
宿罪………………… 173, 174, 180, 201
宿世の重罪………………………… 180
授決円多羅義集唐決……………… 253
授決集……………………………… 264
守護国界章………………………… 82
守護国家論………… 25, 109, 173, 205
守護の祈り………………………… 69
守護の菩薩………………………… 74
受持…………………… 6, 40, 131, 162
受持者………………… 66, 73, 96, 100
受持者己心の菩薩………………… 74
主師親三徳………………………… 60
主・師・親の三徳………………… 152
種種御振舞御書… 148, 152, 190, 238, 258, 270
衆生縁……………………………… 139
衆生の生命………………………… 178
主人………………………………… 110
地涌千界…………………… 72, 75, 88
地涌千界菩薩《じゆせんがいのぼさつ》…………………… 75, 87
地涌千界の菩薩…………………… 92
主体的信…………………………… 6
出家………………………………… 333
出家者………………………… 110, 230
出家弟子…………………………… 209
出家の動機………………………… 206
出家の目的………………………… 110
地涌菩薩《じゆのぼさつ》…32, 33, 34, 67, 69, 72, 74, 94, 97, 144
寿命品……………………………… 171
樹木葬……………………………… 13
寿量品……………………………… 194
寿量品の肝心……………………… 85
舜昌………………………………… 332
証………………………………… 204
章安大師………………………… 45, 222
章安大師潅頂……………………… 164
正依の経典………………………… 163
正嘉元年…………………………… 26
正嘉の大地震……………………… 85
貞観政要…………………………… 253
証義《しょうぎ》 ……………………………… 213
精義《しょうぎ》 ……………………………… 213
聖教………………………………… 270
上行院日叡………………………… 229
上行化身……………………… 336, 337
上行化身日蓮……………………… 334
上行自覚……… 65, 68, 90, 96, 99, 101
上行付属の信心…………………… 5
上行菩薩…31, 36, 39, 68, 78, 79, 83, 84, 85, 87, 92, 94, 96, 98, 143, 144, 164, 192, 193
上行菩薩所伝……………………… 78
上行菩薩の再誕…………………… 91
上行菩薩の垂迹…………………… 90
紹継不軽跡…………………… 182, 184
浄顕房………………………… 248, 249
将護………………………………… 181
上根の功徳の果報………………… 170
生死一如の今……………………… 178
少子化………………………… 11, 13
摂受………………………………… 128
常修院日常………………………… 326
常修院本尊聖教事…………… 270, 327

正修止観章…………………………224
上首四大菩薩………………………144
上首四菩薩……………………70, 74
小乗小仏要文………………………251
小乗の教え……………………154, 181
清浄の業報…………………………169
小乗の菩薩……………………150, 169
正像…………………………………115
唱題……………………95, 126, 130
摂大乗論……………………………262
摂大乗論釈論………………………262
常啼菩薩………………………26, 110
浄土……………………59, 168, 254
浄土教…………………………258, 263
聖徳太子……………………………212
浄土九品之事………………………251
浄土宗…………………………160, 161
浄土宗要決…………………………253
浄土宗良実…………………………282
浄土真宗……………………………160
浄土の真実性………………………179
上人……………………………209, 336
聖人……………………209, 330, 336
常忍…………………………………208
聖人御難事……………58, 127, 249
聖人御法門聴聞分集………………257
聖人知三世事…………………44, 184
聖人之御法門聴聞分集……………324
聖人御影………………………330, 337
常不軽………………………………60
常不軽菩薩… 67, 68, 100, 179, 181, 192
常不軽菩薩の弘法…………………180
常不軽菩薩品…44, 48, 67, 144, 163, 173,
179, 180
成仏…………12, 65, 179, 196, 201
成仏の直道…………………………162
成仏の保証…………………………254
正法……………………………6, 7, 155
正法法華経…………………………181
上品の功報…………………………170
杖木瓦石………………180, 181, 192
杖木の難……………………………190
譲与本尊聖教事……………………310
乗蓮…………………………………255
昭和定本日蓮聖人遺文……………16
所願成就……………………………134
諸経…………………………………206
諸経の王……………………………111
所化…………………………………180
所化の現罪…………………………180
所化の四衆…………………………180
所化謗法者…………………………182
書写…………………………………236
諸宗…………………………………205
諸宗派の教学…………………………8
諸宗問答鈔…………………………205
初随喜人……………………………190
初随喜の人…………………………189
女性檀越……………………………242
書籍の蒐集…………………………236
諸難…………………………………118
諸難忍受……………………………187
諸人御返事……………………249, 262
諸法実相……………………………178
資料の活字化………………………18
資料の公刊…………………………18
資料の展示…………………………18
知れる者…………51, 53, 114, 122, 147
知れる者日蓮………………………114
真偽の検討…………………………15
信行……………………………………5, 92
身軽法重死身弘法…………………164

信解………………………………… 5, 6
信解体得………………………… 112
信仰……………………………… 19
信仰意識………………………… 13
人口減少………………………… 11
信仰告白の書…………………… 169
信仰者……………………… 19, 65, 179
信仰者集団の連帯……………… 221
信仰的感応……………………… 7, 123
信仰的主体……………………… 4
信仰的内実……………………… 4
信仰的領解……………………… 19
信仰の深化……………………… 221
信仰の理念……………………… 22
信仰の論理的表明……………… 7
神国王御書……………………… 145, 205
真言師…………………………… 268
真言宗…………………………… 161
真言宗の書籍…………………… 268
真言諸宗違目…………… 173, 246, 249
真言の疏………………………… 266
人材……………………………… 20
真実経…………………………… 147
真実性…………………………… 48
真実の法華経の行者………… 145, 156
信心……………………………… 5, 6
信心の興起……………………… 5
信心の相続……………………… 5, 19
信心の本質……………………… 5
真蹟遺文集……………………… 17
真蹟現存遺文…………………… 15
真俗不二………………………… 12
真諦……………………………… 12
神天上勘文……………………… 300
信徒……………………………… 277
真の仏弟子……………………… 32, 40
真の法華経弘通者……………… 135
真の仏の弟子…………………… 172
人文科学………………………… 9
深法……………………………… 85
身命……………………………… 122
身命の布施……………………… 198
親鸞聖人………………………… 160, 161
信力……………………………… 154
神力品…………………………… 73
神力品の別付属………………… 78
推古天皇………………………… 212
随身給仕………………………… 207
救い……………………………… 12
救いの教え……………………… 7
救いの開顕……………………… 178
救いの時………………………… 162
助阿闍梨………………………… 278, 334
助阿闍梨御房…………………… 247
崇峻天皇御書…………………… 186, 195
須《す》頭《ず》檀王《だんのう》………………………… 190, 199
種《す》種《ず》物《もの》御《ご》消息《しょうそく》……………… 53, 115, 186
駿河……………………………… 241
駿河国…………………………… 248, 275
図録………………………… 161, 236, 250
誓願…… 58, 59, 60, 114, 135, 146, 151
誓願行…………………………… 153, 166
誓願の満足……………………… 134
誓願満足………………………… 133, 136
政治学…………………………… 9
精神性…………………………… 13
精神的価値……………………… 12
清澄寺………………… 124, 125, 161, 266
清澄寺大衆……………………… 266
清澄寺大衆中… 87, 123, 124, 185, 246,
261, 265
清澄寺登山……………………… 206

清澄寺の大衆……………………… 268
正当な理解………………………… 18
生物学……………………………… 9
生命………………………………… 178
生命科学…………………………… 9
生命の証《あかし》………………………… 201
生命の肯定………………………… 179
生命の実現………………………… 201
生命の尊厳………………………… 193
生命の尊重………………………… 201
生命の本質………………… 178, 201
世界思想史………………………… 10
世界悉檀…………………………… 35
世界の平和………………………… 23
世界文化…………………………… 10
世界平和…………………………… 23
世界平和の理念…………………… 23
世界歴史…………………………… 10
施食………………………………… 194
世出不二…………………………… 12
雪山童子……………… 25, 27, 110, 112
絶対現在の今……………………… 178
絶対の信…………………………… 147
絶対平等の慈悲…………………… 139
説法の儀式………………………… 192
世法即仏法………………………… 12
世法の開会………………………… 12
善因なき者………………………… 181
善学院……………………………… 210
千観………………………………… 263
千観内供…………………………… 263
善業………………………………… 169
先師……………………… 330, 336
撰時抄…83, 86, 87, 88, 99, 152, 165, 172, 184, 257
禅宗………………………………… 161
先序………………………………… 89
先聖………………………………… 337
先相………………………………… 89
栴檀………………………………… 242
選択集……………………………… 25
善導講……………………… 216, 218
千日尼……………………… 267, 268
千日尼御返事……………………… 267
善無畏……………………………… 167
善無畏三蔵鈔……………………… 248
仙豫国王…………………… 27, 112
草庵………………………………… 217
葬儀………………………………… 13
葬儀無用論………………………… 13
藻原寺……………………………… 261
総合的会通………………………… 19
総合的研究………………………… 10
増上慢の四衆……………………… 180
増上慢の比丘……………………… 190
装飾経……………………………… 243
相対………………………………… 12
曹洞宗……………………………… 160
総付属……………………………… 93
像法決疑経等要文………………… 251
像法の末…………………………… 189
即身成仏…………………… 7, 162
俗諦………………………………… 12
俗諦開会…………………………… 12
俗弟子……………………………… 209
属累品……………………… 93, 142
祖師……………………… 330, 336
組織………………………………… 20
訴状………………………………… 322
祖書綱要…………………………… 18
帥阿闍梨日高……………………… 278
帥公日高…………………………… 207

曾祢殿御返事…………………… 296, 297
曾谷氏………………………… 246, 261
曾谷入道……………………… 265, 268
蘇谷入道……………………………… 249
曾谷入道殿許御書… 80, 99, 206, 257,
264
曾谷法蓮……………………………… 238
尊勝寺………………………………… 212
村落の崩壊…………………………… 13

た

堕悪…………………………………… 201
第一の勅宣…………………………… 29
大学…………………………………… 21
大学創立の理念……………………… 21
大学の教育研究……………………… 21
大学の役割…………………………… 21
対告者………………………………… 16
大国阿闍梨…………………………… 333
大国阿闍梨日朗……………… 260, 278
大罪…………………………………… 180
題算…………………………………… 266
第三の諫勅…………………………… 29
第三の法門…………………………… 281
大師…………………………………… 336
大慈…………………………………… 140
対峙…………………………………… 12
大師講………………………… 210, 218
大事の法門…………………………… 207
大慈悲………………………… 140, 155
大慈悲者……………………… 143, 144
大衆唱導之首………………………… 30
代受苦…61, 136, 149, 150, 166, 168, 174
代受苦思想…………………………… 160
代受苦の実践………………………… 171
大聖…………………………………… 337
大乗…………………………………… 333
大乗円頓戒…………………………… 154
大乗円頓戒壇………………………… 147
大乗弘通……………………………… 25
大聖人………………………… 334, 336
大聖人御葬送日記…………………… 320
大乗の教え…………………………… 181
大乗仏教……………………… 139, 178
大進阿闍梨………… 227, 260, 278, 333
大進阿闍梨御房……………………… 283
大船………………………… 59, 135, 152
大善大悪御書………………… 80, 99
大智度論……………………… 139, 262
大難…18, 50, 60, 76, 115, 120, 122, 127,
186
大難甘受……………………………… 135
大難値遇者…………………………… 188
大難忍受……………………… 60, 149
大難の興起…………………………… 146
大弐阿闍梨…………………………… 334
大貳公御房御返事…………………… 296
第二の鳳詔…………………………… 29
提婆…………………………………… 154
提婆達多品…………………… 141, 172
大般泥洹経…………………………… 173
大般涅槃経…………………………… 139
大般涅槃経後分……………………… 264
大悲…………………………………… 140
大法…………………………………… 35
大本山妙蓮寺史……………………… 314
大慢…………………………………… 129
大曼荼羅……………………… 99, 236, 254
大曼荼羅御本尊… 309, 310, 312, 315,
319, 323, 325, 327
大曼荼羅本尊………………… 254, 261
題目…6, 39, 89, 126, 130, 131, 144, 154,

155, 179, 201
題目弘通……………………………… 152
題目講……………………………… 230
題目五字…37, 78, 82, 86, 144, 188, 189, 193
題目五字七字………… 35, 74, 191, 201
題目受持弘通………………………… 131
題目信仰…………… 127, 161, 162, 179
題目信仰の社会……………………… 6
題目信心……………………………… 6
題目南無妙法蓮華経………………… 161
題目の弘通…………………… 153, 156
題目の功徳………………………… 165
題目の五字………………… 44, 75, 76
題目の世界………………………… 131
題目の法華経……………………… 50
題目法華信仰……………………… 127
題目流布…………………………… 76
対論……………………………… 268
対話……………………………… 22
大和阿闍梨……………… 249, 278, 333
高橋入道殿御返事…51, 86, 88, 99, 117, 193
託宣……………………………… 240
堕獄の苦………………………… 167
達成感…………………………… 12
田中智学………………………… 18
玉沢の妙法華寺…………………… 260
堕落……………………………… 113
檀家……………………………… 13
断簡現存遺文……………………… 15
談義…204, 206, 211, 225, 226, 228, 236, 241
談義の勤………………………… 228
但行礼拝… 67, 69, 100, 178, 179, 180, 181, 182, 186, 201
但行礼拝の二十四字……………… 44
談所…………………………… 229, 283
探題…………………………… 212, 213
檀那……………………………… 209
檀越………………………… 17, 92, 209
檀越某御返事……………………… 92
丹波房日秀………………………… 267
断片現存遺文……………………… 15
檀林……………………………… 230
地域支援………………………… 12
智慧の大宝珠……………………… 125
地学……………………………… 9
知教者………………………… 49, 100
筑後房日朗…………………… 207, 227
筑前房…………………………… 277
智解…………………………… 48, 166
知者……………………………… 100
治子良薬………………………… 152
値難… 40, 44, 45, 46, 52, 117, 121, 133, 135, 182, 184
値難弘通……………………… 135, 136
値難色読………… 45, 87, 149, 185, 200
値難体験………………………… 185
値難の覚悟……………………… 50, 55
値難の行者…………………… 96, 154
値難の苦………………………… 171
値難の弘教者……………………… 74
値難の事例……………………… 135
値難滅罪……………………… 60, 135
智妙房御返事……………………… 258
中国天台………………………… 15
中国仏教………………………… 211
中老僧日源……………………… 229
打擲《ちょうちゃく》… ……………………………… 119
調伏の祈願…………………… 262, 268
頂妙寺文書・京都十六本山会合用書類

…… 319
勅会…… 212
勅命…… 116
著書…… 161, 244
地理学…… 9
追善廻向…… 211
追善供養…… 238
追善論義…… 225
通生…… 170
通生眷属…… 170
番《つがい》論義…… 225
塚原…… 272
つぼねの御消息…… 300
鶴岡八幡宮…… 226
手紙…… 161, 244
敵対者…… 17
弟子…… 17, 134, 209
弟子分本尊目録…… 294
哲学…… 9
寺泊…… 69
寺泊御書…… 44, 69, 83, 191
天下の安寧…… 224
伝教大師… 29, 39, 48, 58, 61, 82, 127, 136, 147, 154, 212, 213
伝教大師最澄…… 205, 216, 258
転重軽受…… 171, 174
転重軽受の法門…… 173
転重軽受法門…… 173, 249
天親…… 154
天台…… 73
天台肝要文集…… 208
天台教学…… 73
天台教籍…… 217, 225
天台山…… 224
天台宗…… 161, 214
天台宗僧…… 275
天台僧…… 214
天台大師… 29, 34, 48, 58, 61, 82, 127, 136, 147, 154, 181, 182, 212, 217, 221, 224
天台大師会…… 216
天台大師講… 216, 218, 219, 220, 221, 222, 224, 228
天台大師智顗…… 169, 204, 216
天台大師の御影…… 217, 220
天台法華疏義纉…… 266
伝統の形式化…… 13
伝統の消滅…… 13
天変地異…… 118
伝法灌頂…… 333
天目…… 254, 325
同一の苦…… 132, 150, 168
道教…… 9
同苦…… 149, 150
統計学…… 9
刀剣…… 185
道元禅師…… 160, 161
同業…… 184
東寺…… 226
東春…… 266
刀杖…… 119
東条景信…… 45
道場神守護事…… 227, 240
東条郷《とうじょうのごう》松原…… 45
道場の守護神…… 240
東条法難…… 45
当身の大事…… 127, 128, 246, 265
道暹…… 34, 73, 82
道善御房…… 207
東大寺…… 212
堂達《どうたつ》…… 213
東塔…… 258

道隆……161
時……155
富木尼……207, 239
富木氏……220, 246
富木常忍…69, 208, 227, 240, 260, 270, 275, 277, 281, 326
富木殿……249
富木殿御書……273
富木殿御消息……218
富木殿御返事……220, 226
富城殿女房尼御前御返事……207
富木入道……265
富木入道殿御返事……220
富城入道殿御返事……259
時の必然……165
読師《どくし》……213
読誦……236, 237
得益……182, 188
得益の確信……184
毒鼓縁教化……181
毒鼓縁の法門……182
毒鼓の縁……181
頓写……243
頓写経……243

な

内外見聞双紙……294
内相承……15
内的信証……4
中務左衛門尉殿御返事……93
中山法華経寺……332
南無法主聖人……331, 332
南無法主大聖人……332
南無妙法蓮華経……130
奈良……160, 213
難解難入……128
南三北七……43
難持の経……146
難持の法華経……147
南条時光……196, 199
南条殿御返事……298
南条兵衛七郎……45
南条兵衛七郎殿御書……45
難信……43, 128
南都……213
南都の僧……213
南都六宗……43, 161
南部六郎……244
新尼御前御返事……39, 79, 83, 99
二箇の諫暁……172
二教論……266
日向……229, 275, 276, 277, 315, 331
西御房御返事……295
西谷檀林……210
西坊主御返事……295
西山本門寺……278
西山本門寺本……279, 280
二十行の偈……30, 42, 67
二十四字…76, 100, 180, 188, 189, 190, 192
二十四字の但行礼拝……180
二乗作仏……178
日安女……255
日位……320
日有……332
日永……89, 241
日円……255
日月之事……251
日肝……255
日願……229
日久……255
日華……255

日賢……………………………………… 255
日源……………………………… 257, 275
日厳尼……………………………………… 255
日眼女釈迦仏供養事…………… 95, 99
日高………………… 260, 261, 275, 318
日仰……………………………………… 255
日持………………… 275, 276, 277, 318
日実尼……………………………………… 255
日重……………………………………… 255
日常………… 255, 260, 275, 326, 331
日成譲状…………………………………… 310
日禅……………………………………… 277
日尊……………………………………… 332
日大……………………………………… 255
日田……………………………………… 255
日女御前御返事……… 57, 92, 99, 126
日仏……………………………………… 255
日弁………………………… 255, 277, 321
日妙……………………………………… 255
日目………………………… 255, 257, 326
日門……………………………………… 255
日祐……………………………………… 332
日与……………………………………… 255
日頼……………………………………… 255
日蓮……………………………………… 54
日蓮阿闍梨………………………………… 333
日蓮一人……………………………………… 130
日蓮一人の苦…………… 132, 150, 167
日蓮教学…3, 4, 5, 7, 8, 9, 10, 11, 12, 17, 19, 20, 22, 23
日蓮教学研究……………… 18, 20, 21
日蓮教学研究機関………………… 21
日蓮教学研究機関の充実………… 21
日蓮教学研究者……………………… 20
日蓮教学研究者育成…………… 20, 21
日蓮教学研究成果………………… 22
日蓮教学研究組織………………… 21
日蓮教学研究組織の充実………… 21
日蓮教学の概念……………………… 3
日蓮教学の価値観………………… 12
日蓮教学の研究……………………… 9
日蓮教学の根幹……………………… 5
日蓮教学の宗旨……………………… 5
日蓮教学の体系化………………… 18
日蓮教学の探求…………………… 23
日蓮教学の普遍化…………………… 7
日蓮教学の本質……………………… 4
日蓮教学の論証……………………… 6
日蓮宗………………………………… 3, 4
日蓮宗教学………………………… 11
日蓮宗宗学全書… 309, 311, 316, 318, 320, 321, 324, 325, 326, 327, 328
日蓮宗の教学…………………… 3, 4
日蓮聖人… 3, 4, 5, 7, 11, 13, 14, 17, 19, 24, 34, 40, 45, 52, 55, 59, 60, 65, 68, 74, 75, 87, 96, 100, 109, 111, 114, 116, 117, 118, 121, 123, 129, 130, 132, 135, 139, 143, 147, 155, 160, 174, 178, 182, 186, 192, 195, 200, 204, 227, 228, 236, 244, 282, 292, 293, 330, 337, 338
日蓮聖人遺文… 14, 15, 16, 69, 143, 144
日蓮聖人遺文集………………… 16, 17
日蓮聖人教学……………………… 11
日蓮聖人系諸教団……………… 3, 4
日蓮聖人系諸教団の教学……… 4, 11
日蓮聖人書写本…………………… 17
日蓮聖人遷化……………………… 282
日蓮聖人の教え………… 3, 4, 5, 11, 14
日蓮聖人の環境…………………… 14
日蓮聖人の決断……………… 60, 114
日蓮聖人の現在…………………… 123

日蓮聖人の直弟…………………… 293
日蓮聖人の時代…………………… 14
日蓮聖人の実像………………… 13, 17
日蓮聖人の慈悲…………………… 155
日蓮聖人の慈悲行………………… 132
日蓮聖人の宗教……………… 14, 114
日蓮聖人の宗教世界………………… 4
日蓮聖人の生涯…………………… 14
日蓮聖人の信……………………… 123
日蓮聖人の信仰…………………… 14
日蓮聖人の真実……… 6, 13, 15, 16, 19
日蓮聖人の誓願…………… 5, 114, 122
日蓮聖人の尊像…………………… 330
日蓮聖人の誓い……………… 122, 123
日蓮聖人の手紙…………………… 250
日蓮聖人の天台教学受容………… 15
日蓮聖人の内証…………………… 74
日蓮聖人の願い…………………… 111
日蓮聖人の仏教受容……………… 14
日蓮聖人の法華経受容…………… 14
日蓮聖人の御意………………… 5, 14
日蓮聖人の門弟…………………… 271
日蓮聖人の立願…………………… 60
日蓮聖人百箇日忌………………… 282
日蓮聖人門下歴代大曼荼羅本尊集成…
313, 315, 319, 327
日蓮の名乗り……………………… 34
日朗… 257, 270, 275, 276, 277, 311, 331
日興…209, 229, 255, 256, 257, 275, 276,
277, 293, 330
日興置状…………………………… 303
日興置文…………………………… 295
日興上人御本尊集………………… 305
日興上人全集……………………… 293
日興付属状………………………… 303
日興門流…………………………… 210
日興譲状…………………………… 304
日薩………………………………… 332
日秀………………………………… 277
日春……………………… 255, 257, 325
日昭…255, 256, 260, 275, 276, 277, 309,
331
日照………………………………… 255
日専………………………………… 255
日暹………………………………… 332
日仲………………………………… 277
日頂……… 207, 275, 276, 277, 282, 316
日澄………………………………… 257
日徳………………………………… 255
日符尼……………………………… 255
日法……………………… 255, 257, 324
二仏並坐…………………………… 29
日本国…………………… 121, 131, 147
日本第一の智者…………………… 125
日本天台…………………………… 15
日本天台宗………………… 209, 213
日本文化…………………………… 10
日本歴史…………………………… 10
如説……………………… 111, 292
如説の行者………………………… 97
如日月光明………………………… 34
女人成仏…………………… 172, 242
如法経……………………………… 243
如来一人の苦……………………… 150
如来使……… 66, 68, 96, 100, 144, 188
如来寿量品…………… 39, 73, 152, 162
如来性品……………… 163, 172, 181
如来所遣の使者…………………… 164
如来神力品…28, 39, 67, 73, 74, 152, 162
如来の実語………………………… 129
如来の代受苦……………………… 151
人間………………………………… 195

人師……………………………………… 3
忍受…………………………………… 154
人身…………………………………… 195
忍難………………………… 48, 130, 147
忍難弘教…………… 29, 33, 44, 58, 144
忍難弘教の誓い……………………… 30
忍難弘法……………………… 180, 185
忍難慈勝………………… 61, 136, 166
忍難の行軌………………………… 44
忍難の功徳………………………… 156
ぬくま殿御返事…………………… 298
涅槃経… 27, 44, 48, 119, 132, 150, 163, 167, 172
涅槃経後分………………………… 264
涅槃経疏……………………… 44, 164
念仏……………………… 126, 216, 241
念仏信者…………………………… 272
能開会……………………………… 204
能弘の法…………………………… 190
能化………………………………… 180
能化弘法者………………………… 182
能化の宿罪………………………… 180
能化の菩薩………………………… 180
能持此経者………………………… 188
能説此経者………………………… 188

は

破戒の比丘………………………… 186
波木井実長………………………… 328
波木井三郎………………………… 227
波木井三郎殿御返事… 76, 98, 182, 227
幕府…………………………… 119, 261
幕府論義…………………………… 226
白米一駄御返事…………………… 299
白米一斗御返事…………………… 299
白米二斗御返事…………………… 298
柱……………………… 59, 60, 135, 152
長谷寺……………………………… 226
八幡宮造営事……………………… 226
抜苦………………………………… 139
八講…………………………… 210, 214
浜土の法華寺……………………… 260
浜土の法華堂……………………… 260
林是幹……………………………… 210
原殿御返事………………………… 304
万民の安穏…………………… 221, 224
悲…………………………………… 139
比叡山……………… 212, 213, 216, 258
比叡山延暦寺……………………… 161
比叡山東塔功徳院………………… 332
比較研究…………………………… 10
悲願……………… 60, 129, 165, 170
悲願の業生…………………… 150, 170
比企谷……………………………… 270
比企谷の邸宅……………………… 260
比企谷の法華堂…………………… 260
比企能本…………………………… 260
肥後房……………………………… 277
肥後房日像………………………… 270
美術………………………………… 9
秘蔵宝鑰…………………………… 266
必死の生…………………………… 178
畢是罪已《ひつぜざいい》…………………………… 180
人…………………………………… 179
ビハーラ活動……………………… 12
秘法………………………………… 85
誹謗正法者………………………… 181
碑文谷談所………………………… 229
百日間八講………………………… 212
白蓮阿闍梨日興…………………… 278
白蓮弟子分与申御筆御本尊目録…209, 255

百六箇状奥書……………………… 304
譬喩品……………………………… 48
兵衛志殿御返事………… 214, 247, 273
病気………………………………… 196
平等心……………………………… 139
平賀の邸宅………………………… 261
平賀の法華堂……………………… 261
擯出《ひんずい》………………………………… 119
ヒンズー教…………………………… 8
布教………………………………… 19
布教現場…………………………… 22
布教の実践………………………… 20
布教の成果………………………… 19
不軽菩薩……… 44, 186, 189, 192, 193
不軽菩薩の行軌………… 187, 193, 201
不軽菩薩の杖木…………………… 185
不軽菩薩の足跡……………… 183, 188
不軽品……………………………… 186
不軽品色読………………………… 192
伏惑………………………………… 169
伏惑行因…………………………… 150
普賢菩薩勧発品…………………… 142
普合………………………… 49, 169
富士一跡門徒存知事……………… 302
不識一念三千者…………………… 144
不惜身命…………………… 5, 114, 147
不惜身命の弘教…………………… 27
武州法華寺………………………… 229
不信謗法…………………………… 201
布施供養…………………………… 224
不染世間法如蓮華在水…………… 34
豊前房……………………………… 209
豊前房日源………………………… 277
付属………………………………… 73
付嘱有在…………………………… 29
付属の大事………………… 87, 96, 193
付属の法…………………………… 74
不退転……………………………… 59
不退転者…………………………… 180
不退転の覚悟……………………… 56
不退転の決意…………………… 5, 122
不退転の決断……………… 117, 121, 147
不退転の志………………………… 53
不退転の信心……………………… 128
不退転の誓願……………………… 156
不退転の誓い……………… 123, 146, 151
不退の信心……………………… 5, 92
不断の信心…………………………… 5
仏恩………………………………… 51
仏果………………………………… 201
二日間八講………………………… 212
仏教……………………………… 8, 178
仏教学………………………………… 8
仏教思想史………………………… 10
仏教者…………………………… 25, 59
仏教信仰…………………………… 178
仏語……………………………… 59, 60
仏語の真実性……………………… 135
仏子………………………………… 68
仏事……………………………… 24, 166
物質的価値………………………… 11
仏子の自覚………………………… 68
仏子の使命………………………… 123
仏種………………………………… 162
仏性………………………………… 178
仏陀の諫暁……………………… 54, 55, 116
仏《ぶっ》意《ち》随順の信……………………… 114
仏弟子………… 24, 26, 39, 55, 59, 61
仏弟子の自覚……………………… 24
仏弟子の使命……………………… 25
仏道……………………………… 59, 125
仏法……………………………… 12, 204

仏法中怨…………………………… 173
仏法の弘通………………………… 25
仏法の衰微………………………… 27
仏法の中の怨………………… 172, 173
物理学……………………………… 9
普遍的真理………………………… 7
不滅の浄土………………………… 7
文永の大彗星……………………… 85
文永八年…………………………… 134
文学………………………………… 9
豊後房……………………………… 276
別付属…28, 35, 67, 68, 73, 74, 122, 136, 164
弁阿闍梨御返事…………………… 296
弁阿闍梨日昭…207, 220, 227, 260, 266, 278
弁公日昭……………………… 208, 264
変毒為薬御書……………………… 249
弁殿………………………… 267, 268, 283
弁殿尼御前…………………… 264, 267
弁殿尼御前御書……………… 220, 264
弁殿御消息…… 207, 219, 262, 266, 283
弁明書………………………… 89, 274
法会………………………………… 211
法衣書……………………………… 242
法悦…12, 49, 61, 136, 150, 165, 172, 174, 196, 200
法悦の至極………………………… 134
法会の導師………………………… 333
法縁………………………………… 139
報恩感謝…………………………… 125
報恩抄… 54, 55, 88, 99, 116, 119, 130, 148, 154, 165, 172, 185, 207, 249, 258, 270
法学………………………………… 9
包括………………………………… 12
伯耆阿闍梨………………………… 333
伯耆殿……………………………… 249
伯耆殿並諸人御返事……………… 249
伯耆房日興………………………… 248
忘持経事……………………… 227, 239
坊舎………………………………… 217
法難… 40, 49, 58, 60, 114, 118, 135, 154
法難興起…………………………… 40
報日像御房書……………………… 324
報日頂入道書……………………… 315
法然上人……………………… 160, 333
法然上人行状絵図………………… 332
謗法……………………… 84, 132, 201
謗法回避……………………… 60, 153
謗法逆機…………………………… 187
謗法者……………… 171, 173, 181, 184
謗法堕悪者の得益………………… 182
謗法堕獄……………………… 132, 167
謗法の現実………………………… 147
謗法の罪科………………………… 114
謗法の充満………………………… 147
謗法の罪……………………… 168, 182
法門…………………………… 19, 206
法門談義…………………………… 227
法門の議論………………………… 225
法要儀礼……………………… 13, 20
法理………………………………… 181
法蓮鈔……………………………… 237
法論…………………………… 280, 281
北陸………………………………… 276
北嶺………………………………… 213
法華経…24, 40, 48, 65, 97, 100, 114, 121, 132, 140, 144, 161, 196, 217, 237, 292
法華経一部………………………… 241
法華経弘通……………… 27, 134, 136

法華経堅持者……………………… 188
法華経講談………………………… 228
法華経釈尊………… 61, 100, 121, 123
法華経釈尊の実事………………… 293
法華経迹門………………………… 178
法華経修行………………………… 183
法華経修行者……………………… 76
法華経修行の肝心………………… 186
法華経受持唱題者………………… 188
法華経所説の行者……… 112, 136, 292
法華経所説の仏使………………… 112
法華経所説の菩薩………………… 112
法華経所説の法師………………… 112
法華経信仰……………… 174, 193, 292
法華経信仰者…………… 66, 172, 292
法華経信仰の表白………………… 58
法華経信仰の表明………………… 125
法華経説示の人…………………… 111
法華経読誦…………………… 237, 239
法華経に立つ……………………… 123
法華経の証《あかし》……………………… 96
法華経の命《いのち》……………………… 196
法華経能説の教主………………… 147
法華経の教え……………… 24, 178
法華経の行者…45, 52, 58, 61, 68, 70, 71, 75, 97, 118, 136, 156, 166, 171, 189, 191, 201, 292
法華経の弘通……………………… 162
法華経の虚空会……………………… 5
法華経の色読………… 45, 61, 135, 136
法華経の受持者…………………… 112
法華経の成仏………………………… 7
法華経の信…………… 5, 96, 121, 199
法華経の信仰者…………………… 112
法華経の真実……………………… 48
法華経の救い……………………… 190
法華経の智解……………………… 149
法華経の読誦………… 224, 227, 241
法華経の人………………………… 111
法華経の菩薩……… 60, 114, 131, 135
法華経の妙文……………………… 196
法華経の明鏡……………………… 189
法華経の歴史……………………… 74
法華経誹謗………………………… 167
法華経付属の本化………………… 112
法華経への捨身…………………… 111
法華経本門…………………… 161, 179
法華経本門の教え…………… 37, 162
菩薩の行…………………………… 151
菩薩の修行………………………… 139
菩薩の誓言………………………… 122
墓所可守番帳事…………………… 280
保存………………………………… 18
墓地不要論………………………… 13
法橋上人位………………………… 336
法華行者値難事……………… 76, 98, 249
法華玄義………… 170, 204, 205, 263
法華玄義釈籤………………… 204, 263
法華講……………………………… 230
法華三十講………………………… 212
法華三部経………………………… 211
法華三昧…………………………… 258
法華寺……………………………… 260
法華十講……………………… 212, 216
法華秀句……………………… 29, 39, 205
法華取要抄…………………… 78, 98, 100
法花聖人…………………………… 330
法華聖人………………… 330, 336, 337
法華正法…………………………… 25
法華証明鈔………………………… 196
法華堂… 217, 218, 221, 230, 236, 258, 259, 260

法華八講…………… 211, 212, 213, 214
法華仏教…………… 127, 147, 204, 292
法華仏教思想史…………………… 10
法華仏教の系譜…………………… 15
法華菩薩行の実践………………… 19
法華菩薩道……………………… 167
法華菩薩道の実践者……………… 19
法華本門円頓戒相承血脈譜……… 309
法華本門の行者…………………… 90
法華文句…29, 34, 70, 73, 169, 181, 263, 264
法華文句記… 34, 70, 73, 150, 169, 181, 264
法華文句輔正記……… 35, 70, 73, 266
法師………………… 96, 100, 144, 209
法師品…40, 48, 66, 74, 87, 140, 144, 150, 163, 169
法性寺《ほっしょうじ》…………………………… 212
発心……………………………… 5
法主……………………………… 332
法主聖人………………… 331, 337
仏……………………………… 143, 144
ほとけしやう人……………… 330, 337
仏としての人…………………… 179
仏の諫め………………………… 55
仏の命…………………………… 178
仏の因行………………………… 182
仏の教え……………… 134, 178
仏の恩徳………………………… 115
仏の諫暁… 55, 116, 119, 128, 131, 147, 171, 172
仏の記文………………………… 118
仏の心…………………………… 111
仏の御本意…………………… 59, 113
仏の御本懐……………………… 59
仏の三徳………………………… 156
仏の慈愛………………………… 132
仏の慈悲………………… 144, 156
仏の慈悲行……………………… 145
仏の真実………………… 59, 156, 178
仏の真実性……………… 113, 179
仏の勅命………………………… 174
仏の弟子………………………… 111
仏の本意………………………… 116
仏の眼差し……………………… 115
仏の御意《みこころ》…………………………… 117
仏の明鏡………………………… 121
ボランティア…………………… 12
本已有善の機…………………… 181
本因……………………………… 129
本願念仏………………………… 161
梵行品…………………………… 173
本化………………………… 6, 82, 335
本化教学………………………… 257
本化高祖………………… 335, 337
本化四菩薩……………… 69, 82, 100
本化地涌菩薩… 28, 29, 39, 67, 68, 81, 100, 164, 292
本化地涌菩薩の行儀…………… 86
本化地涌菩薩の誓い…………… 151
本化上行菩薩… 61, 89, 100, 136, 152, 153, 154, 155, 156, 192, 193, 292
本化上行菩薩の自覚…………… 193
本化大聖……………… 335, 336, 337
本化の観心法門………………… 231
本化の教師……………………… 19
本化の自覚……………………… 201
本化の信………………………… 5, 6
本化の信心……………………… 19
本化の大士……………………… 82
本化菩薩《ほんげのぼさつ》…………………… 130, 193
本化の菩薩……………………… 116

本化付属…………………………… 89
本化法門…………………………… 101
本化妙宗式目……………………… 18
本師………………………………… 337
本地………………………………… 95
本時娑婆世界……………………… 179
本時の娑婆世界…………………… 7
本師本門大師……………………… 335
本迹見聞…………………………… 312
本迹問答七重義…………………… 325
本尊抄得意抄副書………………… 317
本尊の相貌………………… 73, 74, 88
本尊問答抄………………… 94, 99, 257
本弟子……………… 30, 32, 33, 73, 74
本弟子下方千界微塵……………… 29
本土寺……………………………… 261
煩悩深重…………………………… 162
ぼんの御返事……………………… 299
本仏釈尊…………………… 32, 152
本間俊文…………………………… 210
本未有善者………………………… 182
本未有善の機……………………… 181
本妙寺……………………………… 260
本門………………………………… 335
本門高祖…………………………… 335
本門三法門………………………… 79
本門思想…………………………… 201
本門四菩薩………………………… 72
本門寺棟札………………………… 295
本門大師…………………… 335, 337
本門大聖人………………… 335, 336
本門題目…………………………… 6
本門の教主の寺塔………………… 76
本門の三大秘法…………………… 154
本門の四依………………………… 82
本門の本尊………………… 75, 88
本門法華経……………… 154, 194, 292
本門法華仏教……………………… 15
本門本尊…………………………… 6
本門本尊の相貌…………………… 88
本門妙戒…………………………… 6

ま

毎自作是念………………………… 129
毎自の慈念………………………… 155
毎自の悲願………………………… 165
摩訶止観… 217, 219, 222, 224, 263, 266
摩訶止観輔行伝弘決……………… 263
真《まこと》の法華経の行者………………… 46
末代………………………………… 121
末代幼稚…………………………… 144
松野殿御消息……………… 56, 125
松野殿女房……………… 224, 241
松野殿女房御返事………… 224, 241
末法…………………… 74, 82, 132, 148
末法悪世…………………………… 154
末法為正…………………………… 162
末法弘通…………………………… 98
末法恐怖悪世……………………… 192
末法今時………………… 89, 132, 166
末法時……………………… 76, 147
末法思想…………………………… 37
末法の観心………………………… 130
末法の行者………………………… 192
末法の教法………………………… 144
末法の衆生……… 127, 144, 155, 162
末法の導師………………………… 83
末法の初め………………………… 123
末法の法門………………… 39, 77
末法の法華経……………………… 50
末法の法華経の行者……… 87, 184
末法の世…………………… 92, 193

摩尼女…… 255
真間弘法寺…… 281, 282
満足…… 12
曼荼羅本尊…… 320
三井園城寺…… 161
未有一人…… 130
未再治本…… 90
三澤鈔…… 53, 120
未曾有の法門…… 130
未断惑…… 169
三日講《みつがんこう》…… 229
密教…… 333
三つの誓い…… 122
源日教…… 255
源頼朝…… 258
美濃公御返事…… 296
身延…… 207, 208, 215, 227
身延期…… 236
身延寄進状…… 328
身延山…… 210, 227, 229, 239, 274, 282, 283
身延山中…… 99, 207, 242
身延談所…… 229
身延入山…… 270
身延文庫…… 229
身延離出書…… 311
美作房御返事…… 304
宮崎英修…… 209
妙一尼御前御消息…… 143
妙一尼御返事…… 207
妙光寺…… 261
妙識…… 225
名字の凡夫…… 189
名字凡夫…… 190
妙性尼御前御返事…… 300
妙荘厳王本事品…… 142
明性房…… 218, 276
妙心…… 255
妙心尼御前御返事…… 95, 99
妙の文字…… 95
妙法蓮華経の五字…… 84, 92, 190
妙法蓮華経の良薬…… 94
妙本寺…… 260
妙密上人御消息…… 194
妙楽大師…… 34, 43, 82, 181, 182, 222
妙楽大師湛然…… 150, 169, 170, 204
未来成仏…… 7
未来の救い…… 149
民族学…… 9
民部阿闍梨…… 278, 333
民部公御房御返事…… 296
無縁…… 139
無戒の比丘…… 239
無間地獄…… 110, 187
武蔵公御房…… 214
武蔵殿…… 267
武蔵殿御消息…… 213, 262
武蔵殿御房…… 214
武蔵国《むさしのくに》池上…… 276
武蔵坊円日…… 214
武蔵房円日…… 276
無二の志…… 128, 246
無辺行菩薩…… 94
無量義経…… 225
無令断絶…… 271
滅後弘教の勅命…… 28
滅後の導師…… 144
滅後の法華経…… 33, 35
滅後末法…… 39
滅罪…… 171, 174, 180
馬鳴…… 154
罵詈…… 119

免罪…… 171
蒙古軍…… 268
蒙古国…… 211, 223, 261
蒙古国書…… 219
蒙古襲来…… 270
蒙古の使者…… 268
蒙古の襲来…… 261
申状…231, 282, 302, 303, 309, 312, 315, 316, 318
茂原の邸宅…… 261
茂原の法華堂…… 261
守綱…… 255
守常…… 255
門下…… 206
門下教育…… 211
門下教育の道場…… 229, 283
門下の人々…… 3
門家…… 209
問者…… 213
聞信…… 3
問注得意鈔…… 248
門弟…… 206, 209, 236
門弟教育…204, 206, 221, 236, 237, 242, 244, 250, 270
門弟の教学…… 3
問答対論…… 210
問答論義…… 225
門流の形成…… 275

や

薬王菩薩…… 27, 112, 199
薬草喩品…… 140
安らぎ…… 12
譲状…… 312
八日間八講…… 212
八日講…… 215
八日講御書…… 216
幼稚…… 144
要法…… 33, 82, 162
要法の題目…… 152, 164
要法の題目五字七字…… 154
要法付属…… 67
要文…… 236, 250
横川…… 258
与光尊御房書…… 326
与さへの四郎書…… 298
与同…… 173
与同罪…… 114, 171, 172, 173
与日像御房書…… 312
与日妙書…… 303
与波木井実長書…… 304
与はわきどのへ書…… 329
与白蓮阿闍梨御房書…… 328
与平左衛門入道奉行所…… 305
与伯耆阿闍梨御房書…… 329
与由比氏書…… 305
与楽…… 139
頼基陳状…… 51, 57, 89, 120, 173, 281
喜び…… 12

ら

頼円…… 277
礼拝行…… 67, 68, 180
理…… 204
利益《りえき》追求の社会…… 11
理事供養御書…… 194, 197
利生…… 92
理生眷属…… 170
立教開宗… 56, 58, 123, 124, 127, 131, 135, 161, 185, 206
立教開宗の決断…… 125
竪者…… 212

立正安国…………… 6, 7, 131, 168, 211
立正安国の教え……………………… 23
立正安国の実現………………………… 6
立正安国論…26, 59, 110, 135, 156, 172,
173, 184, 216, 217, 218, 257
立正会問答…………………………… 229
理念………………………………… 12
立義………………………………… 212
竪義…………………………… 212, 225
龍口・佐渡法難……………………… 134
龍樹………………………………… 154
龍象房……………………………… 280
龍象問答抄………………………… 91
良観………………………………… 183
良実状御返事……………………… 316
了性御房御返事……………… 295, 296
了性房……………………………… 281
霊山往詣…………………………… 7
霊山浄土……………………… 174, 224
両人御中御書………………… 249, 259
令法久住……………………… 172, 271
臨済宗……………………………… 160
倫理学……………………………… 9
流通分の心…………………… 24, 162
例講問答…………………………… 229
歴史学……………………………… 9
歴史社会…………………………… 14
歴史への普遍化…………………… 7
蓮華阿闍梨………………………… 333
蓮華阿闍梨日持…………………… 278
蓮長………………………………… 96
蓮長法師…………………………… 208
連々御聴書………………………… 157
良医……………………… 39, 162, 165
良源………………………………… 266
良弁………………………………… 212
良薬……………… 39, 84, 155, 162, 165
六因四縁事………………………… 250
六難九易… 29, 41, 42, 67, 146, 163, 172
六老僧………………………… 278, 333
六郎入道殿御返事………………… 298
六或示現…………………………… 95
六根清浄…………………………… 180
論義………………………………… 225

わ

我師御法門聞書…………………… 256
若宮戸持仏堂……………………… 261
若宮の持仏堂……………………… 260
若宮の邸宅………………………… 260
若宮の法華堂……………………… 260
和漢王代記…………………… 213, 252
わせぐり御返事…………………… 299
渡辺宝陽…………………………… 210
和融………………………………… 12
わらくさ二駄御消息……………… 300

著者略歴

庵谷行亨（おおたに ぎょうこう）

昭和24年（1949）京都府久美浜町に生まれる。

立正大学仏教学部宗学科卒業。立正大学大学院文学研究科仏教学専攻修士課程修了。立正大学大学院文学研究科仏教学専攻博士課程単位取得。

現在、立正大学仏教学部教授。博士（文学）。日蓮宗勧学職。

静岡市宗長寺住職。

主な著書、『日蓮聖人教学研究』『日蓮聖人教学基礎研究』『日蓮聖人の観心論』『日蓮聖人教学の基調』『日蓮聖人教学の基礎』『法華経信仰の世界』『日蓮聖人の宗教世界』『日蓮聖人の教えと現代社会』『日蓮聖人の教え』（以上、山喜房佛書林）『日蓮聖人のこころ』『法華信仰の道』（以上、日蓮宗新聞社）『わが家の宗教・日蓮宗』（共著）『誰でもわかる法華経』（以上、大法輪閣）『日蓮聖人全集』第3巻（春秋社）『知っておきたい日蓮宗』（監修）（日本文芸社）『日本人として心が豊かになる仏事とおつとめ—日蓮宗—』（監修）（青志社）『日蓮聖人御遺文・開目抄』（共編著）（四季社）『報恩抄ノート』（共監修）（東方出版）『日蓮聖人と法華経本門寿量品』（編）（本応寺）『日蓮聖人教学講話』（法華コモンズ仏教学林）他

日蓮聖人教学の理念と実践

平成30年（2018）10月13日　初版発行

著者　庵　谷　行　亨
発行者　浅　地　康　平
印刷者　小　林　裕　生

発行所　株式会社　山喜房佛書林
〒113-0033　東京都文京区本郷5-28-5
電話（03）3811-5361　FAX03-3815-5554

ISBN978-4-7963-0794-9　C3015